学习者的素养

一所影响世界的
中国学校的全人课程实践

龚德辉 主编

上海教育出版社
SHANGHAI EDUCATIONAL
PUBLISHING HOUSE

图书在版编目（CIP）数据

学习者的素养：一所影响世界的中国学校的全人
课程实践 / 龚德辉主编. — 上海：上海教育出版社，
2024.9. — ISBN 978-7-5720-3060-4

Ⅰ. G632.0

中国国家版本馆CIP数据核字第2024BR3528号

策划编辑　刘美文

责任编辑　刘美文　潘　佳

封面设计　王鸣豪

学习者的素养：一所影响世界的中国学校的全人课程实践
龚德辉　主编

出版发行　上海教育出版社有限公司
官　　网　www.seph.com.cn
地　　址　上海市闵行区号景路159弄C座
邮　　编　201101
印　　刷　苏州工业园区美柯乐制版印务有限公司
开　　本　700×1000　1/16　印张 19　插页 4
字　　数　318 千字
版　　次　2024年9月第1版
印　　次　2024年9月第1次印刷
书　　号　ISBN 978-7-5720-3060-4/G·2726
定　　价　78.00 元

如发现质量问题，读者可向本社调换　电话：021-64373213

编辑委员会

序 言

严格来说，《学习者的素养》不是一部专著，而是一部论文集。其中论文均出自华旭双语学校老师们的笔端，展现了华旭双语教师积极探索、努力进取的风貌，这是令人振奋的。

《周易》中有一个极好的词——生生不息，原文为"生生之谓易"。它强调了生命的连续性和不断更新的特性，体现了自然界和人类社会永恒循环和持续发展。华旭双语学校于2015年初秋建校，最初，学生只有二百余名，教师亦不足五十名。时至今日，走过十年征程，立足新的起点，学生已有近两千名，教师超二百名。一所学校生生不息地成长，依托教师们不断探索前行。无论是课程的探索与开发，教学法的不断发展与精进，还是科研新课题的涌现，都留下了他们努力的印迹。值此建校十周年之际，我们愿以历史的态度和发展的眼光，第一次系统总结教师们的科研成果，作为学校未来发展的新基础。

《学习者的素养》成书的发端于日常教学。华旭双语是一所十二年一贯制国际化双语学校，两所幼儿园、小学部、初中部、高中部均采取"双轨并行"方式，在国家课程第一的基础上，兼有PYP、IBDP、A-Level等高水准的国际课程。多元化的课程选择，标志着一种全新的社会需求和教育模式，给教师的教学带来挑战和启发，这就使得教师有条件从整体上构建和研究课程与教法的特色。建校之初，教师们专注于经验的积累，各学科教师的积极教研和公开课展示即为典型一例。随着优秀成果的不断产生，课程研究进入了学术建设的层面，学术论文开始涌现，遂有了将成果集结成册的条件。此次我们遴选优质的论文，编辑成书。

本书除绪论外，以五大板块为框架，分别呈现了：国家课程的校本化探索、中西融合的课程开发成果、十二年一贯制的 STEAM 的课程建设、传统文化的美学力量、艺术体育的平衡发展。论文内容翔实、实操性强，每篇论文都彰显了作者在各自学术领域的自信与创新，论文的风格各具特色。就各个板块而言，编者聚焦共性特点，将具有个人风格的论文以统一的主题集中起来。简而言之，每篇论文都是华旭双语的一砖一瓦，在有力的结构支撑下，整栋建筑更为稳固而有序。

诚然，上述的这些特性主要是就作者的写作意图而言的，力求探索现代教育的路径。实际上作为一本探索成果的合集，自然有力不从心处，还存在一些薄弱环节和不成熟的见解，有待专家与广大读者指正。

随着华旭双语学校的不断进步发展，新的研究课程、项目会不断涌现和完善。本书集中反映了我们本阶段的研究成果，源于教育教学实践，展现新思想的生发。我愿将本书介绍给读者，并希望作者们不辍前行，争取新的成就，让华旭双语不断焕发新的生机！

龚德辉

2024 年 9 月

目　录 CONTENTS

立足传统　传承文化

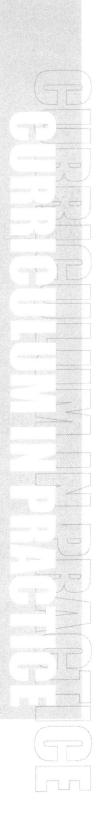

绪　论

栉风沐雨　砥砺先行
——上海华旭双语学校发展札记

徐彦昕

一、一元初始

2015 年元月 26 日，这是一个值得记录在华东师范大学附属双语学校校史上的日子。龚德辉校长凝视着刚刚写完的、题为"以忠诚和追求，向人民奉献一所无愧于时代的国际化学校"的三年规划，不禁开始遐想各种现代教育设计在这所由正心谷创新资本、华东师范大学和上海国际汽车城三方合力打造的高品质学校落地开花结果的场景。当时年过六旬的她，深知这所崭新的学校将是她四十年不平凡教育生涯的收官之作。今日，回看规划初期立下的"办成一所学生喜欢、教师满意、家长向往、社会赞誉，在上海乃至全国的教育体制改革方面具有示范和引领作用，最终实现在世界范围内具有影响力的国际化学校"铮铮誓言，依然能感受到她当时运筹帷幄的豪迈之情。

龚校长超越常人的教育远见和言行中自然投射出来的教育家风范，吸引了一批对教育充满热情的同路人。在时任华东师范大学校长陈群、嘉定区党委书记马春雷等领导的大力支持下，学校很快建立起了一支充满激情与活力、专业出色的初创团队。当时安驰路校区还在改建过程中，中小学校区还只是一张图纸，所有的学校工作都只能在上海国际汽车城大厦 702 办公室和旁边的一间简陋的会议室内进行，前途充满不确定性。但当这个年轻的初创团队围坐在校长身旁，倾听她描述一幅即将展开的教育图景时，他们感受到的却是沸腾的热血和难以抑制的为之奋斗的激情。也正是这幅动人的国际化教育图景吸引了首批 300 多名学生成为学校的创校学生，从此华旭双语学校（简称"华旭双语"）在上海西北角开启了一段令众人赞叹的教育创新之旅。

创业之路从不会一帆风顺。由于新校区建设进度问题，学校不得不租借附近一所公办学校校舍继续办学，龚校长带领师生度过了一段难忘的"寄人篱下"的经历。校长的坚定沉着，让 400 多名师生紧紧地凝聚在一起。2018 年，学校成功迁入南安德路新校区，中小学部进入稳定快速发展时期。与此同时，国际高中部也在安驰路校区继续稳步发展。虽然搬入新校区之后，学校也经历了各种困难和波折，但在龚校长的掌舵之下，所有管理人员齐心努力，学校始终激流勇进。

十年弹指一挥间，已经更名为上海华旭双语学校的这所国际化学校今非昔比。截至 2024 年 3 月，华旭双语学生人数从 2015 年的 300 多名增加到今天的近 2 000 名，增长超过 6 倍之多。如今华旭双语学校和华旭幼儿园共有教职员工 300 多名，其中近 50 名是外教。学校现有两所幼儿园、小学部、初中部和高中部，坐落在安亭上海国际汽车城的四个美丽校园中。各个学部都已有毕业生，其中高中、初中和幼儿园五届，小学四届。值得一提的是，华旭国际高中部历届毕业生均 100% 顺利升入海外优质大学，其中 70% 的学生获得了 QS 世界大学排名前 30 大学的录取。这些教育成果为学校在上海、长三角地区，乃至全国建立了影响力，也使得华旭双语成为一个获得广泛认可的中国教育品牌。华旭双语中西融合的教育设计也为上海国际汽车现代化产城融合的国际社区奠定了多元文化和教育服务的基础，为吸引人才、引进投资、提升嘉定教育的多样化做出了贡献。

二、砥砺前行

华旭双语学校在稳步办学的过程中，还建设了幼教普惠园。至此，学校已经发展为由四个校区、五个学部，包括国际化幼儿园、普惠幼儿园、国际高中、小学部和初中部的集团学校。

自《中华人民共和国民办教育促进法》颁布实施以来，一系列政策措施给中国的民办学校指明了正确的发展方向和健康的发展道路。学校领导班子在龚校长的带领下审时度势，排除万难，寻求各方支持，最终成功地将学校保留在民办行列，并在 2022 年 5 月顺利更名为上海华旭双语学校，幼儿园更名为华旭幼儿园，开启华旭教育品牌再造新征程。

同时，学校管理团队总结学校发展历程以及逐渐形成的管理、教育特色，在新的政策形势之下重新完善学校的文化体系和学生成长教育体系。学校确定了以"致力于融合东西方优秀教育理念，贯彻党的教育方针，提供适合每一个学生全面发展的优质现代教育"为使命，继续建设具有鲜明特色的中国民办双语学校。学生成长教育体系的重新梳理更是将学校育人方向、途径和目标作了系统阐述，明确了对国际化全人教育的定义。学校坚持"三全"育人，培养"四会"学生，秉承全面、全纳的育人理念，重视学生德、智、体、美、劳全面发展，将育德融入教育各环节，从学生终身发展视角出发，确立"四个学会"教育目标，并以此作为学生发展的四大要素。

不经披荆斩棘，怎得硕果累累。近三年来，华旭双语学子在各级比赛中屡获殊荣，超 200 人次荣获国际级别奖项，150 人次荣获国家级别奖项，其中国际遗传工程机器大赛、USAD 美国学术十项全能综合学术竞赛、世界机器人对战赛、加拿大高斯数学竞赛等国际比赛的获奖更是让华旭双语教育走向世界。办学以来学校发展也受到了社会各界的关注，学校的教育理念和教育实践被各大知名媒体报道。2021 年，华旭双语主动接受上海市民办教育协会评估，经过业内多位顶级专家近半年的评估审核，终于获得民办学校认证授牌，这也是对学校七年办学成果的极大肯定。2023 年底，华旭双语接受了嘉定区人民政府教育督导室对学校的三年期发展性督导，在现代教育管理制度、教育教学质量成果和教师队伍持续发展等方面屡获赞誉。

三、内涵创新

华旭双语已经形成了较完善的管理体系，提出了"大教育、小行政"的管理理念。学校以"道德自律，职责自勉，矛盾自化，失误自担"勉励管理团队，符合现代学校管理理念的组织结构和制度体系赋能管理团队和教师不断探索。今天，学校在成功实施幼儿园和中小学国家课程的同时，还是一所 IBDP 世界学校、IBPYP

世界学校、剑桥学术中心、GAC 课程中心和爱丁堡公爵国际奖基地，为嘉定区的教育增添了许多国际化的元素。学校已经逐步形成鲜明的教育教学特色，包括十二年一贯制双语教学体系、中西融合的艺术和体育教育、十二年一贯制跨学科的 STEAM 课程体系、中西合璧的学生成长教育等等，充分体现了优质、融合、多元和关爱四个教育价值追求。

华旭双语致力于培养以中华优秀传统文化为根基，具备国际竞争力的、成功的学习者。为了达成这个培养目标，在实施国家课程基础上，学校大胆探索校本课程和中西融合课程的建设和实施。龚校长自从创校之初就建构幼儿园至高中的中华传统文化课程，逐步成为学校教育的较大特色之一。目前，课程项目组集合全校优秀中文教师，并邀请校外专家，采用边设计边教学实践的方式，完成了中华传统文化课程教学目标、核心素养与能力、能力发展指标、十二年一贯制课程体系的融合，并出版了十二年一贯制中华传统文化课程配套读本。项目团队在课程实施过程中，不断探索增强学生对中国文化的理解、认同、自信及责任的途径，努力尝试融合中西的课堂教学方法，以有效提升传统文化对学生成长的影响。这个由全校 50 多名教师组成的中华传统文化课程设计和实施团队也成为一个教师专业成长的平台。团队获得令人瞩目的成就和荣誉，其中包括：学校校本课程设计团体一等奖；"中国故事，中华强音"入选上海市首批中小幼"中国系列"课程，并获批首批市级重点课题；《国际教育视野下的幼儿园至高中中华传统文化校本课程设计与实施探索》入选嘉定区大中小德育一体化建设区级课题。2023 年，华旭双语教师团队获得区级及以上荣誉超 100 人次。目前，学校仍将大力投入十二年一贯制的玫瑰融合课程、STEAM 超学科和项目化课程的研究和实施，并以"科创 + 艺术"的课程特色推动学校形成品牌特色。

四、未来可期

学校长期坚持依法依规办学，不断健全学校各种章程和制度，为其长期健康发展奠定稳固基石。龚校长建校之初就制订发展三年规划，两年后将其扩充为五年规划，五年后又根据新的理念、法规和政策制订新五年发展规划，以确保学校建设和发展始终锚定创校初心、坚守创校愿景。

在未来的五年中，学校将完成法人治理结构和现代学校制度和体系建设，建立以国际化、标准化为特征的现代学校管理结构和制度，完善具有中西融合教育和双语教育特色的学生教育教学工作体系，建立以教师专业和领导力发展为核心的人力资源发展行动计划，建立以科学管理为目标的市场运营管理体系，建立在集团教育管理团队引领下的学校、幼儿园和相关部门良性协同发展体系。同时，学校将在既定的教育价值观的引领下全面建设和完善教育教学管理，做实做强九年一贯制义务教育阶段的国家课程，做精做大双语融合课程和幼儿园、高中国际课程项目；根据需要引进国际知名品牌课程和测评模块，整合中西方优质课程资源，建设具有学校特色的十六年一贯制中西融合课程；在中西融合教育理念和现代学生评价理论的指导下建设和实施严格的、高标准的双语教学质量管理；广泛开展国际交流与合作，提高学校的国际地位和竞争力，提升学校参与国际教育服务的能力；全面深度推进智慧校园建设，提升教师人工智能及数字化应用能力，为教育教学的高品质发展提供数据基础设施。

总之，华旭双语将继续探索中国教育现代化过程中民办学校的发展道路，在民办教育的跑道上为国家教育发展贡献力量。华旭双语将努力创新民办学校管理和发展机制，打造优质国际化教育品牌，努力创办一所影响世界的中国学校。

2024 年，华旭双语已踏上办学十周年的征程，全体华旭人将继续激荡风雪，相依前行，在敢为人先、自我成长的同时，也不忘为他人点燃篝火，努力在中国百年教育的罗盘中刻下属于华旭双语的印记！

木直中绳
踵事增华

华旭双语国家课程校本化探索

在教育多元化和个性化的今天，国家课程的校本化实施已成为教育改革的重要方向，旨在将统一的国家课程标准与学校的实际情况相结合，形成具有学校特色的课程体系，以更好地满足学生的个性化学习需求。2022年教育部正式颁布《义务教育课程方案和课程标准（2022年版）》，明确指出坚持立德树人，坚持"五育"并举，强调以核心素养为导向，加强学科实践，注重综合学习。基于华旭双语"扎根于中华传统文化，成功的学习者和优秀的世界公民"的学生培养目标，初中部各学科组围绕高质量实施国家课程，着力开展校本化实施，以学生发展为本，致力于培养兼具中国情怀、国际视野和独创精神的世界公民。

初中部根据学校的新课程体系完善现有课程制度，以学部、教学处、教研组、备课组等层级实施课程管理，落实学校课程计划，保障国家课程的有效实施。

第一，立足学科核心素养，做精做优基础工具学科建设。我校作为双语学校，英语学科是重点建设学科和优势学科，校本课程建设严格按照《义务教育课程标准（2022年版）》要求，根据学生身心发展和英语学科特点，达成学科核心素养目标。在国家课程基础上进行的校本化课程开发，选取适合本校学生的英文阅读材料，举办学生感兴趣的学科活动，如国际拼词大赛、英语配音比赛、歌唱比赛、演讲比赛、阅读分享等，为学生提供全天候多维度的语言浸润环境，培养学生能用英文学习、用英文表达、用英文思考，让学生全方位了解英语国家的文化和历史，形成跨文化意识和国际视野。

第二，聚焦学科核心素养，实施大单元教学。必修课程聚焦大单元设计，以单元教学目标指引课时目标的确定和达成。校本作业、校本练习的设计与编写围绕大单元话题进行，引导学生通过体验式学习与深度学习，获得必要的基础知识、理论技能和方法。我校初中数学课程以备课组为单位，结合教学内容及学生的实际情况，精心设计课堂属性单及校本作业，突出练习的科学性与有效性，帮助学生整体、系统地掌握数学知识，深刻理解数学问题的本质，增强数学思维能力。与此同时，备课组每日收集数据，精准分析、测量学生的学习状态，指导教师改进教学方法。

第三，结合学校培养目标，实施中华传统文化课程。我校作为一所"影响世界的中国学校"，培养的学生一定是扎根中华优秀传统文化的。建校第一年，学校便开设了中华传统文化课程，让学生了解、体验丰富多彩的传统文学艺术、传统技艺、传统哲学思想等，使学生从中获得精神的营养和创造能力，最终培养学生的家国情怀、文化自信。为了让学生爱读书、会读书，成为真正的阅读者，初中部还开设了中文阅读课程，并进行了"混合式学习背景下整本书阅读"的教学探究。每学期为不同年段的学生量身定制一份分类分级的阅读书单，以拓宽学生的阅读视野，并通过阅读日志、整本书阅读手册、创意作业等方式，来培养学生良好的阅读习惯和检验学生的阅读成果。

第四，立足学科实践育人，开展跨学科项目化和主题式学习。初中部的理综学科体系涵盖了自然科学领域的六门核心课程——科学、信息科技、生命科学、物理、化学以及劳动技术。以多学科融合的方式开展教研和管理工作，从制度上为跨学科研究和实践提供了可能性和保障。在理科综合类国家课程的实施中，学科教师创造性地推进多学科融合项目，学生们不仅能够系统地掌握自然科学基础知识，更能在探究过程中培养起理性思维、科学探究的能力以及关注生活实践和社会发展的意识。理综学科严格按照国家课程标准进行，采用国家统一教材，确保教育教学的质量和水平。在学校"优质、融合、多元、关爱"的教育理念指导下，理综组教师们积极探索落实校本化科学育人的根本任务。创新教育方式，通过开展各类实践活动，如"小汽车设计师""STEAM课程""解密大自然""生活中的科学""科学集市""非常6＋X""亲子头脑奥林匹克"等，让学生在项目式活动中体验，在体验中学习，在学习中成长。这些项目化和主题式学习，不仅丰富了学生的学习内容，更是在无形中渗透了核心素养的理念，帮助学生实现从理论到实践的跨越。

第五，指向学生综合能力培养，开展综合实践活动。初中部的校本探究课程Global Citizens（全球公民课程）自2018年引进以来，带领学生完成了关于"可持续发展的城市""资源丰富的城市""水资源""食物""交通"等主题研究，完成的项目计划产生了社区影响力和一定的国际影响力。此外，"我是地理小老师""课前时政播报""走进博物馆""非常六＋X知识竞赛""华旭少年说辩论赛"等第二课堂，挖掘跨学科长作业"在路上，看中国""'一带一路'知多少成果汇报"的育人价值。探究课程结合新时代学生的特点，成为学生真心喜爱的课，为学生成长亮起一盏引路明灯。

最后也是最重要的，初中学部的艺术、音乐和体育课程，是华旭双语全人教育的崇高教育追求的最好体现。初中学部的美育教育坚持以培养全面发展的人为目标，始终围绕学会学习—健康生活、社会参与—实践创新以及人文底蕴—科学精神这三个维度开展与实施。小初连贯的系统美术课程，扎根中国、融通中外，体现社会主义核心价值观，凸显中华美育精神。根据一至九年级学生年龄特点和身心成长规律，围绕课程目标，精选教学素材，设置丰富的教学资源。在学生掌握必要基础知识和基本技能的基础上，学校每学期定期举办服装秀和艺术展。学生人人参与，着力提升其美术核心素养。自 2015 年立校以来，学生创作的艺术作品获上海市艺术单项比赛手绘动漫画市级金奖、陶艺市级银奖；连续五年获得嘉定区艺术单项比赛区级金奖；校内中小学学生近年来获得国内外艺术奖项百余次。学生作品先后在上海当代艺术博物馆、静安国际设计节、K11 艺术中心等艺术展览馆展示。初中音乐课程始终坚持国家课程第一原则，深化创新融合，发展校本特色，充分落实国家课程标准，同时设立"一生一乐器"特色校本音乐课程，开展小班化教学。学校让每位学生都能接触到音乐，平等拥有学习乐器的机会，在音乐课程中培养青少年综合艺术修养，潜移默化地传授音乐艺术知识，提高学生艺术技能，启迪艺术灵感，提升艺术审美。体育课程的特色是以发展学生技能为主，为此学校引进了优质的橄榄球团队，为六、七年级学生开展橄榄球专项课，同时为八年级学生开展游泳专项课，力求培养其"一生一技能"的运动目标。此外，还融入了外教体育课程和多门体育选修课程供学生选择，包括篮球、足球、橄榄球、棒球、羽毛球、乒乓球、游泳、高尔夫、舞蹈等多项运动。通过开展不同项目，多方向培养学生的运动兴趣，丰富学生的课余活动。

建校十年来，初中部始终紧密围绕总校育人总目标和"优质、多元、融合、关爱"教育理念，着力打造有华旭双语课程基因的高质量国家课程校本化实践。本章节将把十年以来初中部在课程实践中取得的经验和成果、教师们的思考和领悟一一呈现，将成功的经验传承下去，并通过分享和交流，以期激发新的思维火花和灵感，不断促进教师钻研和提升，让华旭双语初中部的课程品质越来越好，进一步推动学生"轻负担、高质量"的全面发展。

在双向衔接中促进儿童的社会性发展
——华旭双语学校幼小衔接活动的实践与反思

山　雨　张燕飞

【摘　要】本文通过华旭双语学校的实践活动，探索了幼小衔接中促进儿童社会性发展的有效途径。基于案例分析，提出了教育教学建议：构建稳定的幼小衔接合作框架，确保社会性发展的连续性；关注儿童的忧虑与期待，以儿童为中心进行社会性发展活动设计；共同探索丰富的交流与体验活动，打通社会性发展的过渡通道；等等。希望能对幼小衔接活动的开发与开展以及探讨如何在幼小衔接活动中促进儿童社会性发展给予一些启发。

【关键词】幼小衔接；社会性发展；实践与反思

一、活动背景分析

　　"幼小衔接"阶段是儿童发展的关键转折期，对其社会性发展尤为重要。良好的过渡可以帮助儿童适应复杂的社会角色和学习环境，培养关键的社交技能，为其情感健康和长期发展奠基。华旭双语学校发现一年级新生面临如同伴冲突、适应困难等问题[①]，这些与社会性发展密不可分。已有研究表明，儿童的社会性发展需要

---

① 宋烁琪，刘丽伟. "儿童的视角"下幼儿与小学生的衔接困境和需求分析［J］. 学前教育研究，2022（05）：11—27.

长程且全面的系统性干预①。

通过八年探索，华旭双语建立了系统的幼小衔接活动体系，帮助幼儿顺利过渡到小学，使其能在新的学习环境中自信、主动地学习和交往。下面将从学习任务分析、关键经验链接、实践片段和教育教学建议展开说明。

二、学习任务分析

以下围绕着社会性发展这一具体目的，结合华旭双语学校的实践情境，对学习任务进行分析。

1. 幼小衔接中社会性发展的结构与内容分析

参考《上海市幼儿园办园质量评价指南（试行稿）》中"领域三：自我与社会性"的要求，结合"小学生入学适应指标"与国内外权威的学术研究成果，本文将幼小衔接中的社会性发展划分为学习适应、行为适应、情绪适应、人际适应四大领域，指标含义及具体表现见表1。

表 1　幼小衔接中社会性发展的维度与内涵

维 度	含 义	表 现
学习适应	儿童在幼小衔接过程中对学习环境、学习任务和学习方法的适应能力	• 学习兴趣和动力：对学习表现出积极的兴趣和主动性 • 学习态度：对学习持积极、乐观的态度，愿意接受新的知识和挑战 • 学习能力：具备一定的学习能力并养成初步的学习习惯，如在学校能安心学习，在课堂上能认真听讲。能独立、按时按要求完成作业
行为适应	儿童在幼小衔接过程中对学校规章制度和生活习惯的适应能力	• 遵守规则和纪律：能够理解和遵守学校的规章制度，积极参与各项活动 • 自我管理能力：具备自我控制和自我调节的能力，能够独立完成基本的生活和学习任务 • 良好的行为表现：表现出礼貌、守时、守信等良好的行为习惯

---

① Leung C, Cheung J, Lau V, et al. Development of the Preschool Developmental Assessment Scale（PDAS）on children's social development［J］. Research in Developmental Disabilities, 2011, 32（06）: 2511—2518.

维 度	含 义	表 现
情绪适应	儿童在幼小衔接过程中对各种情绪的认知、表达和调节能力	• 在学校或谈及学校相关的事物时，大多数时候的情绪体验是积极的，如高兴、开心，而非沉默、不满
人际适应	儿童在幼小衔接过程中与他人（包括老师和同学）建立良好关系的能力	• 与他人合作：能够主动与他人合作，包括与同学合作完成任务和与老师积极互动 • 建立友好关系：能够建立良好的人际关系，包括与同学之间的友谊和与老师之间的信任关系

2. 活动任务概述

本活动旨在促进幼儿园大班儿童顺利过渡到小学一年级的学习生活，帮助他们在这个转变过程中建立信心、提升社交与适应能力。通过一系列的幼小衔接活动，儿童将逐步了解小学生活、行为规范、校园环境和学习内容，减少转变带来的焦虑和困惑。

3. 学习任务重点、难点

重点：帮助幼儿园大班儿童回顾、整理幼儿园经历，提供支持和指导。通过参观和体验帮助他们深入了解小学，为入学做好准备。

难点：缓解儿童对小学生活的不确定性焦虑，逐步引导其适应新环境和学习规则。

4. 活动所需的儿童前期经验分析

（1）儿童可能了解小学生活的某些方面，如课本内容、课程安排等，但仍有疑惑。

（2）儿童可能已经通过游戏和角色扮演等方式模拟了小学生活的场景，初步了解班级规则和游戏活动。

（3）儿童可能已从教师和家长处了解到小学与幼儿园生活的区别，有心理准备。

（4）儿童已经历了幼儿园的集体生活与学习，具备人际交往经验与基础。

5. 活动评估

（1）通过观察、访谈等方式，了解儿童对幼小衔接活动的反应和体验。

（2）根据儿童的言行举止、表达情感等方面评估其适应能力和情绪状态。

（3）结合儿童的参与程度、问题解决能力等因素，综合评价幼小衔接的效果，指导进一步学习和发展。

三、关键经验链接

根据上文社会性发展的维度，可以从学习适应、行为适应、情绪适应、人际适应等四个方面分析儿童已获得的关键经验及途径（见表2）。

表2　幼儿园关键经验及获得

维度	获得的关键经验	获得的关键途径
学习适应	• 学习兴趣和动力： 　对进入小学学习表现出极大的兴趣，产生入学的愿望，并对小学生活产生向往。 • 学习态度： 　通过模拟小学生活，感受小学生活的特点，产生入学的愿望，并对小学生活产生向往。 • 学习能力： 　形成初步的任务意识，具备一定的完成任务的能力。 　有阅读、记录等多种计划，能有计划地安排自己感兴趣的活动。	• 游戏活动： 　我的课间活动设计。 • 集体教学活动： 　课间十分钟、我的小书包、一分钟有多长。 • 生活活动： 　我是光盘小达人。
行为适应	• 遵守规则和纪律： 　理解、遵守活动规则，感受遵守规则的重要性。 • 自我管理能力： 　熟悉、了解如何爱护和正确使用学习用品，并习惯独立整理管理好自己的物品。 • 良好的行为表现： 　在集体生活中能够表现出礼貌、守时、守信等良好的行为习惯。	• 集体教学活动： 　班级公约、迟到的理由、留不住的时间、大卫上学去。 • 生活活动： 　小小值日生、整理游戏区。
情绪适应	• 对小学生活的情绪感知： 　了解每个人都有不同的情绪，觉察自己与同伴的情绪，调节自己的情绪，愿意通过不同形式友好地沟通、表达情绪。	• 集体教学活动： 　我的情绪小怪兽、小阿力的大学校、大头鱼上学记。 • 游戏活动： 　情绪牌。
人际适应	• 与他人合作： 　在游戏中积累与同伴合作的经验，面对矛盾与冲突时积累相关解决冲突的方法。 • 建立友好关系： 　通过一系列的活动发现人与人之间的不同，坦然面对自己的优势与不足，建立良好的人际关系。体会在自己成长过程中，老师、父母、朋友等周围人的帮助，逐步萌发感恩意识。	• 游戏活动： 　我与朋友比一比、小小运动会。 • 集体教学活动： 　我和同桌、毕业倒计时、同桌的阿达。 • 其他活动： 　毕业典礼。

四、实施片段举隅

自 2015 年创校以来，华旭双语有一套较完善的幼小衔接活动体系，由幼儿园部和小学部合作完成。开展的主要方式有：教师会议交流、师生互访课堂和主题活动。主题活动包括：幼儿园部大班 3—5 月开展的"我要上小学"主题活动、一年级新生在一年级入学前进行的"小学新生活"主题活动以及向一年级新生发放《新生入学手册》等。以下是华旭双语幼小衔接活动的部分片段。

华旭双语运用探究环（inquiry circle）工具进行幼儿园和小学部的课程探究，为儿童搭建适应期学习支架，鼓励其自主探索建立小学生活经验。

1. 准备阶段（3 月）

本阶段实施时间为大班第二学期的 3 月，在"我们是谁"这一单元主题下，以"幼儿园所学影响我们的生活"为中心思想，以理解"改变"这个概念为出发点设计幼小衔接的相关活动。

经历了 2—3 年的幼儿园生活，儿童基本能自主参与"班级规则""游戏区域设计"等活动。教师引导儿童梳理回顾幼儿园生活并用个人喜欢的方式记录、呈现自己眼中的幼儿园。同时小学部低年级教师参与观察活动。

这个阶段活动的关键问题主要有：

（1）我的幼儿园生活是什么样的？

（2）我的幼儿园是如何运转的？

（3）为即将升班的弟弟妹妹设计一份幼儿园图册，你会怎么做？

2. 导入阶段（4 月）

本阶段通过讨论关键问题来了解儿童对于升学的期待及担忧。学前阶段的孩子一般会在"认识时钟""自己整理小书包"等活动中培养自我服务能力，或是通过阅读绘本、观看视频等方式萌发成为一名小学生的自豪感。但观察发现这些活动大多是被动接受式、片段式的学习方式，未能充分展示幼小衔接活动的效果。因此本阶段将会通过与儿童进行小组式谈话，来收集儿童对小学的相关问题。同时小学部低年级教师参与观察活动。

这个阶段活动的关键问题有：

（1）对于即将到来的小学生活，你认为会有什么样的改变？（形式）

（2）对于升入小学，你的担心是什么？（联系）

讨论显示，儿童对于小学的印象大多来源于家人的口述，表现出儿童对升入小学的不确定性的担忧。

3. 探究发现阶段（5月）

为了帮助儿童在具体情境中寻找上一阶段所提出问题的答案，本阶段将问题设计成调查表及采访清单，并把儿童分成若干小组，让他们带着问题进入小学参观以寻找答案。

这个阶段活动的关键问题有：

（1）参观小学后你的这些问题有没有得到解决？哪些问题解决了？哪些没有解决？

（2）你希望通过什么样的方式能更深入地了解小学生活？

4. 整理阶段（6月）

在这个阶段，儿童通过实地参观小学，探知并解决了部分问题，但仍会有一些关于社会交往、课堂学习的问题未得到答案。于是本阶段策划了一场"小小记者会"。"记者"是大班儿童，被采访者是由小学部一年级至五年级的大队委员们组成。

在"小小记者会"上，幼儿园的儿童向小学部的哥哥姐姐们提出了关于小学生活的种种疑问，包括作业量、午睡习惯、找教室的方法以及如何处理突发情况等。哥哥姐姐们耐心地回答了每一个问题。通过与小学哥哥姐姐们的问答互动，大班的儿童进一步厘清、解决了对升入小学的困惑。

为了进一步帮助幼儿园大班的儿童了解小学生活，幼儿园大班的儿童会被邀请参与小学部的一些活动，如课本剧展演、运动会和艺术展览。目的在于引导他们发现：原来升入小学不仅有学习，还有各种各样丰富的活动。同时，幼儿园教师会开展集体教学活动，帮助儿童梳理对小学生活的初步印象。

5. 暑期延伸阶段（7月、8月）

这个阶段，幼儿园部会给即将升入小学一年级的儿童布置一些任务作为幼小衔接暑期活动的延伸，如设计一份《华旭双语入学指南》、向他人（家庭、下一学段幼儿）介绍华旭双语学校小学部等。

6. 小学新生活阶段（8月末—9月初）

正式开学前，一年级新生将获得一本《新生入学手册》。小学部将开展以"小学新生活"为主题的幼小衔接活动，为期三天。

（1）开班仪式。教师们将进行别出心裁的自我介绍，并开展传统的"启智"仪式。

（2）参观小学校园。班主任们将带领新生熟悉小学校园，介绍校园内各功能区的使用注意事项。

（3）参观小学图书馆。由图书馆管理员讲解图书馆的基本布局、借还书的方法和阅读规则等。

（4）语文、数学、英语、美术、音乐学科的体验活动。孩子们通过体验这些学科的学习时间、学习内容、学习方式、学习规范等，为正式的小学学习做好准备。

（5）展示活动。展示活动会邀请新生家长、幼儿园大班教师前往小学部参观学生们的学习成果。

7. 评估与延伸阶段（10月—次年2月）

一年级正式开学后，幼小衔接仍会融入各个学科的课程。这个阶段我们会评估儿童的幼小衔接情况。除了参考《小学生入学适应指标》的评估标准外，教师还会对一年级新生进行访谈。

这个阶段的关键问题有：

（1）你能跟我描述一下你在小学是怎么上课的吗？跟幼儿园有什么不同？你最喜欢小学里的什么课？

（2）你觉得小学里的老师是什么样子的？你喜欢现在的老师吗？

（3）你会不会特别想念幼儿园的好伙伴？

（4）小学里，课间休息、午饭、午休等都和幼儿园有哪些不同？你更喜欢哪一种生活呢？

（5）你认为，成为一名合格的小学生需要做好哪些事情？需要具备什么样的能力？

五、教育教学建议

1. 构建稳定的幼小衔接合作框架，确保社会性发展的连续性

华旭双语学校依托十二年一贯制的办学体系，建立了幼儿园教师与小学低年级

教师共同参与的双向合作机制，进一步完善了幼小衔接活动体系。学校尤其强调幼小衔接是共同任务，小学部应主动衔接，帮助儿童在学习、情感、社交、行为等多方面适应小学生活。实践中，幼儿园和小学的教师应定期举办工作会议、小幼互访、小幼课堂观摩、小幼共同策划和执行衔接活动、资源共享和信息流通等，保障儿童社会性发展的连续性。

后续在构建稳定的幼小衔接合作框架的过程中，可进一步完善定期的沟通机制，包括定期召开联席会议、共同制订幼小衔接计划、分享教学资源和经验等，以确保信息畅通，协调一致，共同推动幼小衔接工作的开展。强化教师培训和交流，组织幼儿园和小学的教师参加专题培训、研讨会和教学观摩活动，加强对幼小衔接理念、方法和策略的学习和交流。设立衔接专岗，在学校内部设立专门负责幼小衔接工作的岗位或小组，统筹协调幼儿园和小学之间的衔接工作，确保衔接活动的顺利开展和效果落实。建立"家—校—园"共育机制，积极引导家长参与幼小衔接工作，加强家校沟通和合作，共同关注儿童的成长发展，共同促进儿童的社会性发展。

2. 关注儿童的忧虑与期待，以儿童为中心进行社会性发展活动设计

本活动从小学为本转向儿童为本，工作出发点并非让儿童单向地适应小学文化，而是要求学校（尤其是小学）主动地了解儿童、研究儿童、读懂儿童，继而支持儿童完成平稳过渡。具体而言，可以通过小组讨论等方式，基于调查表和采访清单的形式，全面清晰地了解儿童对升学的忧虑和期待，并据此设计活动，答疑解惑，帮助孩子们理解即将面临的变化。继而更有针对性地设计支持活动，更有效地帮助儿童解决问题，减少他们对于升入小学的焦虑，有助于儿童在社会性方面的适应和发展。

后续可进一步探索儿童关怀主题计划，初步设立专门的心理辅导团队，针对幼儿园大班儿童的心理特点和需求，开展针对性的心理辅导活动，帮助他们理解和应对即将面临的变化，缓解焦虑和压力。接着，组织情感交流活动，开展小组讨论、情感分享和互动游戏等活动，让孩子们有机会表达自己的忧虑和期待，倾听他们的心声，促进情感沟通和情感发展。随后，设计个性化支持计划，根据不同儿童的特点和需求，制订个性化的支持计划，提供针对性的帮助和指导。最后，建立社会性发展的长效追踪机制，做好动态评估与过程监控，确保活动的有效落实。

3. 共同探索丰富的交流与体验活动，打通社会性发展的过渡通道

在非连续性教育的视角下，华旭双语学校在幼小衔接中探索了丰富的交流与体验活动，比如，组织儿童参与小学课堂听课、与小学生的直接对话和互动、小学生活体验等活动，邀请小学老师参与幼儿园活动观察，打通儿童社会性发展的过渡通道。儿童能够直观感受和深入了解实际的小学生活，减少对未知的恐惧和焦虑。在后续的实践中，可进一步鼓励跨年级、跨学科的合作与交流，设计户外探索、团队拓展等共同参与的活动，推进"互惠共生"，让儿童能在活动中体验到成长和突破，增强他们的自信心和社会适应能力。

小学语文综合性学习教学设计研究

杨　虹　吴　迪

【摘　要】语文综合性学习引导学生在情境中综合运用语文知识和技能，体现了语文课程的核心素养。文章结合综合性学习的教学策略，从教学目标设置，教学过程开展和教学评价实施三个方面对小学综合性学习单元的教学进行了设计研究。

【关键词】小学语文；综合性学习；教学设计

一、研究背景

进入 21 世纪，时代发生了巨变，信息科技日新月异，人才培养的目标也成为全球关注的问题。以培养"全面发展的人"为目标，我国提出了"中国学生发展核心素养"这一概念。① 据此，《义务教育语文课程标准（2022 年版）》（简称《语文课程标准》）指出"强化课程综合性和实践性，推动育人方式变革，着力发展学生核心素养"。②

"核心素养"为我们的教育指明了方向，《语文课程标准》也对语文教学提出了

---

① 《中国学生发展核心素养》总体框架正式发布［J］.上海教育，2016（27）：8—9.
② 中华人民共和国教育部.义务教育语文课程标准（2022 年版）［M］.北京：北京师范大学出版社，2022.

变革要求。《语文课程标准》就提出了"综合性学习"的要求，以加强语文课程内部各个方面的联系，同时加强与其他课程以及与生活的联系，促进学生语文素养全面协调地发展。①《语文课程标准》要求"增强课程实施的情境性和实践性，促进学习方式变革"。②

统编版语文教材从三年级开始就设置了专门的"综合性学习"单元，指导教师组织开展综合性学习活动。然而，在实际的语文教学中，对于教材中的综合性学习单元的内容，目前很多教师还是以传统语文教学的讲授模式为主，或者只是照本宣科地组织学生进行活动。教师缺少课程开发意识，不能调动学生的积极性，无法真正达到综合性学习的目的。

二、综合性学习单元的教学策略

语文综合性学习不同于传统的语文学习，它既具有综合性的特点，还具有实践性的特点，它要求学生在真实的情境中灵活地运用语文知识，提升语文实践能力。在教学实践中，教师要重视教学的整体规划、活动的实践性以及评价的过程性。

1. 立足核心素养，整体规划学习活动

综合性学习作为一种跨学科的实践学习活动，既要突出语文的学科性，注重听说读写的综合运用，也要体现语文与生活、语文与其他学科的联系。所以，开展综合性学习单元的教学，要立足核心素养，整体规划学习活动。

首先，设计教学活动要将学生听、说、读、写等语文知识与技能的要求进行有机整合，重视学生对语言的积累和运用，培养他们的语言意识和语言表达能力；其次，要引导学生在实践过程中学会收集和处理信息资料并与同伴合作学习，培养他们运用信息资料的能力和合作学习能力；再次，要结合展示活动引导学生学会自主探究，培养他们的创造能力；最后，还要关注学生在活动中获得的情感熏陶、品德

---

① 中华人民共和国教育部. 义务教育语文课程标准（2011 年版）[M]. 北京：北京师范大学出版社，2011.

② 中华人民共和国教育部. 义务教育语文课程标准（2022 年版）[M]. 北京：北京师范大学出版社，2022.

教育与文化传承。

2. 以学生为中心，在实践中展开学习过程

综合性学习将语文学习与生活实际相联系，通过创设真实有趣的学习情境和设计富有挑战性的学习任务，激发学生的学习兴趣，引导学生进行自主、合作和探究学习。

在教学实践中，教师需要结合学校或社区的资源设计开放性的实践活动，通过驱动性问题引导学生进入真实的生活中去学习和探究，并运用语文知识解决问题，展示学习成果，比如，通过驱动性问题"怎样继承中华传统文化"，引导学生进行一次对传统文化遗产的参观与研究活动；通过驱动性问题"诗歌如何让我们用美丽的眼睛看世界"，引导学生组织一次诗歌朗诵会；通过驱动性问题"小学生活难忘在哪儿?"引导学生策划制作一本毕业纪念册。

开展综合性学习单元的教学，要发挥活动的多重功能，引导学生在综合运用语言知识与技能的同时，培养其思维能力、创新能力、团队协作能力等，促进学生语文能力和人文素养的全面发展，从而提高学生的语文实践能力。

3. 促进学生发展，注重学习的过程性评价

语文综合性学习是一个在实践活动中展开的学习过程，其教学目标包括培养学生综合运用语文知识与技能的能力、在真实的世界中运用语文知识解决实际问题的能力，以及培养学生的情感、态度、价值观等。因而综合性学习的评价更关注学生的学习过程，除了要评价学生对语文知识与技能的掌握情况，还要通过观察学生在学习过程中的表现，评价其学习态度、参与情况，以及在自主探究、与人合作、创新意识等方面能力的发展情况。

综合性学习在实践中展开活动，学生要自行搜集资料、独立设计作品、亲身实践，教师可以通过过程性评价量表对学生在实践活动过程的表现及学生设计制作的作品进行记录和评价，并及时反馈与指导，通过评价促进学生个体在核心素养方面的全面发展。

三、综合性学习单元的教学模式设计

基于对综合性学习教学策略的研究，我们从教学目标设置、教学过程展现、教

学评价实施三个方面进行了设计。

1. 综合性学习单元教学目标设置

在进行语文综合性学习单元教学设计的过程中，我们始终以语文核心素养为导向，教学目标的设计依照课程标准，从"识字与写字""阅读与鉴赏""表达与交流""梳理与探究"四个方面展开，各有侧重。

"识字与写字"和"阅读与鉴赏"两个方面我们主要以单元课文为基础，具体目标包括：掌握本单元课文中重点生字词的读音和书写；能正确流利有感情地朗读本单元课文；把握本单元课文的主要内容，掌握本单元语文要素的运用；体会课文的思想感情。

"梳理与探究"主要通过实践活动展开，具体包括：结合本单元的学习主题开展实践活动，提出学习和生活中发现的问题；运用多种方法搜集、整理资料和运用资料；设计方案或办法，解决与学习和生活相关的问题。

"表达与交流"在活动成果中体现，具体包括：清楚地交流自己的想法或观点；运用单元所学的语言知识和技能介绍活动成果。

2. 综合性学习单元的教学过程展现

在教学过程中，我们设置了以下四个模块开展学习任务：设置情境，引出驱动性问题；围绕驱动性问题，展开头脑风暴；建立学习小组，进行实践探究；展示学习成果，反思学习过程（见图1）。

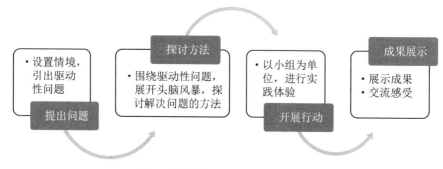

图1 综合性学习单元教学模块

（1）设计驱动性问题，激发学生兴趣。教材中的每个综合性学习单元开头都有相应的导语引入主题，这些导语都比较抽象。学生对单元导语提问，引出驱动性问题。驱动性问题将抽象的内容变成具体的、可以进行实践研究的过程。如三年级综合性学习单元的导语是"深厚的传统文化，中国人的根"。我们设计的驱动性问题是"怎样继承中华传统文化？"通过设计驱动性问题，创设真实、生动的教学情境，激发学生的学习兴趣，提高他们的积极性和参与度，帮助学生进入全面深入的学习。驱动性问题以学习目标为基础，其核心任务在学习进程中指向学习目标的达成。这个环节一般在课内进行。

（2）围绕驱动性问题，探讨解决方法。学生通过头脑风暴，交流自己对驱动性问题的已知认识，即"我已经知道了什么?"同时提出自己想要解决的问题，即"我还想知道什么?"逐渐明确自己需要了解和研究的内容，即"我想运用这些知识解决什么问题?"在此基础上，师生一起沟通，围绕学习目标来规划实践活动。比如基于"怎样继承中华传统文化?"这个驱动性问题，学生可以提出"什么是中华传统文化?""传统具体有哪些内容?""它们有哪些独特之处?""怎样去了解自己想研究的传统文化内容?"等具体问题。最终，在教师的引导下，学生确定自己感兴趣的一项非物质文化遗产，展开研究，并为它制作一本宣传册。这个环节一般利用一课时，也在课内进行。

（3）建立学习小组，进行实践探究。采用小组合作学习的模式，通过实践活动的形式，将语文学习与日常生活相结合，让学生在做中学，提高他们的动手能力和创新思维，在互动交流中提高合作意识和沟通能力。根据驱动性任务，小组首先进行任务分工，确定学习计划；接着学生各自搜集资料、整理资料；然后通过小组交流，确定研究内容或汇报学习成果，进行合作探究；最终形成以小组为单位的成果进行展示。在这一过程中，小组成员要及时沟通遇到的问题或困难，共同解决。教师也会根据活动的进展情况，及时予以指导或帮助。这是综合性学习的关键环节，以课外学习为主。

（4）展示活动成果，进行总结反思。学生展示并交流自己的学习成果，检验学习目标的达成情况以及对主题的认识。我们通过及时的评价，使学生认识到自己的优点与不足，鼓励学生不断调整，进行自我改进。这一阶段课内课外都可以进行，用时一课时。

3. 综合性学习单元评价实施

依据单元教学目标和教学活动环节，我们设置了相应的评价标准。在不同的学习环节，评价的内容不一样。从探究实践角度，我们关注学生在活动过程中的参与与表现，包括认真聆听、主动思考、积极交流；从思维发展角度，我们关注学生查找、整理资料的能力，与他人合作学习和自主学习的能力的情况；从语言运用的角度，我们关注单元语文要素的掌握情况、创意表达和口头表达的情况。为了使评价的结果更具有客观性和发展性，我们除了进行小组互评以外，还在最后设置了教师评语和学生反思两个总结性评价，保证了评价的公正与客观，同时通过教师的建议和学生的自省，达到引导学生进行不断调整、改进不足的目标。具体的评价内容见表1。

表1　综合性学习单元教学评价表

小学语文综合性学习评价表

综合性学习主题：		参与人：		
		所属小组：		
评价环节	评价内容			评价等级
提出问题	认真聆听，积极思考，对相关话题有兴趣			☆ ☆ ☆ ☆ ☆
	认真聆听他人发言，关注重点			☆ ☆ ☆ ☆ ☆
探讨方法	认真思考，具有问题意识			☆ ☆ ☆ ☆ ☆
	主动交流，表达清晰			☆ ☆ ☆ ☆ ☆
	积极参与小组讨论与分工			☆ ☆ ☆ ☆ ☆
开展行动	自主进行资料的查找与整理			☆ ☆ ☆ ☆ ☆
	清晰有条理地展现自己的研究成果			☆ ☆ ☆ ☆ ☆
	作品紧扣主题，内容丰富			☆ ☆ ☆ ☆ ☆
成果展示	运用单元语文要素进行介绍，条理清楚			☆ ☆ ☆ ☆ ☆
	形式多样，富有创意			☆ ☆ ☆ ☆ ☆
	交流自信大方，表述清晰			☆ ☆ ☆ ☆ ☆
评价说明	优秀：☆ ☆ ☆ ☆ ☆	良好：☆ ☆ ☆	一般：☆ ☆	需加油：☆
教师评语				
学生反思				

四、结语

　　基于目前综合性学习的研究现状和存在的问题，我们探究了综合性学习的教学策略，以便更好地指导教师进行教学设计；我们也开发了综合性学习探究的模式和方法，以期有效帮助教师开展单元教学活动。

总的来说，语文综合性学习研究正在不断深入和发展，研究者们正在不断探索和实践，以期找到更有效的教学方法提高学生的语文综合素质和能力。我们也希望通过本课题的研究提高综合性学习单元的教学效果，也期待通过探讨综合性学习在实践中学的教学模式对语文教学有所启发。

重视课堂教学反思，提高语文教育质量
——小学语文教学反思的实践探索

刘　红

【摘　要】随着教育改革的不断深化，全国各阶段的教学质量均实现了显著提升。在教学实践中，教师们针对具体的教学需求和课堂特性，持续创新教学方法，致力于为学生营造优质的学习环境。教师的课堂质量直接关系到学生的学习效果，开展教学反思能够加深教师对学生的认识，发现他们存在的问题，并以此作为教育动力，不断提升小学语文课堂的教学水平。基于此，本文首先阐述了小学语文课堂反思的必要性；其次揭示当前小学语文教学的现状问题；最后提出小学语文教学反思的实践方法，以供参考。

【关键词】教学反思；小学语文；实践探索

随着小学语文教育的持续深化，课堂教育的品质与效果均得到了明显的提升。教师们积极将重心转向课堂教学，投入大量时间与精力进行教学反思，深入剖析自身在课堂上的不足。根据学生在课堂上的表现及评价结果，对后续教育目标进行相应调整，以确保达成既定目标。尽管小学语文教育被视为基础教育，但其重要性不容忽视。教师们需不断进行教学方式的自我反思与总结，确保教学策略、内容及形式符合学生的主观需求，让学生在语文学习中体验乐趣，实现乐学善学的目标。

一、小学语文课堂反思的必要性

如何深入推进课堂的教学反思，以促进教师的职业化成长，始终是教育学界的重要议题。反思教学作为一种极具价值的教学理念，倡导教师在教学过程中逐步减少对学生的主导作用，为学生提供更加自由与宽松的学习环境，以便学生深入思考与自我反思，进而促使教师不断调整和优化自身的教学理念和策略。① 当前，小学语文教育领域面临着一系列亟待解决的问题，这也进一步凸显了开展教学反思的重要性。小学语文作为基础教育中的核心课程，对学生的语言能力、文字理解、表达技巧以及社会情感的培养具有至关重要的作用，它是培养学生发现问题、探索问题、解决问题的基本途径。然而，在实际的小学语文课堂教学中，存在着诸多挑战，如教师对反思的积极性不足、对反思价值认识不够深入、反思方法相对单一、反思技巧欠缺等。同时，针对教学反思的系统研究仍显不足。这些问题都使得在小学语文课堂上实施教学反思的需求变得尤为迫切。

二、小学语文教学的现状

1. 学生主体地位未体现

在现实教学实践中，强调学生主体地位的重要性并未得到广泛认识，仅有一小部分教师意识到其深远意义。当前，小学语文教育领域普遍存在一种现象：多数教师认为小学生的自学能力有所欠缺，并深受传统教育理念的束缚，学生在课堂上往往表现出消极的态度，缺乏主动学习的热情。② 对于教师所教授的课程内容，学生往往缺乏独立的观点和思想，限制了学生思维能力的发展。同时，教师也未能充分接收外界对其教学内容和教育模式的反馈，导致在课堂教学过程中，师生间的沟通方式和交流内容显得相对固定。这种状况使得教师难以实时更新自己的教育思想和教学模式，从而严重影响了学生的长远学习效果。

---

① 王国俄. 核心素养背景下的小学语文教学思考［J］. 新课程研究，2023（32）：49—51.
② 杨金平. 当前小学语文教学中存在的问题及对策［J］. 新课程教学（电子版），2023（22）：109—110.

2. 学生课堂体验不佳

在传统语文教学模式下，教师通常全权负责，从课堂导入到新知识传授，再到课后训练，这种教学方式虽然能够传授知识，但忽视了对学生学习方法的指导，从而打乱了学生的学习节奏。在这样的教学模式下，学生往往缺乏足够的思考空间，更难以深入体验课堂内容。小学阶段，语文课程内容丰富多彩，本应激发学生的学习兴趣，提升他们的课堂学习体验。然而，在实际教学过程中，学生往往过于依赖教师，未能主动融入课堂。长此以往，学生的学习热情逐渐减弱，进而影响了小学语文教学效果的提升，制约了小学语文教育的发展。

三、小学语文教学反思的实践方法

1. 搭建框架，驱动课前预习

有效的课前预习能够加深学生对所学知识的理解和把握，为其后续学习做好铺垫。在课前准备阶段，教育工作者应当为学生构建一个结构化的预习框架，以便他们依此进行有目标的预习活动。通过这种方式，学生能够获取更扎实的基础知识和学习体验，从而为后续的学习过程打下基础。在讲授《吃水不忘挖井人》一课时，教师需要遵循"以学习为中心"的教学理念，致力于构建扎实的课堂学习基础，将学习任务具体化，确保学生能够紧扣教学目标进行自主学习。在课堂实践中，教师需要为学生搭建课前预习任务框架。首先，要求学生对该文章进行初步阅读，确保对文中不熟悉或专业的词汇有所理解，并为这些词汇添加适当的语音注释。其次，深入掌握文章的核心要点，回答"这个挖井人是谁?""毛主席为什么带领乡亲们挖水?""乡亲们是如何感谢毛主席的?"等问题，加深同学们对课文的记忆。最后，拓宽学习视野，鼓励同学们利用网络资源，查找与本文相关的其他知识，从而丰富自己的知识储备。

2. 提炼主题，实施大单元教学

在推进大单元教学的过程中，教师应确保主题和教学目的明确，进而保证大单元的教学效果。为此，小学语文教师需要细致地研读教科书，从单元整体出发重新审视教科书内容，深入理解教科书的编写意图与内在逻辑结构，明确知识点的排列顺序与学习要素的整合原则，进而提炼出教学主题。如统编本教材的四年级上册，其中第四单元由《盘古开天地》《精卫填海》《普罗米修斯》《女娲补天》四篇文章组成，每一篇文章都是以"神话故事"为主线，故事的主角，也是脍炙人口的传说人物。因此，提炼单元主题时，可以将"神话故事"作为一种重要的人文题材进行提炼。随后，教师需紧密结合教材，明确教学目标，从而确保实践教学具有明确的目的性和针对性。在本单元教学中，教师需要将"神话故事"作为一个单元主题进行探讨，该教学内容主要侧重于阅读和写作能力的培养。教师在设计此课程时，既要深入挖掘教材内涵，又应对语文元素有精准把控，引导学生形成对神话故事的正确认知，理解其文体特点和深层含义；在具体实施过程中，则需注重提升学生的阅读理解能力，并教授新的知识和技能。①

3. 建立线上和线下联系，促进学生理解知识

构建网络教育平台是解决传统教育问题的有效途径，它能打破时空限制，营造虚拟教育环境，助力学生高效学习语言。在创建在线学习平台时，教育者需防止过度依赖网络或脱离传统教室，以免偏离学习重点。只有将线上与线下的教育资源有机结合，才能构建出符合信息时代需求的课堂，实现优质教学效果。以《肥皂泡》一课为例，在教学开始之前，教师可以通过在线教学平台提供的微课资源，引导学生更为直观地理解教材中的核心知识点，从而有效促进他们的预习工作。在完成线下教学后，教师需将微课资源上传至网络平台，以便学生在课余时间进行自主学习和巩固。此外，该网站也可用于构建实践教育平台，为学生分配多元化的实践作业。举例来说，在家中要求学生们动手制作肥皂泡，并将其转化为图像或文字作品。在此过程中，家长可协助学生记录整个制作流程的照片，随后学生需根据每张照片的具体内容，撰写详细的描述，并将作品上传至平台，从而完成此次实践任务。

四、结语

随着新课程标准的逐步实施，小学语文教学亟须进行与之相匹配的改革与发展。在这一过程中，教师们应自觉地进行教学反思，这是其个人专业成长与学习进程中的一项重要任务。若教师缺乏深刻的问题意识，不能从自身教育实践中进行深入反思，则其教学内容往往仅停留在经验层面。

① 向尧. 新课标下小学语文教学方法创新思考［J］.教育界，2023（26）：74—76.

小学生数学解题错误的调查分析

尹瑶芳

【摘　要】为了解小学生数学解题错误的状况，本文采用随机抽样的方式，运用自编问卷，抽取小学四、五年级学生进行问卷调查收集数据加以分析，结果发现：大多数学生有时会犯同样的解题错误，对解题错误的态度是积极正向的，表示不能容忍，且应该加以订正；出现较多的是知识性错误和疏忽性错误，其中疏忽性错误占比最高，相对逻辑性错误和策略性错误出现较少；课堂集体讲解加上个别深度辅导，是纠正错误的常用有效方式。在此基础上提出若干纠错策略。

【关键词】小学生；数学解题错误；错误分析

在日常数学学习中，学生出现一定量的解题错误是正常的自然现象。学习错误一直是数学学习理论关注的核心内容之一，错误，也是一笔重要的教学资源。[①] 笔者从多年的教学实践中了解到：学生在错题管理方面存在不足，缺乏具体的错题管理策略和方法等。[②] 为了解小学生数学学习错误的情况，本调查确立的研究问题是：四、五年级学生主要出现哪些类型的错误及错因是什么？通过编制调查问卷，统计学生解题错误原因的选择、排序和问答，获得小学生学习数学的真实感受等方面的

---

① 韩华球.错误：一笔重要的教学资源［J］.课程·教材·教法，2005（03）：26—30.
② 陈丹.关于如何对待数学学习错误的思考［J］.教育探索，2006（01）：75—76.

数据。这样的研究对于指导数学教学实践具有一定的价值，帮助教师提升纠错、容错的有效教学策略，在一定程度上丰富数学学习理论。

一、选择题结果分析

参与以上调查的学生一共有 184 人，其中四年级有 76 人，五年级有 108 人，5 道选择题的回答统计情况见表 1。

表 1　小学生数学学习问卷选择题回答统计

选择题　问题	选择题号			
	A	B	C	D
1. 你认为数学在小学学习中的地位？	79.3%	18.5%	2.2%	0
2. 经过前面阶段的学习，你觉得数学学习有趣吗？	65.7%	28.3%	6.0%	0
3. 你对数学作业中的错误，你的态度？	48.4%	37.0%	1%	13.6%
4. 你会经常犯同样的错误吗？	21.2%	77.7%	0	1.1%
5. 你有收集与整理的错题本吗？	8.2%	34.2%	27.2%	30.4%

第 1 题显示：认为数学在小学学习中具有"很重要"的地位占 79.3%，认为有"重要"地位的占比 18.5%，这两项相加有 97.8% 的学生认同数学的重要地位。

第 2 题显示：觉得数学学习"很有趣"的为 121 人，占比 65.7%；"有趣"的计 52 人，占比 28.3%；当然也有 11 人占比 6.0% 选择"没感觉"。

第 3 题显示：对待数学作业中的错误的态度，选择"不能容忍自己的错误"和"有点难为情"的分别为 89 人（占比 48.4%）和 68 人（占比 37.0%），绝大多数学生的态度还是积极正向的。认为"不在意"的仅有 2 人，而选择"出错是正常的，订正就行了"的为 25 人（占比 13.6%），这说明学生对待错误的态度是理性可取的。

第 4 题显示：犯同样的错误，没有人选择"不在意"的，选择"肯定不会"39 人（占比 21.2%），"有时会"的 143 人（占比 77.7%），这说明确实有部分学生会犯相同的解题错误。教师批改错题后再次反馈学生，学生会引起重视，凸显解题错误纠正的必要性和重要性。

第5题显示:"利用错题本整理自己的解题错误"排序,"有时会用"占34.2%,"每次会用"占30.4%,"经常会用"为27.2%,"不用"为8.2%,说明学生利用错题本来纠错方式占比较多。

二、排序题结果统计

对四、五年级学生数学学习问卷排序的分析情况见表2。

表2　小学生数学学习问卷排序结果统计表

选择题　问题	年级	选择题号							
		A	B	C	D	E	F	G	H
6. 犯哪些类型的数学解题错误?	四	59	91	93	68	69	22		
	五	46	73	76	32	72	29		
7. 导致数学解题错误的主要原因?	四	53	11	56	87	27	7	49	89
	五	54	6	37	71	23	5	42	76
8. 教师处理数学作业中出现的错误:(1)教师使用频率	四	46	87	100	59	91	25		
	五	36	72	82	43	67	20		
(2)教师收效状况	四	26	93	99	82	88	25		
	五	14	79	83	66	72	12		
9. 一般如何处理数学作业中的错误:(1)学生使用频率	四	103	103	66	53	74	0		
	五	83	79	51	33	63			
(2)学生收效状况	四	103	101	70	57	75	1		
	五	79	79	43	40	63			
10. 影响订正数学解题错误的主要原因	四	82	67	86	22	58	68		
	五	68	45	71	14	43	54		

第6题显示:从四年级统计情况看,按出现频率由高到低进行排序为CBEDAF,即"粗心大意导致的疏忽性错误""运算错误""题意理解错误""未按要求解答导致的错误""知识性错误""其他错误"。其中,"疏忽性错误"占比最高90.3%,"运算错误"占比第二是88.3%,"题意理解错误"占比67.0%。

从五年级统计情况看,按出现频率由高到低进行排序为CBEADF,与四年级稍有不同，第四和第五选项颠倒了一下。其中，"疏忽性错误"占比最高91.6%，"运算错误"占比第二是88.0%，"题意理解错误"占比86.7%。

第7题显示：从四年级统计情况看，按出现频率由高到低进行排序为HDCAGEBF，其中，"粗心大意"占比最大86.4%，"练习做得不够，方法掌握不牢固"占比第二是84.5%。

从五年级统计情况看，按出现频率由高到低进行排序为HDAGCEBF，其中，"粗心大意"占比最大91.6%，"练习做得不够，方法掌握不牢固"占比第二是85.5%。

两个年级后三位排序相同，占比从高到低排序为："自己的数学基础差底子薄""老师课堂讲解存在一定问题""数学枯燥乏味不感兴趣"。

第8题显示：

（1）从四年级统计情况看，根据教师在教学中处理数学作业中出现的错误的频繁程度，由高到低进行排序为：CEBDAF，其中，"如果多人犯同类错误，会在课堂上讲解"占比最大97.1%，"要求学生订正解题错误"占比第二是88.3%，"会在作业本上指明错误之处"占比第三是84.5%。

从五年级统计情况看，按出现频率由高到低进行排序为CBEDAF，其中，"只是在作业本上打×"占比最大91.6%，"练习做得不够"其他方法占比第二是85.5%。

两个年级后三项排序相同，依次为"会对我个别辅导""只是在作业本上打×""其他方法"。

（2）对于教师收效状况，按出现频率由高到低进行排序为CBEDAF，两个年级统计排序相同，说明"教师课堂讲解""在作业本上指明错误之处""要求学生订正解题错误""个别辅导"是最常用也是成效最好的办法。

第9题显示：学生使用频率程度，按出现频率由高到低进行排序两个年级都是ABECD；按收效状况由最好到一般进行排序两个年级也一致。肯定前三者的作用，即"分析错误的原因并且进行订正""参考别人的解答或老师的讲解进行订正""其他方法"。"不订正，下次注意就行啦""不太在意，就当没有发生"这两项选择人数较少。

第10题显示：由主要到次要对以上原因排序为CAFBED，两个年级排序相同。学生认为以下四点为主要原因："不明白究竟哪里解答错了，不知道正确解法""时间紧，学习任务重""其他原因""老师没有给出订正解题错误的明确要求"。

"没有养成及时订正自己解题错误的学习习惯"和"感觉订正解题错误没什么价值",排在最后。

三、简答题错误原因分析

针对小学生数学学习中产生的错误的情况,挖掘发生错误的本质原因,以便在后续教学中有效地加以利用。[①]

1. 谈谈从上小学以来印象较深刻的一次订正数学解题错误的经历

从四、五年级学生的回答来看,经梳理汇总,主要呈现以下四个方面。

第一是强调订正时间长,订正次数多。如订正了好几次,订正了 3 页纸,导致其他作业到半夜才完成;几何题是我的弱项,订正了好久,连题目所在的本子都被橡皮擦烂了;一分钟做 100 口算题,来不及做,订正了好久;把错的应用题,抄写在本子上,写了好几遍;等等。

第二是提到老师耐心指导纠错。如老师非常耐心教我;错了难题我不会订正,老师耐心教我几遍我才弄懂;老师让我认真写出错题原因,加深印象,然后按要求完整订正;把错题抄在本子上,复习时很方便;生病了,老师花了一个中午时间教我做题;等等。

第三是提及学生的某些不当做法,学生因心理原因抵触订正,导致事情变糟。如考试时错了不该错的很伤心,就乱订正,还是没有订正对;平时错了一道很难的题目没在意,可谁知道,考试时看到竟然是一模一样的题目,犹如五雷轰顶,懊悔平时不认真订正,用时没办法做;不想订正,直接作业本塞进了书包,后来就忘了订正被老师批评;等等。

第四是由于错题与父母的冲突。如有一道题我已经做过好多次了但还是不会,爸爸罚我做了好几张试卷;补习班堂测,妈妈要我把错题弄明白后,回家再给她讲一遍。有一次错了好几道题,忘了订正被妈妈批评,躲到卫生间感到很难受;我碰到难题不会做时就问妈妈,结果妈妈讲得与老师不一样,两人争论很久,结果还是

---

① 张卫星. 小学生数学学习错误的本质及有效利用 [J]. 中小学教学研究,2008(10): 36—37.

向老师请教，等等。

2. 上小学以来，在解决有关的数学问题时，主要犯哪些类型的解题错误？请尽可能多地列举出来，并分析导致这些错误的主要原因是什么

从四、五年级学生的回答来看，排在前三位情况的是：概念题错，应用题综合题错，计算题错、要巧算没有进行巧算。

原因主要有：审题不仔细，粗心大意，马虎、总是心不在焉，上课不认真听讲，基础不扎实等。个别优等生也提到：奥数让我痛不欲生，还好不考；几何题让我觉得暗无天日；计算题，偶尔会马虎；应用题概念要么不理解，但一般的都会做。还有个别学生提到：课外学习的"牛吃草"问题、较难行程问题和燕尾模型题不会做。

3. 你认为在数学教学中老师如何处理学生的解题错误，教学效果会更好？请提出具体建议

学生提到教师处理三种类型的错误常用方法：难题解答错误，教师还有耐心，会在课堂详细讲解，并对个别学生进行辅导；基础题出错，教师一般无法容忍，有时全班批评后讲解纠错，采用反复训练纠错等；疏忽性的低级错误，教师一般粗暴对待，语言批评加惩罚性订正。

学生们提出具体建议：一是强调课堂集体讲解。如向全班讲解错误率高的题目效果更好，认真讲解，指明错误，再给学生讲一些同类题，举一反三，帮助学生理解，讲解题目要有互动，再练习同类题目，加深印象；也可让学生准备一本错题本，易错题抄在本上，避免以后再犯相同错误。二是强调老师讲题纠错时的态度。如老师要在错题旁边更明确地指出错误所在；讲得更亲切些，老师讲题时口气比以前更柔一些，不要发怒；老师大声训斥做错的同学，吓到了某些胆小、不自信的学生。三是强调对学生的个别辅导纠错。如全体讲解后，多对学困生个别当面纠错，效果较好；或让学生说说为什么错，然后再耐心讲解；或是先让学生在集体讲解后订正，然后当面批改，如果还有错也要耐心讲解并辅导。

4. 你认为在数学学习中学生如何处理自己的解题错误，学习效果会更好？请提出具体建议

四年级大多数学生提到：要准备错题本，多看整理错题，深入理解然后订正，养成上课认真听讲，有错立即订正的习惯，如果不会，可以向老师同学们请教；还

有少部分学生提到：父母让我们养成自理自立习惯，错误及时订正，多做课外练习，上课认真听讲。五年级大部分学生提到：发挥错题本的作用，把错题抄写在本子上，不写答案，考试复习前再认真做一遍；还有部分学生提到自己先学，再问老师效果会更好。学生要自己揣摩，不能抄写别人的订正等。

5. 关于数学解题错误，你有什么看法与想法？请写出来与大家分享

四、五年级多数学生建议可以大致分三个方面：一是发挥错题本的作用，如写在错题本上很有效，再多练几道类似的题目，下次绝对不能错，把错题正确的做法记牢。二是强调订正态度，如订正错题细心些，认真分析老师讲解的地方，不能自暴自弃，不能光依靠老师讲题，要自己先动脑，改正马虎的习惯。三是对老师的反馈讲解要求，如老师讲解题目时更亲切些，不要大声批评学生，讲得生动些，让学生有兴趣听，加深理解，避免下次再犯。除了正向思考外，还要学生从反向思考，如从自己原来错误的方向考虑，重新换一个思路认真解题。

四、结语

在调查中发现大多数学生认同数学在小学学习中的重要地位，觉得数学是有趣的有用的。调查得到如下结论：（1）大多数学生认为有时会犯同样的解题错误，对解题错误的态度是积极正向的，表示不能容忍，且应该加以订正。（2）解题错误较多集中为知识性错误和疏忽性错误，其中疏忽性错误占比最高，相对来说，逻辑性错误和策略性错误出现较少。（3）学生解题错误主要呈现数学内容、数学教学及数学学习三个方面原因。（4）课堂集体讲解加上个别深度辅导，是纠正错误的常用的有效方式，先对学生基于解题错误进行课堂集体讲解，操作简单省时，然后对个别性的错误进行纠正指导，有利于发现错因。

核心素养背景下小学数学游戏化教学设计路径

窦文欣

【摘　要】新课改持续推进的过程中，小学数学教学模式与教学方法也需要逐步创新和改变。但无论何种教学模式，培养学生核心素养都应是学科教学的重点。在小学数学学科教学开展过程中，教师需要立足课堂教学实践，采用符合学生身心发展特点的趣味化、高效化游戏教学模式，活跃课堂气氛，创设教学情境。本文将以游戏化教学模式为核心，探讨核心素养培养背景下小学数学游戏化教学价值及设计实施路径，以提高数学课堂教学效率。

【关键词】核心素养；小学数学；游戏化教学；设计路径

《义务教育数学课程标准（2022 年版）》明确提出"教学活动应注重启发式""引导学生在真实情境中发现问题和提出问题"，而游戏是一种构建真实生活情境，引导参与者在活动中改变的一种特殊活动。① 游戏化教学是新课改背景下发展迅速的一种新型教学方式，这种教学方式更加注重课堂的情境化设置和学生主体参与性，能够有效弥补单一化教学模式的不足，为学生学习参与和深入探究提供更多

---

① 赵兴呈. 游戏教学法在小学低年级数学教学中应用的调查研究［D］. 太原：山西大学，2023.

自由空间。

一、运用游戏化教学优化小学数学课堂教学的重要意义

1. 游戏化教学更符合小学低年级学生的认知特点

儿童身心发展具有阶段性、无序性、不平衡性、个体差异性和互补性等特点。一年级学生刚刚从幼儿园进入小学，在学习时间、学习内容、学习方式和学习要求等方面，与入学前相比有很大差异。此时大部分学生的规则意识、自律能力和语言表达能力都处于学前水平，这就给教学带来了一些困难。因此，在小学低年级的数学教学设计中，教师可以结合学生已有的数学基本活动经验，遵循学生的身体和心理发展规律，选择适合的教学方法，使他们在学习的过程中，能积极地进行探究、交流、思考，获得真正的数学学习经验，培养他们爱学习、爱思考的好习惯，从而使其人格得到充分的发展。[①]

2. 游戏化教学能有效激发小学低年级学生的学习兴趣

我们经常说"兴趣是最好的老师"，教师不仅要关注学习目标是否达成，还要关注学生的学习兴趣以及学生的内驱力。在教学实施的过程中，基于学生的活动经验、学生年龄的发展特征和认知水平，来设计一系列的数学游戏，努力做到简单易操作，生动形象，新颖有趣，让课堂气氛活跃，提高学生的注意力。[②]孩子们在游戏的过程中，自身也得到了发展，能主动地思考问题、解决问题。与此同时，在游戏的过程中获得成功的经历，促进对数学学习的喜爱。

3. 游戏化教学能提升小学低年级学生数学学习应用价值

在传统的数学教学模式中，作为课堂主体的往往是教师。在这种教学模式下，学生的学习兴趣不容易被激发、注意力不容易集中，从而影响学习效果。数学特级教师吴正宪曾说过：只有当数学不再板起面孔，而是与学生的生活实际更贴近的时

---

① 砂国民. 游戏化教学模式在小学数学教学中的应用［J］. 考试周刊，2023（44）：99—102.

② 徐莹洁，陈为香. 新课标背景下小学数学游戏化教学的策略研究［J］. 智力，2023（29）：108—111.

候，学生才会产生学习的兴趣，才会进入数学学习的角色，才能学懂数学，真真正正感受和体验数学的魅力与价值，增强对数学的理解和应用数学的决心。[①] 将游戏适度、适宜地引入课堂，能有助于学生在游戏化的学习过程中，有意识地利用数学的概念、原理和方法解决游戏中出现的问题，养成理论联系实际的习惯，发展实际能力。游戏化教学不仅提升了学生的应用意识，并且提高了数学的应用价值。

二、数学游戏化教学开展过程中的基本特点

1. 适度挑战并存

在数学游戏活动中，老师设置的游戏任务或达成目标需要具有一定的挑战性。游戏限制的条件越多，游戏的难度就越大。在制订游戏难易程度时，要适合学情、不能过难，否则难以激发学生的兴趣，容易让一部分学生产生畏难情绪。

2. 竞赛合作兼具

比赛都带有一定的竞争性质，比较容易激发人们的好胜心、增加人们的参与感。数学游戏亦然。有竞争性质的数学游戏能使活动变得富有挑战和趣味，从而提高学生的参与兴趣与学习热情。在以小组为单位的比赛中，不仅有组间的竞争，还有组内的合作，这样的游戏形式增强了学生之间的凝聚力，也培养了竞争意识。

3. 机遇趣味皆有

游戏教学要引起学生的兴趣，数学游戏本身就必须富有兴趣，要让学生喜欢，激起他们的热情，调动他们的好奇心，吸引他们的注意，激发他们的内驱力。在数学游戏实践的过程中，趣味可以体现在游戏引导语、游戏情境、游戏奖励等多个方面。

4. 教育意义凸显

在教学过程中使用数学游戏，其目的是达成教学目标，并且发展学生的数学学科素养，培养学生的数学观念。在游戏的过程中，学生使用已有的数学知识，在理解规则的基础上选择合适的策略，从而在无形之中达到教学目的。

数学游戏教学基本特点在于趣味性和教育性，能够极大地提高学生对数学的学

习兴趣，将他们的学习热情充分地调动起来，使他们在亲身经历中学会数学知识，体会数学原理，在交流与合作中获得新的经验，以此来提高对知识的认识与应用，使他们的想象力和创造力得到充分地发挥。

三、基于班级教学现状的游戏化教学调研与设计

1. 学生课堂游戏活动参与状况调查

为了解数学游戏在教学中的现状，设计问卷，从学生参与课堂游戏的情况、玩游戏与掌握知识的关系以及玩游戏与获得快乐的关系进行调查。

调查问卷总共发放 91 份，其中回收的有效问卷有 87 份，有效率为 95.60%，调查研究情况现如下。

（1）学生课堂游戏活动参与喜爱程度调查

表 1　学生喜欢参与活动游戏活动程度

	A. 并不	B. 偶尔	C. 经常	D. 总是
你喜欢参与数学游戏活动吗?	4.60%	8.05%	16.09%	71.26%

从表 1 可知，绝大部分学生对数学游戏表现出较浓的兴趣并且乐于投入课堂游戏活动中，很少有学生对数学游戏活动产生负面情绪。在对 4.60% 表示并不喜欢和 8.05% 表示偶尔喜欢参与数学游戏活动的学生中进行访谈时，发现其中 72.73% 的学生是由于不清楚游戏规则或者觉得游戏规则比较复杂无法理解，从而对游戏不感兴趣；18.18% 的学生认为自己已经掌握了知识就没有进行游戏的必要了；还有 9.09% 的学生认为游戏搭档不是他的好朋友，因此不喜欢参与数学游戏活动。

由此可见，游戏化的教学对学生而言十分具有吸引力，学生也很乐于参与其中，但部分学生会由于不理解游戏规则而不喜欢参与。因此，游戏化设计在数学教学中大有可为，但设计时需要格外重视学生对游戏规则的认识程度和游戏参与程度等问题。

（2）学生课堂游戏参与中知识掌握程度调查

《义务教育数学课程标准（2022 年版）》中指出"知识技能"既是学生发展的

基础性目标，又是落实"数学思考""问题解决""情感态度"等目标的载体。在日常教学活动中，教师首先应该思考的就是怎样使学生可以更好地掌握知识。

	A. 并不	B. 偶尔	C. 经常	D. 总是
在数学课上玩游戏能帮助你理解这节课上的内容吗？	11.49%	26.44%	39.08%	22.99%
在数学课上玩游戏时你的注意力集中吗？	5.75%	13.79%	26.44%	54.02%
在数学课上玩游戏你愿意思考吗？	2.30%	10.34%	41.38%	45.98%

如表 2 所示，在调查中，认为课堂上玩游戏能够帮助理解知识的人数几乎占到了总人数的 62.07%。此外，有 80.46% 的学生表示他们的注意力在玩游戏时能更好地集中，并有 97.70% 的学生愿意在游戏中进行思考。

由此可见，在课堂上玩游戏能够使学生的注意力更集中并且更加愿意思考，将知识巧妙地蕴藏于游戏之中的确能帮助学生高效地理解知识、更多样化地掌握知识、更有趣地巩固知识。

（3）学生课堂游戏活动愉悦感获取情况调查

表 3　课堂游戏与学生获得快乐的程度

	A. 并不	B. 偶尔	C. 经常	D. 总是
在数学课上玩游戏时你感到快乐吗？	6.90%	10.34%	28.74%	54.02%

由表 3 可知，有 82.76% 的学生在玩游戏时能够经常或总是获得快乐。在访谈中，大部分的学生认为快乐的原因是在课堂上进行数学游戏活动可以放松，缓解课堂带来的疲惫感。还有一部分学生表示能和同学们一起玩游戏就已经获得了快乐。少部分学生则认为游戏本身很有趣味性，在游戏中对自己的表现很满意。

由此可见，在教学中设置游戏化教学一方面能够满足教学要求，有助于达成教学目标；另一方面也能满足学生快乐学习的需求，有积极的学习体验。同时，这也说明了数学游戏能够促进学生更全面地成长，具有深远的教育意义。

2. 基于学生课堂游戏活动参与评价的数学游戏设计程序

在游戏的教学设计和实施方面，应当依据教学目标而采用不同的形式。不管是哪一种形式，都应该让学生在游戏活动中积极主动地参与，进行操作实践，开展合作交流，进而获得活动的体验，积累学习的经验。

（1）明确游戏化教学目标，考虑学生知识获取

在引入数学游戏的过程中，教师必须考虑教学内容与游戏的适配度，以及游戏环节与教学活动的先后顺序。课程的导入部分可以通过创设富有趣味性的游戏激发学生的学习兴趣；课程的中间部分使用数学游戏，可以增强学生对学习内容的记忆，激活学生学习动力；课程复习时的游戏，不仅总结了知识，更调动了学生的学习感受。

根据教学内容和目标运用游戏，充实教学中的游戏举措。把游戏活动纳入教学能帮助学生更好地领会和把控数学，让他们在数学学习过程中喜爱上数学。由此，游戏在教学中的使用既要考虑教学内容，也要考虑学生，充分体现学生的主动性、创造性和自主性，让学生纵情徜徉在数学知识的汪洋大海中。

（2）关注小学生认知特点，丰富游戏题材选择

朱智贤在《儿童心理学》一书中指出：小学生思维发展的基本特点是从以具体形象思维为主要形式逐步过渡到以抽象思维为主要形式；但这种抽象逻辑思维在很大程度上仍然是直接与感性经验相联系，仍然具有很大成分的具体形象性。[①]

总体而言，在教学游戏的设计上，情境应贴近学生生活并具有时效性，规则不应太复杂，以免学生由于不理解规则而不愿意参与游戏活动。在结构设计上，要能通过对形象直观的载体的感知，延伸到逻辑和抽象的知识。教师随时关注学生的课堂生成，及时调整，给予学生指导和帮助。具体来说，低年级的学生活泼好动，好奇心强，喜欢新鲜事物，对节奏明快、材料新颖、道具丰富的游戏比较感兴趣。所以娱乐性强的游戏对低年级小学生格外具吸引力，比如，数字宝宝找朋友、找找数字宝宝的家、数字排排坐等。随着知识储备的日益增加，中高年级的学生逐渐具备初步的逻辑思维能力，他们开始对数学知识本身展现出浓厚的兴趣。因此，他们更偏爱幻方、数独等智力游戏，这类游戏中融入了一些挑战和竞争元素，吸引学生们去闯关、争取胜利，使他们在游戏中获得满满的成就感，从而增强他们学好数学的自信心。

（3）采取灵活多元评价方式，重视学生活动反馈

教学评价是指对学生完成某一阶段的课程学习后所取得的学业成就的测量与评价。教学评价不仅是全面了解学生学习过程和结果的重要手段，还可以激励学生学

① 朱智贤.儿童心理学［M］.北京：人民教育出版社，2003.

习，并为教师的教学提供反馈，改进教师教学。课堂中对数学游戏的评价也是必不可少的。游戏的结果性评价很显而易见，因此我们要更关注这一环节的过程性评价（见表 4 ）。

表 4　小学一、二年级游戏化学习活动的评价反馈表

评价内容	自我评价	同伴评价	教师评价
对这个游戏感兴趣	☆ ☆ ☆ ☆ ☆	☆ ☆ ☆ ☆ ☆	☆ ☆ ☆ ☆ ☆
了解游戏规则	☆ ☆ ☆ ☆ ☆	☆ ☆ ☆ ☆ ☆	☆ ☆ ☆ ☆ ☆
能遵守游戏规则	☆ ☆ ☆ ☆ ☆	☆ ☆ ☆ ☆ ☆	☆ ☆ ☆ ☆ ☆
能积极参与	☆ ☆ ☆ ☆ ☆	☆ ☆ ☆ ☆ ☆	☆ ☆ ☆ ☆ ☆
能顺利地完成游戏	☆ ☆ ☆ ☆ ☆	☆ ☆ ☆ ☆ ☆	☆ ☆ ☆ ☆ ☆
能正确看待游戏的结果	☆ ☆ ☆ ☆ ☆	☆ ☆ ☆ ☆ ☆	☆ ☆ ☆ ☆ ☆

基于以上分析，可把游戏从设计到实施到反馈的程序概括为：

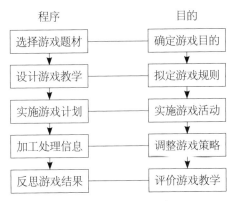

图 1　课堂游戏实施步骤

一般的数学课很难让所有的学生都能参与其中，也总有一部分学生因为数学知识的乏味和学业的沉重而产生负面的心理情绪。将游戏引入数学课堂的目的就在于增强课堂的趣味性和吸引力，尽可能让每一个学生都能在轻松、愉悦的氛围中积极参与，感受数学的乐趣和魅力。

在新课标教学背景之下，教师要更加关注教学灵活性和趣味性，根据具体的学情教情选定题材、制定规则和划定范围，将"教—学—评"三者统一于游戏化课堂教学中。

CLIL 在小学英语教学中的应用实践

黄菲儿

【摘　要】作为强调学科知识和语言整合的一种教学方式，CLIL 起源于欧洲，可将更多语言实践机会提供给学生，大幅提升学生跨文化交际能力，该方法被广泛用于初中及以上课程教学中，但研究发现，该教学方法在小学英语教学中也较为适用。本研究基于 CLIL 教学理念，分析小学英语课程开发原则，探讨英语教学中的 CLIL 应用实践，以期激发学生英语课程学习兴趣，提升课堂学习效率。

【关键词】小学英语；教学理念；CLIL 教学法；应用实践

《义务教育英语课程标准（2022 年版）》指出，小学英语教师要基于课程目标，根据学生兴趣和教学经验，以学生生活、学习中存在的实践性问题为导向，多元化实施英语课程教学，保证学生综合素养实现均衡化发展，遵循学科融合、课内外结合和学以致用原则，将义务教育阶段的学习引入现实生活中。①CLIL 教学法，是基于传统方法所开发出的新型教学模式，在小学英语教学中应用该方法，有助于教师充分发挥语言功能来实施课堂教学。传统的小学英语教学课程安排课时较少，所用教材也主要以语言为话题，此时若在英语课堂中应用 CLIL 教学法，可有效提

---

① 窦晓硕.CLIL 教学法在小学高年级英语课堂运用的实施策略和条件 [J]. 教育艺术，2023（06）：31—32.

升小学英语教学效率。

一、CLIL 及其教学理念

CLIL，英文全称为 Content and Language Integrated Learning，意思是内容与语言的整合性学习，指的是以外语当作教学用语，开展历史、数学、自然、社会科学、自然、艺术及地理等非语言类教学。CLIL 是以欧洲为起源地的一种外语学习和其他学科兼顾的教学模式，存在双重教学目标。以往数十年中，CLIL 教学模式获得广泛应用与推广，自教学理念至设计课堂任务、教学方法等均提供大量新教学思路，教学成效凸显。[①]

CLIL 教学模式实现了学科知识和语言的全面结合，两者互为教学语境。该模式以三大教学理念为基础，即：（1）学生可不断提升认知学习水平，以实现伴随性语言学习目标；（2）仅借助外语课堂，往往很难提供充足语言输入；（3）不能将语言视为孤立系统展开教学，需要将多样化输入提供给学生，为其提供更多自主学习机会。

二、基于 CLIL 理念的小学英语课程开发原则

基于 CLIL 的小学英语学习背景为现行的英语教材，出发点在于小学生发展需求，以英语学习过程、学习体验为重点，有机整合英语语言学习和其他学科的教学成果、内容，确保小学英语教学与学生学习规律相契合。所以，CLIL 理念下的小学英语课程设计须遵循以下几点原则。

1. 整合尊重原则

小学英语教学中，校本课程开发以整合国家课程为前提，严格遵循国家课程内容，英语教材不仅要与教材单元主题特性相契合，而且也必须遵循小学生认知发展规律。首先，尊重难度。英语校本课程教材要确保难度适当，可略高于国家课程，鼓励学生深度掌握英语文本内涵，将聚焦点放在与英语教材相匹配且难度略高的知识层面。小学英语教学时，组织举办文化比较、儿歌编唱等活动，增加英语活动的

① 谢智莺.CLIL 教学法在小学英语课堂中的实践探究［J］.中外交流，2021，28（06）：374.

丰富度。① 其次，尊重课时。一般来说，CLIL 校本课程既包含跨学科课程，也包含活动课程，以国家课程标准为规范，应在社团活动时间选定选修课，每周一个小时，而且活动课程大多与学校活动、节假日等相融合。

2. 话题补充原则

一般英语学习主题分人与自然、人与社会以及人与自我三大范畴。现阶段的英语教材涉及天气环境与宇宙探索、文化与历史等内容较少。以 CLIL 教学为基础的英语阅读材料，并不仅仅是对当前的英语教材进行拓展阅读，重点是在高度匹配教材内容的前提下，设置相应英语课程核心话题，使英语学习主题少等问题得到合理解决。

3. 学科融合原则

如今，教育越来越重视学生的核心素质，英语课的重点是一体化的学习，特别是跨领域的综合学习，这是未来的发展方向。CLIL 的概念可以整合其他课程，将英语课程与其他课程活动进行有机地整合。根据学生的发展状况，深入发掘小学英语与体育、音乐、科学、美术等学科的交叉部分，在提高英语学习的发展性、趣味性和实效性的基础上，采用语境式、图文式等形式，通过对话、唱、演等方法将各个学科的知识进行有机地结合，具体如图 1 所示。

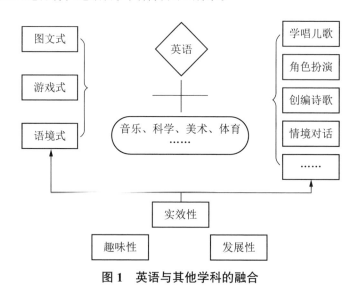

图 1　英语与其他学科的融合

① 管佳静. CLIL 模式：小学英语课内外阅读整合教学的有效路径［J］. 教书育人，2023（01）：17—19.

三、CLIL 在小学英语教学中的应用实践

1. 明确主题

根据社会大背景、单元主题以及新闻时政，结合小学生兴趣爱好、认知逻辑以及生活经验等，采用相关主题设计英语教学活动。[①] 例如，在 "How to make tempera paint" 教学中，英语教师结合学生兴趣爱好，让学生阅读和理解文本后制作蛋彩画，通过小组合作的方式，学生们互相帮助，协力合作。这种"做中学"的学习方式让学生们将兴趣爱好和英语学习结合起来，大大提高了学生们的学习热情和动手能力。在 "Iceberg" 教学中，教师结合全球变暖这一社会话题，明确学习主题为"保护地球和生态"，使学生正确理解全球变暖的特征，了解一些保护生态的日常措施，确保学生在日常生活中养成保护环境、关爱地球的习惯。

2. 选择最佳语篇

在促进思维发展、传递文化意识、服务语言学习以及引领价值取向方面，语篇发挥着重要作用。因此，CLIL 教学理念是决定其教学内容和篇章的关键，它既包括提高学生的语用能力的语言知识，也包括了对其进行文化意识的培养。在选取语篇时，一定要结合学生的学情和教材主题的含义，可选择教材语段、绘本或杂志内容，也可采用临时创编的语篇。[②]

3. 明确语言与学科知识双目标

小学英语教学中，CLIL 的教学方法重视语言能力和科目能力的双重培养，让学生既能学习英语科目的内容，又能运用这门语言进行其他的学习，从而达到提高学生整体素质的目的。比如，在 "How to make delicious Double-layer Steamed Milk Custard" 教学时，教师要求学生能达成三个方面学习目标：一是语用目的，能用英语说出生产双皮乳的全过程，能用英语来描述食品加工和品尝过程中的感觉；二是提升主题素养，能正确地拼写各种食品原料、所使用的器具和其他所需材料并能

---

① 庞晖. CLIL 视域下英语同其他学科融合的小学英语优质课教学设计评析 [J]. 基础外语教育，2022，24（03）：62—69 + 111.

② 周晓红. 小学全科教师 CLIL 教学能力构建的本土化研究 [J]. 南方职业教育学刊，2022，12（03）：81—87.

正确地拼写出所需的材料，能按照配方，参考老师的演示来自行制作；三是其他隐含目标，能明白双皮牛奶的来源，能理解父母所做的努力，试着帮助父母做事情。

4. 创设真实语境

学者梅耶基于实操视角，梳理了 CLIL 教学法实施策略，包含"有挑战、真实的语言输入"，因此，CLIL 课堂的语境必须真实，不能为创设而创设，重点是为学习和应用语言而创建真实语言情境。例如，在"How to make a pyramid"教学中，要求学生通过阅读有关古埃及金字塔的拓展内容，自己制作金字塔模型（见图 2）。通过这种真实的体验式学习，学生对金字塔的构造和历史有了更深刻的理解。

图 2　学生制作的金字塔模型

5. 多层次学习活动

真实的课堂教学活动需要遵循形式多样、由浅到深的原则，根据教学要求，还应注意培养创造性思维、提高理解能力和实际操作能力。在制定 CLIL 的执行战略时，梅耶提出了对高级思考能力的发展，支架式的学习过程以及对已学的知识的内化等。[1] 例如，在"Keep away from virus"教学中，教师用录像、照片等方式让学生了解病毒本身的特征，同时也结合平时在校园里的一些卫生工作以及在社会上的一些卫生宣传，让学生能够更好地了解关于疾病的预防措施。学生根据自己所学和生活中的具体情况，能谈论在平时生活中要怎么预防以及如果被传染了要怎么应对等话题，使学生在现实生活中能运用英语交际，内化所学到的内容，继而实现学生

---

[1]　刘凤萍. 运用 CLIL 教学法实现英语阅读教学的多元目标［J］. 广东教育（综合版），2021（08）：49—50.

高级思维能力的提升。

6. 合理评价

师生评价、生生评价、自我评价是常见的三种评价方式。自评则可以使学生掌握自己的真实学习状况：了解哪些内容，能够表述哪些内容，能够做到哪些事情，更好地了解课程中哪个阶段有难度等。也可以帮助教师了解学生的真实学习状况，对学习中出现的问题进行诊断，以评促学，以评促教。教学中可以采用星级评价表。9—10 颗星表示学生已经掌握了这一节课的教学内容；7—8 颗星表明学生已经达到了课堂教学的目的，还有一些困难有待进一步解决；如果少于 5 颗星，则学生对于这一课的掌握还有很大的提升空间。例如，在五年级上册"Module 3 Unit 1 Around the City"这一课的拓展学习"A Visit to Ocean World"中，教师通过对课堂学生的问卷调查结果，发现 90% 的学生可以得到 7—8 颗星，而大约 5% 的学生得到的星星数少于 5 颗。恰当的评估不仅有助于教师对课堂的教学结果进行评估，而且有助于学生对自身的学习状况进行评估，从而使 CLIL 教学法得到高效开展。

四、CLIL 教学法用于小学英语教学中的条件

由于语言学习是把英语看作一种交流的"第三语言"，因此，它的推行必须具备一定的语言、认知和跨文化认知等方面的基础。

1. 语言条件

CLIL 的主要教学内容是英语，而非目的口号，因此，拥有充足的语言资源是非常有必要的。义务教育英语课程分为三大学段，不同学段目标设有相应的级别。CLIL 课程的语言输入能够有效拓展学生的单词量，为学生们的英语学习打下一定的词汇基础。

2. 认知条件

中国经济的快速发展，人们的生活水平越来越高，到国外旅游变得越来越普遍。很多学生会利用假期出国旅游，这些学生极易理解文化差异。

3. 跨文化意识条件

进入五年级的学生，他们的认知层次从低级的思考逐渐向高级的思考转变，他们可以在目前的认知层次上，活跃地参加到课堂活动中。而这个年龄阶段的学生愿

意主动去了解自己喜欢的事物或内容，而对于他们不是特别喜爱的内容，通过细心、理性的引导，大多数同学们还是能够接受的。

五、结语

总而言之，CLIL 教学方法的应用，能极大地调动学生英语学习的积极性，促进其把注意力集中在课堂上，更用心学习学科知识与应用语言能力，实现课堂实效的有效提升，帮助学生持续提升综合素养。为了使英语教学更好地融入 CLIL 英语教学，必须有相应的语言条件、跨文化意识、认知和心理条件。在实践中，英语教师还应具备交叉学科的广泛知识和多学科教学技能，根据 CLIL 教学策略，充分发挥该教学方法的优势。

全球视野下的华旭双语学校小学道德与法治教学实践研究

徐嘉乐　刘　红　杨益兰　王婧琳

【摘　要】在当今世界，民族素质日益成为衡量一个国家综合国力的重要标志。小学生是国家未来发展的重要力量，他们的品格修养对未来国家整体的道德水平有着至关重要的影响。华旭双语学校的办学定位对品德教育有了更高的要求：要求学生有全球性的认知并有符合全球标准的道德水平。本文基于调查反馈的结果，对全球视野下的华旭双语学校道德与法治课程教学步骤进行了全面的归纳与研究，认为教学中应重点关注课程内容的拓展和学生实践，并对教师教学能力提出了更高的要求。

【关键词】全球视野；小学阶段；道德与法治；教学

2019 年小学阶段"品德与社会"课程教材改为统编版教材，课程名称也改为"道德与法治"。课程内容在原有的基础上加入了部分法治内容，课程目标也有变动，这对教师对新课程的把控提出了挑战。

华旭双语作为一所双语学校，其办学定位中对培养学生的目标是："扎根于中华传统文化，成功的学习者和优秀的世界公民。"这对品德教育有了更高的要求，要求学生有全球性的认知并且有符合全球标准的道德水平，因此华旭双语小学部的道德与法治课程需要在这样的要求下重新进行教学设计。

一、研究现状调查

为了了解华旭双语小学道德与法治课程教学现状，本研究对教师、学生两个群体进行了调查。通过访谈，分析归纳了道德与法治教学中存在的问题和困难，以及教师、学生对道德与法治课程的期望。

在受访的 20 位学生中 8 位学生表示喜欢道德与法治课程，占比 40%，他们认为目前的道德与法治课能学到知识。但有 3 位学生觉得这样的道德与法治课程缺少实践活动，学到的知识无法运用。有 3 位学生认为希望了解更多其他国家相关的社会风俗。有 2 位学生希望有课外探索的活动。

受访的 5 位教师中，虽然教龄不同，但对道德与法治课程的看法却极其相似：一致认为道德与法治课程对学生的品性塑造非常重要；目前的道德与法治课程的内容安排具有系统性，符合学生的年龄特点，但需要为学生创造更多机会来实践所学；对于有更多海外游学机会的学生，需要加入国际视角下的社会认识，了解其他国家的相关道德要求。

通过现状调查得出以下建议：坚持小学道德与法治原有课程教学大纲不变。课程大纲是国家教学研究的结果，并经过实践验证，具有科学性，不应轻易更改。同时，需要在授课时加入其他国家相关知识作为补充，以帮助学生建立全球视野下的道德观念。此外，还要设计实践活动，帮助学生学以致用。

二、全球视野下的华旭双语小学道德与法治教学设计板块

（一）全球视野下的华旭双语小学道德与法治教学设计需要包含的内容

1. 全球化资源的融入

全球视野下的道德与法治课首先要培育社会主义核心价值观，同时要让学生了解其他国家不同的思考方式，向着"世界小公民"的方向发展。因此这部分内容需要教师根据主题，搜索整理资源，作为校本内容部分的补充。如一年级《道德与法治》上册"快乐过新年"这一课时主题，可以加入其他国家过新年的习俗和文化。

2. 学生实践探索部分

全球视野不仅仅需要学生在认知上了解其他国家的相关知识，更需要让学生对知识和认知进行实践，鼓励在认知阶段通过活动让学生自己探索总结、获取知识。如一年级《道德与法治》上册"玩得真开心"这一课时主题，可以通过组织一个游戏交流会，让学生在游戏中体会和小伙伴在一起的欢乐，也能总结遇到矛盾时如何去处理和解决。

（二）教学设计结构模型

全球视野下的华旭双语小学道德与法治课程结构模型见图1。如图所示，国家道德与法治课程是基石，加入的校本资源及实践设计是构成我校道德与法治课程的"砖瓦"。

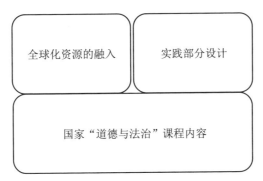

图1 全球视野下的华旭双语小学道德与法治课程结构模型

教案设计内容包括普通教学设计中的教学目标、教学重难点、教学过程这几个部分。除此之外，教师需要考虑融入全球化资源以及安排活动环节，充分重视知识拓展及学生实践部分的加入。

三、教学案例

（一）教案

选取二年级《道德与法治》下册第二单元第6课"传统游戏我会玩"一课，按照课程设计模型进行以下课时设计。值得参考的是教案中补充内容和活动设计。

"传统游戏我会玩"课程设计

教学目标：

1. 情感与态度：通过游戏活动，学生能够产生喜欢和同学一起学习和游戏的情感。

2. 行为与习惯：养成活动中守规则、团结合作、注意安全等良好行为习惯。

3. 知识与技能：选择自己喜欢的游戏，知道游戏时要团结合作，遵守规则，注意安全。

4. 过程与方法：用实践体验、观察比较、探究讨论等方法经历活动过程，初步感受集体活动中规则的作用。

教学重难点：

1. 引导学生通过小调查了解传统游戏，增强学生的社会交往技能和生活智慧。

2. 组织学生参与一两项传统游戏，在游戏中培养学生的观察力、判断力、控制力，感受这项游戏的魅力。

教师准备：

课件。

学生准备：

1. 选出自己喜欢的一项传统游戏，与家长一起玩。

2. 采访爸爸、妈妈、爷爷、奶奶等亲人，了解他们童年时玩的传统游戏，并做好简单记录，以备课堂发言。

3. 调查身边的同学平时在家或课间是怎么玩游戏的。

4. 自带准备展示的传统游戏道具。

教学过程：

一、谈话导入

师：小朋友们喜欢玩游戏吗？平时都玩些什么游戏呢？瞧，大家一谈起游戏就津津乐道，看来游戏给我们的生活带来了许多的快乐。今天，我们就来学习一个跟游戏有关的话题，叫《传统游戏我会玩》。板书课题。

师：今天我们一起来研究传统游戏的玩法。

二、根据教学准备展开研讨

1. 请同学们相互交流一下长辈们小时候玩游戏的情况。

2. 指定 2—3 个学生汇报采访情况，并说出长辈们童年玩游戏时发生的有趣故事。

3. 教师适时鼓励学生。

4. 师小结：同学们，虽然你们的爷爷、奶奶、爸爸、妈妈儿时经济条件还不富裕，但由于有传统游戏相伴，他们的课余生活同样多姿多彩，他们也感到童年生活是快乐、幸福的……

三、选择个别传统游戏，现场"试玩"

1. 师：很好，今天同学们把自己喜爱的游戏道具都带到教室了。我随机选择两种传统游戏，请大家在教室里进行现场表演……

2. 师：如果这样的游戏经常出现在你们的课余生活中，你们喜欢吗？为什么？

3. 学生讨论交流。

四、看看他们怎么玩

1.（出示泰国的椰壳鞋游戏图片）师：请同学们根据图片讨论这种游戏的玩法，谈谈自己的感受。

2. 学生讨论交流。

3. 师：除此之外，你们想不想看看其他国家的小朋友有什么新奇的玩法？

4. 生：想。

5. 出示图片情境。

（1）有的国家的小朋友站着玩跷跷板。

（2）有的国家的小朋友把图片贴在一张纸上，再剪成小碎片来玩拼图。

（3）有的国家的小朋友喜欢玩飞去来器。

6. 师：你们想不想试一试他们的玩法，看看自己会有什么不同的感受？要注意哪些安全隐患？

7. 学生谈感受。

教学内容补充：根据传统游戏发明属于自己的小游戏

活动环节：1. 举例分析传统游戏的共性、优缺点

　　　　　2. 小组讨论和商量自己的设计思路

　　　　　3. 组内成员代表给大家分享

4. 同学提出改进建议

课堂小结：通过本节课的学习，我们了解了爷爷、奶奶、爸爸、妈妈童年时玩的游戏及外国小朋友们玩的游戏，课后也可以试着玩一玩我们自己创设的游戏。

（二）教学 PPT

和这篇教学内容相关的教学 PPT 中，值得关注的是图 2 中中国传统游戏内容、图 3 中关于其他国家传统游戏的内容补充以及图 4 中关于学生自主设计游戏的探索学习单。

图 2　二年级《道德与法治》下册第二单元第 6 课"传统游戏我会玩"
PPT 中中国传统游戏内容

图 3　二年级《道德与法治》下册第二单元第 6 课"传统游戏我会玩"
PPT 中其他国家传统游戏内容

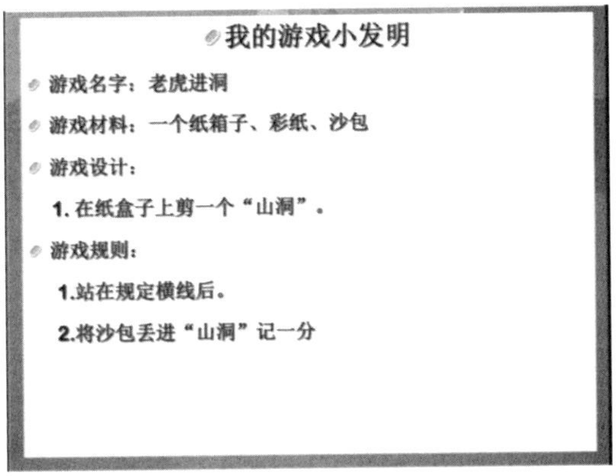

图 4　二年级《道德与法治》下册第二单元第 6 课"传统游戏我会玩"PPT 中学生自主设计游戏的探索学习单

四、结语

全球视野下的华旭双语小学道德与法治教学实践研究在于解决目前的课程教学不能满足我校培养目标要求的问题。因此我校道德与法治课程教学需要在原有课程基础上加入校本教学内容和相关教学设计，主要涉及两个方面：一是添加具有国际视野的课程内容，二是针对教学内容创造学生实践的机会。

在研究过程中，笔者十分欣喜地看到我国基础教育对学生品德方面的重视，并对祖国未来的国民素质提高充满信心。

作为一所国际化的学校，华旭双语在"扎根于中华传统文化，成功的学习者和优秀的世界公民"的学生培养目标指引下，小学部的道德与法治课程建设将拥有跨学科、国际化的课程教学思考，注重学生的实践，真正让学生受益，影响学生的一生。今后，教师的教学实践和相应评估将验证本研究提出的教学设计原则，证明课程教学与学校发展的匹配性。

培养真正的阅读者

——混合式学习背景下"整本书阅读"的教学探究

陶 嵘

【摘 要】为了培养学生的语文核心素养，本文探讨了在混合式学习背景下，如何通过"整本书阅读"教学策略，激发学生的阅读兴趣，提升阅读能力，进而成为真正的阅读者。本文首先提出了分类、分级阅读书单的制定原则，强调了阅读取向的多元化和阅读内容的挑战性。接着，介绍了"阅读日志"的使用，旨在培养学生的阅读记录习惯和提升阅读效率。此外，本文还探讨了项目化学习、阅读分享会、数字化和网络化学习等教学方法，以及如何通过亲子共读活动，将阅读融入家庭和生活。同时，本文也指出了在实践中遇到的难题和困惑，并提出了相应的解决策略。

【关键词】混合式学习；整本书阅读；阅读兴趣；个性化发展；批判性思维

在 年多的时间里，初中部语文组在整本书阅读的教学中，尝试运用不同的学习形态和教学策略去解决这些问题与冲突，我们将之称为"混合式学习"。混合式学习其实是教育技术理论中一个术语。混合式学习（Blending Learning），就是把传统学习方式的优势和 E-Learning（数字化或网络化学习）的优势结合起来的学习形态。这种方式也非常适用于整本书阅读教学，但我们对它进行了进一步的定义。在阅读教学中，运用多种学习方式，既要发挥教师引导、启发、监督教学过程的主导作用，又要充分激发学生作为学习过程主体的主动性、积极性和创造性。

一、多元取向，让阅读贯穿每一天

（一）分类、分级阅读书单

我们每个学期会针对不同年级的学生，制订一份分类、分级书单。主要依据两个原则：

1. 关注阅读取向的多元化

因为阅读是个人的事，趣味性也是因人而异的，所以就阅读而言，还是要找到自己的趣味，才会产生主动阅读的冲动。书单分为五大类：文学、科学、历史、传记、哲学艺术，其中文学又分为诗歌、散文、戏剧、小说（长篇、短篇、科幻）。我们广泛听取学生的意见，请他们一起参与对书单更新与补充，尊重学生作为读者的权利，帮助他们更早地认识自己的阅读状态，发现自己的阅读趣味，形成良好的个性阅读习惯。

2. 关注阅读内容的挑战性

学生需要休闲式的舒适阅读，在阅读中获得轻松愉悦的心理感受。但是学生阅读另一个目的在于"学会阅读"进而在阅读中学习，所以学生也需要较高层次的阅读。王蒙曾说：有价值的书籍，特色在于它高于一个时期的平均认识，能穷千里目，是攀登更上一层楼的结果。它其实志在精神的喜马拉雅高峰，它提高着而不是降低着也不是迎合着大众，其认识水准决不能比平均认识水准更愚蠢与更低下。所以教师也需要提醒学生，适当选择阅读一些高于自身认识水平的有价值的书籍，并引导学生理性分析困难，理智选择难度提升的阅读材料，勇敢面对挑战。

（二）"阅读日志"

学生会利用"阅读日志"进行每天的阅读打卡，记录阅读时间、进行自我评价，不同级段的学生有不同的阅读任务：低年级的学生完成好句摘抄与赏析，中高年级的学生开始尝试段落批注。从而养成良好的阅读记录习惯，提升阅读速度，让阅读更有规划、更有效率。

针对学生的年龄特点，我们还设计了一些有趣的阅读活动，将自己化身为主持人、记者、评论家，为文中的人物撰写颁奖词，将书中的事件改写成新闻报道，尝试书写简单的论述文。在完成"阅读日志"的过程中，不仅能让学生起到自我监督，养成日常阅读的良好习惯，还能使学生具备一些有效的阅读方法。

二、跨越时空，让阅读成为一项集体活动

（一）项目化学习

在课堂中进行阅读的指导往往不会是面面俱到的，所以我们尝试基于项目化学习来进行阅读指导，以班级、小组的形式来共同完成一些阅读实践活动。在阅读《骆驼祥子》时，请学生拿"祥子"和以往阅读书籍中的一位底层人物作对比，通过比较来解读人物，探究祥子悲剧命运的原因，并尝试撰写专题小论文。在进行学习实践时，七年级学生与学校莎士比亚文学社合作，一起改编剧本，探究人物三起三落的命运。为鲁滨孙设计《荒岛求生手册》，为书籍重新设计封面、书签、腰封。从阅读者化身为游戏设计者，探索如何让设计的游戏既有中国传统文化元素，又能让游戏走向国际市场。这些丰富多彩的活动既能承载整本书的典型内容，呈现完整的阅读过程，在过程中学生也能尝试运用一些阅读策略，去完成能体现阅读状态的任务。

（二）阅读分享会

教师除了设计一些典型的学习活动之外，还要善于搭建平台，给学生表达个人阅读体验的时间和空间。我们已成功举办了五届阅读分享会。每次学生们都选择了不同类型的经典作品，以不同的形式，讲述他们所阅读的一本书、某个精彩片段或某个经典人物，对作品作深入思考和个性化解读。在丰富个人阅读体验的同时，也能启发其他学生获得新的发现。

（三）数字化和网络化学习

在整本书阅读教学中，我们还进行了数字化和网络化学习的尝试。用小程序中"问卷网"设计了《红星照耀中国》《钢铁是怎样炼成的》阅读练习题，对学生进行

在线评估，并通过一些数据分析来监测学生的阅读质量。我们也尝试运用一些软件（幕布、mindnode、padlet）来组织学生进行在线合作学习与讨论。

我们还依托"萤窗"公众号，举办了"寻找下一个美猴王"创新阅读展。这次活动要求学生从《西游记》中的妖魔鬼怪、神仙、其他人物中重新招募取经团队，以全球为定位范围，重新设计取经路线，并结合当代的科技、艺术等，重新选择取经内容。谁会成为下一个美猴王，取经团队能否求取到更先进的技术造福人类，成为本次活动目标。学生们运用旧知探索新知再次阅读文本，融入自己的观点、理解和创意进行二次创作，为原作注入了新的生命力。

我们还利用优质网络资源，选择其中的一部分内容组成教学内容，使课堂更加丰富、多元化，也可以补充教师某些专业知识的不足。

三、亲子共读，让阅读走进每一个家庭

（一）亲子共育

学校曾举办过"亲子共读一本书"活动，以对话的形式，来谈谈两代人不同的阅读体会与感悟。通过共读，为父母创造与孩子沟通的机会，分享读书的感动和乐趣。为孩子营造了良好的学习氛围，提高了读书兴趣，实现了家长与孩子共同阅读与学习、阅读与生活、阅读与成长的融合。在学校的指导与引领下，家校共同探索终身学习、共同成长的共育新模式。

（二）亲子共读

学校与家委会联合举办的"萤窗"公众号，旨在通过微信平台帮助华旭双语的学生家庭更好进行亲子共读等阅读活动。"萤窗"之名由典故"萤窗雪案"而来，龚德辉校长为之写的创刊词中提到："希冀孩子们从父母的言传身教中感受到亲情可贵、阅读的乐趣和成长的满足；希望家长们在陪伴阅读的过程中，感受由孩子的思考渐深和情愫渐长带来的欣慰和鼓舞；盼望由学校、家庭共同建筑的伴读之旅，呵护每一个生命的向上生长。"

四、结语

一个人的精神发育史就是他的阅读史。阅读中外优秀经典名著，是精神成长的需要，也是生命教育的需要。广泛而带有批判性思考的阅读，是扎实培养和提升个人综合素质的有效途径。我们尝试运用"混合式学习"的方法，对阅读活动进行探究，虽然我们小有收获，但仍有许多难题、困惑等待我们去思考、解决。

当我们努力尝试各种方法与策略时，有人时常提醒我们不要忘记阅读的本源。图书馆天然具有"偶然发现"的特质。孩子会在这里有许多偶然发现，有些会引发他们的好奇心，而这些好奇心正是一切兴趣的开端。我们煞费苦心想要激发孩子的阅读兴趣，有时最简单的方法，也是最有效的。我们既要利用好图书馆的丰富资源，也要留给学生在图书馆中自主、自由阅读的时间。有时我们的阅读课不妨更换地点与方式，让孩子回归到阅读的本源之地。

尺规作图，妙趣横生
——一道八年级期末考题的反思

张秀芳

【摘　要】本文以一道无图试题为例，采用探究式教学，引导学生用尺规作图的方法，还原分类讨论的本质，使得学生在探究中理解"形"背后的理，化难为易。

【关键词】尺规作图；交轨法；探究式教学

　　无图试题难，首先难在感受上，解几何题离不开图，没有图，学生拿到题，心里没有底，容易弃题而逃。其次难在画图上，画图的过程本质上又是一次严密的几何论证，没有厘清图形背后的理论依据，会导致图形错误、忽视分类、考虑不周等情况出现。而呈现"形"背后的理，只需要用课本上大家熟悉的尺规作图的方法，就可以轻松破解无图题的难。

　　《义务教育数学课程标准（2022 年版）》提高了尺规作图的比重，不仅对学生的动手能力提出了更高的要求，还要求学生逐步会用数学的眼光观察世界。除了内容上的变化以外，这一版课程标准也非常关注学生几何直观的培养，特别强调了在尺规作图方面的要求，希望学生利用尺规进行作图的过程中，感受图形的生成，加强对图形的直观感知，培养严谨的逻辑推理能力。①

---

①　曹一鸣. 新版课程标准解析与教学指导初中数学（2022 年版）[M]. 北京：北京师范大学出版社，2022.

期末考试中刚好有一道无图试题，学生做得不理想。笔者在讲解这道试题时，让学生采取尺规作图的方法画图，感受图形的生成，从而激发学生学习数学的热情，体验化难为易的喜悦。

一、教学过程

原题：23. 已知 $\triangle ABC$ 中，$\angle B = 60°$，$AB = 8$，$AC = 7$，求 $\triangle ABC$ 的面积。

活动一：分析题目，拆解任务

师：同学们对本题的完成情况不理想，今天，我们一起来探究这道题。首先，我们来重新分析题目，拆解任务。

经过大家的讨论，一起梳理出任务清单：（1）画图，主要是确定 C 点的位置；（2）选定一边做底，并求底边上对应的高。

活动二：错因再现，寻根究底

师：请同学们拿作图工具，画出 $\triangle ABC$。在画的过程中需要思考，如何确定 C 点的位置？

在观察学生画图的过程中，发现只有少部分同学用圆规去截取，请其中一位同学分享他的做法。

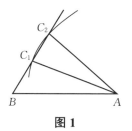

图 1

生 1：我先画 AB 边，再用 $60°$ 三角尺画 $\angle B = 60°$，再以 A 为圆心，AC 长为半径画弧交 $\angle B$ 的边，交点就是点 C，发现点 C 的位置有两个。

师：A 同学在画图中有几个亮点值得我们学习。

1. 巧用 $60°$ 三角尺画 $\angle B = 60°$，方便的同时保证了"形"的精确。

2. 用圆规作图，找交点，就是我们常说的"交轨法"，形象地解释了点的产生。

通过作图，同学们明白了为什么这道题要分两种情况。（当把图形画出来时，学生解决此题的积极性立马被调动起来了，有图了，心里有底了。关键尺规作图每个人都会，瞬间提高了学生学习数学的自信心。）

师：请大家根据这道题的条件回忆全等三角形的判定方法中为什么没有"边边角"？

生2：通过画图，我们发现"边边角"不能唯一确定三角形。这道题就是"边边角"，可以用交轨法画出两个三角形，两个三角形不全等。

师：我们一起再来看本题的条件，$\angle B = 60°$，$AB = 8$，$AC = 7$，发现条件给定的是两边及其一边的对角，恰好是"边边角"。"边边角"需要用交轨法来作图。可见审题时关注已知边和角的位置，能起到大方向上的指引，避免漏解。

活动三：小题大做，原理再现

师：有了刚刚的经验，请大家完成以下两道题。

（1）$\angle B = 60°$，$AB = 8$，$AC = 4\sqrt{3}$，请你试着画△ABC。

（2）$\angle B = 60°$，$AB = 8$，$AC = 3$，满足条件的△ABC存在吗？

学生尝试，有的同学对 $4\sqrt{3}$ 产生了兴趣，发现恰好是点 A 到边 BC 的距离。

生3：我发现 AC 的长度恰好是点 A 到边 BC 的距离，这时的交点只有1个。AC 的长度小于点 A 到边 BC 的距离时，没有交点。

师：在沪教版《数学》七年级下册第十四章《三角形》的章节阅读材料中，我们曾经一起探究过，那时候大家还没学勾股定理，不会解三角形，感受不深。今天再次重现当时的内容，发现大家可以自己探究，得出结论。

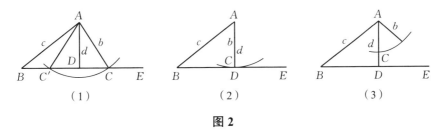

（1）　　　　　（2）　　　　　（3）

图2

如图2-（1），如果 $d < b < c$，那么圆弧与射线 BE 有两个公共点（C、C'），即可以作出两个三角形：△ABC 与△ABC'；

如图2-（2），如果 $b = d$，那么圆弧与射线 BE 有一个公共点（C），这个公共

点与点 D 重合，即可以作出一个直角三角形 ABC，其中 $\angle ACB = 90°$；

如图 2-（3），如果 $b < d$，那么圆弧与射线 BE 没有公共点，这时无法作出 $\triangle ABC$。

通过探究，学生体会到尺规作图背后的"理"，感受到华罗庚先生经典语句"数缺形时少直观、形缺数时难入微"的含义。

活动四：大道三千，殊途同归

师：通过前面的探究，任务 1 已完成，现在请大家来尝试解决三角形的面积。面积的问题可以转换为底和高的问题。

学生尝试，请同学来展示。

生 4：我是接着活动三的探究，如图 3，过点 A 作 BC 边上的高 AD，在 60° 的直角三角形 ABD 中很容易求出 AD 的长度。紧接着在第二个直角三角形 ACD 中，利用勾股定理可以求 CD 的长度。最后根据 C 的两种位置，通过 "$BD - C_1D$" 和 "$BD + C_2D$"，得到 BC 的两个值。

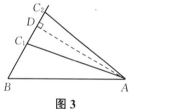
图 3

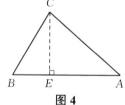
图 4

生 5：我是过 C 作 AB 边上的高 CE，根据已知条件 AB，得出只需要求 CE（如图 4）。

设 $BE = x$，则 $BC = 2x$，$CE = \sqrt{3}\,x$，$AE = 8 - x$。在直角三角形 ACE 中，利用勾股定理建立方程，解方程，求出 CE。

师：为什么不过点 B 作高？

生 6：那样的话就把 $\angle B = 60°$ 的条件给破坏了，没办法解三角形。

师：通过探究，我们发现在解决具体的问题中，可以有不同的路径，最终解决面积的问题转化为底和高的问题。

活动五：趁热打铁，同类跟进

同类题 1：已知在 $\triangle ABC$ 中，$\angle B = 30°$，$AB = 8$ 厘米，$AC = 5$ 厘米，那么 $BC =$ _____厘米。

同类题 2：已知在 $\triangle ABC$ 中，$AB = 2\sqrt{3}$，$AC = 2$，BC 边上的高为 $\sqrt{3}$，那么 BC 的长是_____。

学生自主练习，教师巡视，两道题的正确率显著提升。

活动六：概括反思，内化提升

师：通过本节课的学习，请同学们谈谈你对无图试题的想法。

生 7：我以前看到无图题就害怕，心里没底，没有尝试就举手投降。经过本节课尝试，我发现用尺规作图画图，妙！

生 8：我以前解决这类问题会漏解，经过今天的学习，我明白了图形背后的理。明白了理，图就在心中，无图胜有图。

生 9：解决面积的问题可以有多种途径，今天再一次感受到几何的好玩。

师：同学们总结的都是自己的切身体会，只有亲自去感受才会有收获。我们通过对一道无图题的探究，用尺规作图这把钥匙，开启了从 0 到 1 的探索，达到了无图似有图，图在理中，图在心中的学习效果。

二、教学反思

1. 重在探究，理就是图

著名的教育心理学家布鲁纳认为："认知是一个过程，而不是一个结果。"苏联教育家苏霍姆林斯基曾经说过："在人的心灵深处，都有一种根深蒂固的需要，那就是渴望自己是一个探索者、发现者。"可见，探索与发现，是人类认识世界的一种方式。在课堂的教学中，采取探究式教学，花时间让学生去尝试去探究，只有经历过探索过，学生才会有感受，才会明白其中的理。有理，无图变有图。

2. "做中学"，经验会内化

杜威认为：教学的基本原则和最有效的方法是在"做中学"。[①] 学生在动手操作的过程中，将探究"边边角"不能唯一确定三角形的结论蕴含在画图的操作过程中。学生在画图的过程中发现问题的本质，激发了学生学习数学的兴趣，感受到"做中学"带来的成功的喜悦。学生亲力亲为，有了好的感受，更容易内化为经验。

---

① 徐晓燕.概念性理解与数学概念教学［M］.上海：上海教育出版社，2020.

人工智能时代初中英语教学面临的
挑战及应对方法

吴　真

【摘　要】人工智能技术的快速发展推动教育形态从工业化模式向智慧教育转型。本文结合初中英语教学，详细分析了人工智能对初中英语教学理念、教学模式和教师能力等方面的挑战，并探讨了通过变革教学理念、创新教学模式、提升教师能力以及加强人工智能教学平台的建设来应对人工智能时代的挑战，为初中英语教学适应人工智能时代教学智能化和人才培养个性化提供了指导意见。

【关键词】人工智能；初中英语；教学挑战；应对方法

　　教育是时代学，每个时代的教育都是时代变迁的产物。当前仍然沿用工业革命以来所建立的教育体系，依靠标准化教学来批量生产人才。但随着社会进入人工智能时代，尚未摆脱"工业化"印记的主流教育，不仅制约着教育功能的发挥，也会对我国经济社会转型的步伐产生影响。

　　人工智能带来的科技进步对教育发展提出了新的要求：全面深化教育改革，推动"工业化教育"向"智慧型教育"转变。①2017 年 7 月，国务院发

---

① 曹培杰 . 智慧教育：人工智能时代的教育变革［J］. 教育研究，2018，39（08）：121—128.

布《新一代人工智能发展规划》明确提出，推动人工智能在教学、管理、资源建设等方面全流程应用，促进人才培养模式和教学方法改革，构建新型教育体系。①

人工智能是研究、开发用于模拟、延伸和扩展人的智能的理论、方法、技术及应用系统的一门新的技术科学。② 人工智能与教育场景的深度融合，不仅可以在一定程度上扭转当前优质教育资源分布不均的现象，提高课堂教育的效果和效率，而且可以改造和重构传统的教育形式和模式，可以助力教师更好地识别学生的不同需求并找到合适的教学方法，推进教学过程智能化和人才培养个性化，推动"千人面前、因材施教"的目标尽快实现。

人工智能给传统教育学带来了革命性的冲击和挑战，英语学科尤其如此。英语教学相关的人工智能算法开发难度较其他学科低，基于深度学习、机器视觉等人工智能算法的英语教学系统已经大量进入市场，在英语听说、阅读领域的应用已相较成熟，如多个省市的中高考听说测试均适用人工智能评价，对教学效能的提升是显而易见的。目前，人工智能给传统英语教学带来了巨大的挑战，迫切需要分析适应新时代人才培养需求的对策。

一、人工智能时代初中英语教学面临的挑战

人工智能时代的教育应该不再是信息点或者知识点的传递。在义务教育新课标要求下，初中英语教育迫切需要改变传统的教育理念和模式，课程重点不再是语言知识和技能的传递，而是指向学生核心素养的语言能力、文化意识、思维品质和学习能力。

1. 对教学理念的挑战

人工智能触发了社会分工的巨大转变，人类进入了要与机器竞争工作岗位的时代。教育作为培养人的事业，将会成为决定人类能否在人工智能时代胜出的关

---

① 中华人民共和国国务院. 新一代人工智能发展规划［EB/OL］.（2017-07-08）. http//www.gov.cn/zhengce/content/2017-07/20/content_5211996.htm.

② 吴旭东. 人工智能技术在中邮保险的应用探析［J］，邮政研究，2018，34（02）：16—18.

键。① 众所周知，当前的教育制度是工业社会的产物，通过统一的教学过程批量化生产人才。尽管难以顾及个性差异，但这种教育制度为从农业时代转入工业时代高速发展的人类社会提供了必要的人力资源。② 然而，随着人类社会迈进人工智能时代，这种工业化背景下的教育体系已经无法满足未来社会对人才的需求，时代发展迫切需要教育变革。2016 年 3 月，题为《教育的新愿景：通过技术培育社会和情感学习》的研究报告在世界经济论坛发布，倡导把人的社会性和情感教育置于应对新工业革命的高度。③ 人才培养要重点关注包括批判性思维、创造力、沟通能力、合作能力等四种胜任力的形成，以及好奇心、首创精神、坚毅、适应力、领导力、社会文化意识等六种个性品质的培养。教育不再仅仅是传递知识，更是由内而外的智慧觉醒。为此，教师必须突破传统教学束缚，构建适应人工智能时代的智慧教育体系，利用人工智能技术重塑学习环境、变革学习内容、转变教学方式、优化管理模式，为学生提供更精准、富有选择、具有个性化的智慧教育。

人工智能技术的发展对教师的教学观念提出巨大的挑战，教育教学必须转变为以"学"为本的理念。为了充分突出学习为主的特点，教师必须主动转换角色，学生获取知识的渠道不仅仅是教师，还须充分依托互联网、大数据和人工智能教学平台优势，开展在线学习，增加师生间的交流，打破了时间和空间的限制。

2. 对教学模式的挑战

传统英语教学模式面临严峻挑战，目前初中英语教学过于关注英语知识技能的提升，在统一化的课堂教学形式中，学生的个体差异和需求得不到满足，教师缺乏开展个性化教学的空间。而快速发展的人工智能技术，推动初中英语教学产生"人工＋智能"的双向分工：教师负责解决学生个性化需求，智能则通过大数据处理，运用算法做出批量操作并得出精准结果，给下阶段的教学提供策略。

---

① 教培参考.《人工智能教育发展报告》：6 大应用场景，覆盖 K12、素质等赛道［EB/OL］.（2019-11-08）. https://baijiahao.baidu.com/s?id=1649618553671324934&wfr=spider&for=pc.

② 曹培杰.智慧教育：人工智能时代的教育变革［J］.教育研究，2018，39（08）：121—128.

③ World Economic Forum. A New Vision for Education：Fostering Social and Emotional Learning through Technology［C］. Geneva：World Economic Forum，2016.

在教师备课环节中，传统的课程计划都是以一种通用逻辑制订的，因此教师对班级所有学生执行的都是一样的计划。同时，传统课程规划以通用化教材为基础，知识点更新周期缓慢，且耗费大量精力。在授课环节中，现行教育模式以"教"为主，采用的是"一刀切"的模式，没有形成教和学的闭环，教师无法及时获知每个学生的反馈，亦无法动态调整课堂互动方式及授课内容。在课后辅导过程中，现行的教育方式是教师一对一辅导，效率低下，很难覆盖到所有学生。因此，现行教育模式下的教学模式已经不能满足高质量个性化教育的需要，也不利于教师充分利用海量教学资源来不断更新知识点、优化教学方案，以适应快速发展的社会需求。

同时，传统教育中的教学评价主要依赖终结性评价。重视学习结果但忽略过程，不能及时反映教学效果，已不太适合英语这类要求听说读写综合能力评价。教育评价是评判教育结果、改进教学方式的基石，现行英语教育评价体系，已经不能适应人工智能时代不断"实践—反馈"的需要。

此外，以班级为单位的授课制度也逐渐暴露出弊端。随着社会技术进步，学习者的个性化需求日渐强烈，教学管理需要更科学、更富有弹性。基于学生学习需求和掌握程度使用人工数据平台进行动态调整，从而提高教学工作效率，减轻教师工作负担。

3. 对教师能力的挑战

人工智能技术的快速发展给初中英语教师提出了更高要求。随着学生获取知识途径越来越丰富，教师的职责正在发生改变，以往教师最重要的工作是传授知识，而现在要转变为知识结构的设计者。因此教师应该加强自身对于人工智能技术的使用能力，对课程进行开发和研究，积极运用人工智能教学平台，掌握大数据分析、数据挖掘等技术，充分利用人工智能技术不断更新和完善知识结构设计。[①]这已经成为人工智能时代背景下对于中学英语教师的挑战，将来不会使用人工智能的教师将面临被淘汰的风险。

与此同时，人工智能技术对社会诸多领域产生了颠覆性的影响，社会高速发展对未来人才提出了更高的要求，技术变革为教育领域注入了更多创新动力。只有熟

---

① 朱艳萍，张云春，林英，姚绍文．面向人工智能的网络空间安全课程体系建设［J］．计算机教育，2019（09）：120—124.

练掌握并正确使用人工智能技术，教师才能使得教学内容符合社会科技发展要求，学生的语言能力能支撑其形成正确的文化观念，学习能力能满足日新月异的社会需求。

教师在学习人工智能技术时，还应该发挥自身主导性，鼓励自己从内心认可人工智能对教学的正面影响，主动成为人工智能教学的学习者和使用者。同时，使用人工智能手段要以尊重教学基本规律为前提，在实践过程中根据自己的教学特点和优势，以及学生的实际需求，开展针对性的创新，灵活选择教法，切实提高教学质量。

二、人工智能时代初中英语教学应对方法

1. 变革教学理念

在人工智能时代，英语教学应该以"推动人的智慧成长"为导向。英语作为工具学科要能切实起到帮助学生掌握知识、获取信息、启迪心智的作用。教师和学校要运用人工智能技术促进学习环境、教学方式和教育管理的智慧转型。评价体系要以激发人的潜能，唤醒人的价值，启发人的智慧为根本原则。[①] 把"学生"置于教育服务体系的最顶端，基于学生特性和需求，提供精准的学习机会。

初中英语教学应当从三个维度运用人工智能，变革教学理念：一是要构建相互融通的语言学习场景，利用智能技术打通物理空间与网络空间之间的壁垒，让所有学生都可以在任何地方、任何时刻获取所需的任何信息；二是要构建灵活多元的学习方式，注重语言学习的社会性、参与性、实践性和情感性，打破学科之间的界限，开展面向真实情境、解决实际问题、丰富技术支持的深度学习；三是富有弹性的组织管理，破除分数第一、效率至上的评价观念，让学生站在教育场景的正中央，释放创新空间，注入创新活力，利用人工智能技术提高教育管理的现代化水平。[②] 总之，人工智能为初中英语教育提供了全新的机遇，教师和教育管理团队都应该用新的视角，珍惜并充分利用这一机遇。

---

①② 曹培杰. 智慧教育：人工智能时代的教育变革［J］. 教育研究，2018，39（08）：121—128.

2. 创新教学模式

深度学习、数据挖掘等人工智能技术呈现出快速普及的态势，英语教学与人工智能技术相融合是初中英语教育发展的大势所趋。

教师需要充分利用人工智能技术打通备课、授课和课后辅导之间的壁垒。运用自然语言处理、数据挖掘等人工智能技术，在预习阶段生成个性化教案，为学生推送个性化知识点。在授课过程中，通过语音识别、姿态识别等技术分析学生听课专注度及学习情况，及时收集和分析学习反馈，动态调整授课内容和形式；[1] 提供适合每个学生的个性化课程，情感与知识融合，线上和线下融合，课内与课外融合。在课后辅导中，教师利用人工智能技术设计与教学进度相吻合的课后学习内容，掌握学生实时学习情况，根据学生的反馈调整解答方式，直到学生真正理解所学知识。

在教学评价中，要通过人工智能技术将"结果评价"转变为"过程评价"。把评价从一次次考试转变成贯穿全过程的行为分析，人工智能技术能不间断地收集并及时分析海量数据，让教和学更融洽匹配。通过人工智能自动分析学生的上课状况，生成学生个人学情报告，便于教师更精准发现孩子的优缺点而"因材施教"；也便于学生更好地了解自己，自我管理学习进度，实现自我辅导和自我发现。

3. 提升教师能力

人工智能技术将促使社会形态产生巨大变革，教育样态、知识结构和学习模式都将随之变化。教师与学生、同行、组织和社区的关系，也将与过去大不相同。因此，教师的认知观念、心智状态、生活方式和角色意识都要相应调整，在人工智能时代，优秀的教师一定是善于使用人工智能的教师。"君子善假于物"，英语教师应当主动拥抱人工智能，充分利用人工智能的优势来辅助教学的进行，将自己从简单的重复劳动中解放出来，把关注点放在如何提升学生的好奇心和求知欲，如何鼓励学生发现问题和解决问题等方面。

英语教师要胜任教育信息化，既需要掌握好学科知识，又必须熟练运用教学法，学习认知、脑科学学科等相关知识，融汇教育学、心理学和社会学跨学科

---

[1] 教培参考.《人工智能教育发展报告》：6 大应用场景，覆盖 K12、素质等赛道［EB/OL］.（2019-11-08）. https://baijiahao.baidu.com/s?id=1649618553671324934&wfr=spider&for=pc.

知识。

另外，未来教师的角色也将发生极大变化。教师作为知识传递者的角色将会被人工智能逐渐取代，而教师的育人功能将更加凸显。教师与人工智能协作的大趋势已然明朗，各自发挥优势，互补不足。

4. 加强人工智能教学平台建设和应用

深度学习、数据挖掘等人工智能技术在英语教学上的应用需要建立在大数据之上，因此必须建立完善的大数据平台，采集和分析学习场景的数据，为描绘学生个体的学习方式和特点提供样本，同时收集和汇总教学资源，为教师不断更新教学提供便利。

有了数据平台，还必须开发便捷的应用工具供教师和学生使用，人工智能背后的运算原理非常复杂，教师和学生只需要会使用这些工具即可。学校要逐步建立面向英语教学的智能化平台，集课程设计资源、大数据分析、在线学习、智能辅导于一体。学生在平台上可自主选择个性化学习内容，并获得实时反馈，平台提供实时数据和自动分析供教师使用。同时，教师利用平台数据设计教学内容，做出更精准的教学规划。

三、结语

人工智能技术的应用正推动初中英语教学领域的发展与改革。本文从教育理念、教学模式和教师能力三个方面对初中英语教学在人工智能时代面临的挑战进行了深入的分析，可见人工智能对传统英语教学的冲击非常大。英语教学必须拥抱人工智能技术，及时转变教学理念、创新教学模式、提升教师能力，并建立人工智能教学数据平台和应用平台，适应人工智能时代对人才培育的需要。

信息化技术在初中物理实验教学中的实践

蒋文欣

【摘　要】在 21 世纪信息技术高速发展的背景下，融合信息化技术与初中物理实验教学，已成为教育领域创新发展的重要趋势。本文探讨了信息化技术在初中物理实验教学中如何改变传统实验教学模式，提高教学效率与学习兴趣。通过动态交互软件、虚拟实验室等工具，能有效地激发学生的探究精神，加深他们对物理概念的理解。总之，信息化技术的融入，不仅为传统物理实验教学注入了新的活力，也为培养学生的科学素养和未来发展奠定了坚实的基础。

【关键词】信息化技术；初中物理实验教学；学习兴趣；实施策略

一、绪论

1. 时代背景

在当前信息技术日新月异的背景下，物理实验教学在初中阶段起着至关重要的作用。① 然而，传统物理实验教学由于设备局限、过程单一、学生参与度低等情况，导致教学效果不明显。因此，信息化技术的引入为实验教学带来了新变革。通

---

① 傅密. 教育数字化赋能物理实验教学的内涵意蕴、现实障碍及实践进路 [J]. 中学物理，2024, 42（05）：13—18.

过虚拟实验平台、多媒体教具和数据采集系统，实验教学更加可视化、互动化。这不仅能提高教学效果，还能激发学生的学习兴趣和创新能力。因此，深入研究和探索信息化技术在初中物理实验教学中的应用，对推动物理教育改革与发展具有重要意义。

2. 研究目的

本研究旨在探索信息化技术在初中物理实验教学中的应用。传统教学方式存在互动性和实践性不足的问题，导致学生的参与度和兴趣不高。因此，本研究将探讨如何运用计算机仿真实验、虚拟实验室和多媒体教学等信息化技术，提高物理实验教学质量。学生可通过仿真实验多媒体教学中的图片、动画和视频更好地认知物理现象，以便开展更多实验探究。虚拟实验室提供丰富的实验案例，帮助学生深入理解理论知识并培养实验技能。多媒体教学则直观展示实验过程和原理。本研究旨在深入了解信息化教学方式对学生学习的影响，为教师提供更优化的教学方法和资源，提高实验参与度和兴趣，培养学生实验能力和科学素养，从而提升物理实验教学效果。

二、信息化技术在初中物理实验教学中的应用现状

1. 信息化技术在教育中的作用

信息化技术在教育中日益凸显其重要性，尤其在物理实验教学中作用显著。借助计算机仿真软件，学生能在安全的虚拟环境中进行实验，避免潜在风险。同时，通过分析实验数据，学生能更深入地理解物理知识，提升实践能力。此外，数字化教材和在线资源使学生能便捷地获取学习材料，拓宽知识视野。教师也能利用网络平台高效管理教学资源，提供个性化教学服务。信息化技术不仅提升了教学效果，丰富了教学手段，还为师生带来诸多便利。因此，信息化技术与教育工作的融合是不可或缺的。

2. 信息化技术在物理实验教学中的应用情况

信息化技术在物理实验教学中的应用已普及。它提供直观、生动的演示和模拟，帮助学生理解抽象概念。电子实验平台等让学生进行虚拟实验和数据采集，深入探究实验原理。信息化技术还方便学生记录和分析数据，提高准确性。同时，它

提供个性化学习资源，满足学生不同需求。通过在线学习平台、实验视频等多样化学习方式，学生灵活自主学习。然而，信息化技术并不可以完全取代实验实践，而应与实际实验结合，提供全面学习体验，其应用提高了教学效果和学生积极性。

三、基于信息化技术的初中物理实验教学模式探讨

1. 基于信息化技术的初中物理实验教学内容设计

初中物理实验教学是培养学生科学思维和实践能力的重要环节，其中信息化技术的应用可以丰富教学内容，提升教学效果。首先，通过虚拟实验软件，学生可以进行虚拟实验，克服实验设备不足的问题。教师可以利用这些软件设计各种物理实验场景，让学生通过电脑或平板电脑进行实验操作。这样不仅节省了实验设备的成本，还能让学生在虚拟环境中进行反复实验，加深对物理实验原理的理解。其次，利用多媒体教学软件，教师可以将物理实验的过程、结果进行录制和回放。学生可以通过观看录制的实验过程，更加直观地理解物理实验的步骤。这种形式的教学可以帮助学生更好地理解实验内容，加强对物理实验的记忆和理解。再次，基于信息化技术的物理实验教学还可以进行网络实验。通过网络，学生可以在线参与实验操作，与其他学生共同完成实验任务。这样的实验模式可以培养学生的团队精神，提升合作能力，同时扩展学生的实验视野。综上所述，基于信息化技术的初中物理实验教学内容设计可以通过虚拟实验软件、多媒体教学软件和网络实验等方式实现。这些方式可以丰富实验内容，提升学生的实验操作能力和科学思维，加深对物理实验的理解和记忆。这种教学方式正逐渐改变传统的物理实验教学模式，成为未来物理教育的重要发展方向。

2. 基于信息化技术的初中物理实验教学方法探索

信息化技术在现代教育中起到了重要的作用。首先，信息化技术可以提供实时的数据监测和分析功能，可以帮助学生更好地理解实验结果。其次，通过使用多媒体教学工具，可以使教学内容更加生动有趣，激发学生的学习兴趣。再次，信息化技术还可以提供虚拟实验环境，让学生在没有实际实验设备的情况下进行实验操作，从而提高学生的实验能力。最后，通过信息化技术，可以实现师生之间的远程互动和交流，打破了时间和地域的限制。综上所述，基于信息化技术的

初中物理实验教学方法是一种有效的教学手段，可以提高学生的学习成果和实验能力。

四、基于信息化技术的初中物理实验教学案例分析

1. 案例一：利用虚拟实验室进行热学实验教学

热学实验在物理教学中占据重要地位，但传统实验受到时间、场地、设备等的限制。利用虚拟实验室技术，学生可在电脑上进行多种热学实验操作，比如：比较不同物质的比热容实验，传统实验在演示的过程中发现存在煤油燃烧速度比较慢导致整个实验耗时长，而学生通过虚拟实验能更清晰地观察到不同物质的燃烧过程，提高了实验教学的效果，也帮助理解比热容。同时，虚拟实验室具有安全、经济、可重复等优势，能为学生提供更好的学习环境。

2. 案例二：利用模拟软件探究光学实验原理

利用模拟软件进行光学实验教学是一种高效且具有创新性的教学方式。比如，八年级物理一直以来的难点——凸透镜成像规律，传统的实验要求学生在实验的同时记录数据，但对于数据分析并找到规律，往往很多学生达不到这个要求。如果把结论直接给学生，理解难度又较大，那么这部分知识一直都是难点。如果用模拟软件进行数据处理，则能更高效地解决这个问题。学生把实验过程中获得的数据全部导入软件中，由软件生成数据图像，学生能更直观地看到数据的分类与变化，也就能更好地理解成像规律。因此，在利用模拟软件进行光学实验教学时，注重实验与理论的结合，可以激发学生的学习兴趣，提高其光学实验能力。

3. 案例三：利用多媒体资料辅助电磁实验教学

随着信息化技术的快速发展，多媒体资料在初中物理实验教学中的应用越来越广泛。多媒体资料能够提供丰富的视听效果，可以呈现更多生活中以及重要物理实验过程中的电磁现象。由于电和磁都是看不见摸不着的物质，学生对电磁的感受不深，为了使学生更直观地理解电磁的存在与特征，可以通过多媒体资料展示。需要注意的是，只有保证多媒体资料的质量和合理使用再加上教师的指导，才能发挥多媒体教学的最大效果。

五、结语

1. 研究成果总结

信息化技术的初中物理实验教学中的实践表明，信息化技术在初中物理实验教学中起到了重要作用，能够使学生更加直观地认知物理原理。其次，利用信息化技术，我们可以设计出更加生动、形象的实验教学内容，从而激发学生的学习兴趣和好奇心。另外，信息化技术还能够有效提高实验教学的效率，节约时间，节省人力成本。综上所述，基于信息化技术的初中物理实验教学方式能够有效提升学生的学习效果和教学质量。

2. 存在问题与展望

信息化技术在初中物理实验教学方式中起到了重要的作用，然而，在实际教学过程中，仍然存在一些问题。首先，实验设备和软件的更新换代速度较快，且更新成本较高，给学校带来了一定的经济压力。其次，部分学生对信息化技术的操作仍不够熟练，导致实验效果不佳或出现操作失误。再次，部分学生可能过于依赖信息化技术，对于基本物理实验原理的理解不深入。不过我们对于信息化技术在初中物理实验教学中的展望依然充满信心，虽然存在一些问题，但随着技术的不断发展和完善，初中物理实验教学方式将会越来越突出其重要性和实用性。我们应积极应对问题，探索更加合理和有效的教学方法，以促进学生对物理实验的理解和兴趣的培养。

"5E"模式在"人体的免疫功能"教学中的应用

曹　菁

【摘　要】在《义务教育生物学课程标准（2022年版）》指导下，初中生物学教学强调对学生核心素养的培养和探究实践的重视。本文聚焦"5E"教学模式在"人体的免疫功能"课程中的应用，展示了该教学模式如何有效促进学生的学习与发展。通过详细的教学分析和设计思路，结合生动的案例和互动环节，探究了"5E"教学模式在生物学教学上的使用。

【关键词】"5E"教学模式；免疫功能；生物学教学

　　"5E"教学模式，由美国生物学课程研究会于1989年提出，是一种基于建构主义的探究式教学方法。该方法包含五个核心环节：吸引（Engagement）、探究（Exploration）、解释（Explanation）、迁移（Elaboration）和评价（Evaluation），强调激发学生的学习兴趣，以学生为学习主体，注重学生动手操作，主动建构新知识等。①本文结合"人体的免疫功能"这一课程，探讨"5E"教学模式在中学生物学教学中的实际应用。

---

① 吴成军，张敏.美国生物学"5E"教学模式的内涵、实例及其本质特征［J］.课程·教材·教法，2010，30（06）：108—112.

一、教学分析

教材分析：本节课时分配为 1 课时。教材主要讲述了非特异性免疫和特异性免疫共同构成人体总的防御功能，后者是在前者的基础上产生的。当病原体侵入人体时，人体就动员全部非特异性免疫与之进行斗争，但非特异性免疫较弱，由此人体利用特异性免疫，使人保持正常的状态，非特异性免疫和特异性免疫不可分开，相辅相成。免疫学的应用涉及我们日常生活的方方面面，与人体的健康密切相关，多数内容学生都有切身的体会。这节内容重点是让学生体会到，科学、技术与社会三者之间的关系是复杂的，科学与技术的发展促进了社会的进步，而社会的需求又推动着科学技术的迅猛发展，而在一定的条件下，科学技术又不能完全解决社会的需求，这又进一步推动了科学家对这一领域的研究。

学生分析：本节主要介绍了人体的三道防线，免疫系统如何清除进入体内的抗原物质，清除自身产生的损伤细胞和肿瘤细胞、维持人体内部环境的平衡和稳定等相关知识，涉及人体的皮肤、呼吸系统、消化系统和循环系统等。同时，该部分内容涉及的概念较多又比较抽象，学生不容易理解。对于计划免疫，学生均有过接种疫苗的经历，但是对于为什么接种疫苗能预防疾病，却一知半解，甚至有些学生有接种过一次疫苗就能预防百病的错误认识。本校学生对于技术应用非常感兴趣。针对以上情况，教师应力求上课时语言生动，尽量把抽象的知识体化，并且结合动画、视频、Mozaik3D 软件使得课堂更能吸引学生的注意力、调动学习的积极性。

二、设计思路

该课以"鱼皮小熊"的故事为导入，用一系列的问题贯穿整堂课，采用视频、动画、软件应用及分组讨论以达到教学目标。既突出了学生的主体地位，也将知识以生动有趣的形式传达给学生。课堂上教师不仅传授书上的内容，还须渗透我们生活中的点滴事件，比如，不能随地吐痰、关注假疫苗事件，以培养学生学以致用的能力和关注社会的意识。

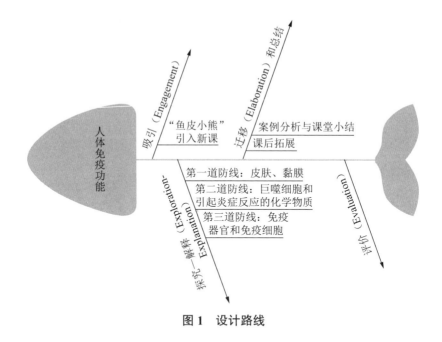

图 1 设计路线

三、教学目标

一是理解非特异性免疫和特异性免疫的概念及其区别，能够描述人体的三道防线。

二是通过阅读材料和案例分析，培养学生的信息提取和归纳总结能力，促进科学思维的养成。

三是结合学生自身的经历，运用生命科学知识解释生活中的实际问题，增强学以致用的能力。

四是关注社会热点，养成健康的生活态度和良好的行为习惯，增强社会责任感。

四、教学过程

1. 吸引："鱼皮小熊"引入新课

学生阅读材料1"鱼皮小熊"：

　　2017 年 12 月 4 日，美国加州爆发了一场灾难性的山火，持续了一个多月才被扑灭。这场火灾的受害者中有一只小黑熊，它脚掌上的毛发和脚垫几乎全部脱落，疼痛到站不住脚，后来被送到加州野生动物管理局接受救治。医生尝试用常规的护理方法，可是覆盖烧伤表皮和止痛这两个步骤进行得异常艰难，但是如果不这样做，伤口就会被感染。这时医生想到曾经有一篇报道介绍了一种用罗非鱼皮治疗烧伤患者的方法。罗非鱼皮中含有大量的胶原蛋白，不仅可以保护小熊烧伤的脚掌、保持烧伤患者皮肤湿润，而且能够很好地促进细胞黏附。十天后，小黑熊被烧伤的部位已经长出了新的皮肤。一个月后，这只特殊的黑熊患者已经被放回森林。

　　同时完成材料 1 清单里的 3 个问题：问题 1：这只小熊的脚掌和其他正常的小熊有什么不同？问题 2：小熊的脚掌为什么要被覆盖住呢？问题 3：鱼皮有什么作用呢？

　　学生通过这 3 个问题可以得出小熊熊掌上的皮肤可以起到防止被感染的作用，然后联系到人的皮肤也有同样的功能。

　　设计意图：结合大家都比较关注的热点话题和技术引出主题，容易调动学习兴趣。

　　2. 探究—解释

　　（1）第一道防线：皮肤、黏膜

　　学生观看教师播放的两个小视频，同时结合课本第 84 页思考皮肤和黏膜的作用。小组讨论后，学生可以自然而然得出皮肤有阻挡和杀灭病原体作用。那么如果病原体攻击人体的鼻腔呢？教师引导学生思考突然进入一个灰尘很多的或者有刺鼻性气味的环境中时会怎样？学生会想到"打喷嚏"，此时就可以自然而然地引导学生联想到有异物进入鼻腔时，鼻黏膜上的纤毛可清扫异物，同时鼻腔黏膜受到刺激时，黏膜上有很多感受器会感受到异物的刺激，从而形成打喷嚏的现象。所以说打喷嚏是我们身体的一种自我保护机制，但是喷嚏里面可能会有病原体，所以我们打喷嚏时千万不可以对着别人。

　　设计意图：通过小组合作讨论、自己观看视频以及查阅课本信息，可以培养学生提取信息和总结信息的能力，同时培养学生的社会责任感。

（2）第二道防线：巨噬细胞和引起炎症反应的化学物质

教师播放巨噬细胞大战葡萄球菌和 B 型感冒病毒的视频，学生在观看视频的同时结合以下 3 个问题展开思考。问题 1：如果细菌突破第一道防线，入侵人体，有什么可以保护我们呢？问题 2：单核细胞和巨噬细胞有什么关系？ 问题 3：巨噬细胞有什么作用？学生通过以上三个问题的讨论可以得出就算病原体突破第一道防线进入人体，人类依然有巨噬细胞可以吞噬病原体，病原体无法对人体造成伤害。但是假如病原体数量过多，巨噬细胞无法全部吞噬呢？这时候可以引入炎症介质的作用，并且讲述炎症介质在工作时会导致人体温度升高，因为高温不利于大多数病原体存活。这时就可以给学生说明适度的发烧其实有益健康，但是如果持续的高烧就会造成脑部受损，还是要及时就医的。

接下来教师组织学生阅读材料 2：

有时候我们感冒咳嗽或者肠胃疼痛去医院检查，医生都会让我们去验血，看看是否有炎症，炎症是临床常见的一个病理过程，可以生于机体各部位的组织和各器官，例如毛囊炎、扁桃体炎、肺炎、肝炎、肾炎等。炎症常伴有发热、白细胞增多等全身反应。这方面变化的产生实质上是机体与引起炎症的病原体进行全面抗争的规律反应通常来说，炎症是机体的一种抗病反应，是对机体有利的，例如炎症反应产生的某些化学物质会使人的体温上升，一些病原体在较高的体温下就不能正常生长和繁殖。

结合材料和以下两张化验单（图 2、图 3），请学生判断哪一位患者可能患有炎症，依据是什么？

项目	结果	提示	参考值	项目	结果
红细胞计数	4.59		3.5-5.510^12/L	嗜碱细胞值	0.05
血红蛋白	115.0		110-160g/L	血小板计数	247.0
白细胞计数	12.3	↑	4-1010^9/L	红细胞压积	34.6
中性细胞比率	16.1	↓	40-75%	平均红细胞体积	75.4
中性细胞值	1.97		1.8-6.410^9/L	平均血红蛋白含	25.1
淋巴细胞比率	73.7	↑	18-40%	平均血红蛋白浓	332.0
淋巴细胞值	9.04	↑	1-3.310^9/L	平均血小板体积	9.0
单核细胞比率	4.4		3.5-10%	血小板分布宽度	8.8
单核细胞值	0.54		0.2-110^9/L	大型血小板比率	16.30
嗜酸细胞比率	5.4	↑	0-5%	血小板压积	0.22
嗜酸细胞值	0.66	↑	0.05-0.510^9/L		
嗜碱细胞比率	0.4		0-1%		

图 2　患者 A 血液化验单

项目	结果	参考值	项目	结果	参考值
白细胞	8.24	3.69~9.16 10^9/L	单核细胞	0.47	0.12~0.80 10^9/L
红细胞	4.18	3.68~5.13 10^12/L	嗜酸性粒细胞	0.26	0.05~0.50 10^9/L
血红蛋白	124.00	113.00~151.00 g/L	嗜碱性粒细胞	0.03	0~0.10 10^9/L
血小板	252.00	100.00~300.00 10^9/L	红细胞平均体积	91.60	82.60~99.10 fL
红细胞压积	38.30	33.50~45.00 %	平均血红蛋白量	29.70	26.90~33.30 pg
中性细胞比率	72.00	45.00~77.00 %	平均血红蛋白浓度	324.00	322.00~362.00 g/L
淋巴细胞比率	18.70	↓20.00~40.00 %	红细胞体积分布宽	38.10	37.00~50.00 fl
单核细胞比率	5.70	3.00~8.00 %	血小板分布宽度	8.40	↓9.00~17.00 fL
嗜酸性粒细胞比率	3.20	0.50~5.00 %	平均血小板体积	8.50	↓9.00~13.00 fL
嗜碱性粒细胞比率	0.40	0~1.00 %	血小板压积	0.21	0.11~0.28
中性细胞数	5.94	2.00~7.70 10^9/L	C-反应蛋白	0.80	0~10.00 mg/L
淋巴细胞数	1.54	0.80~4.00 10^9/L			

图 3　患者 B 血液化验单

设计意图：通过视频直观说明白血球、巨噬细胞与白细胞之间的关系，引出第二道防线由巨噬细胞和引起炎症反应的化学物质组成。并且引导学生结合自身经历，回忆炎症经常伴随的症状是什么？再次感受第二道防线的作用。

（3）第三道防线：免疫器官和免疫细胞

如果第一道防线和第二道防线还是不能阻挡病原体，发高烧同时会促使人体第三道防线形成，第三道防线是由免疫细胞和免疫器官所构成的。这里介绍免疫器官（胸腺、骨髓、淋巴结、脾脏）和免疫细胞。对免疫细胞学生在前面的课上已经有所掌握，但对免疫器官比较陌生，所以这里借助软件 Mozaik3D 让学生直观感受人体的免疫器官都有哪些。接下来教师继续带领学生以动画的形式分析人体第三道防线在抵御 B 型病毒侵入的过程中是如何发挥作用的（见图 4）。继而引出抗原和抗体的概念。教师继续提问当视频中的 B 型流感病毒再次侵入同一个人体内时，她还会得感冒吗？如果是乙肝病毒入侵人体呢？结合学生接种新冠疫苗是否可以预防流感来引入人工免疫的概念，此时引导学生总结抗体和抗原的工作机制。教师带领学生分析第一道和第二道防线与第三道防线的区别。学生总结得出特异性免疫和非特异性免疫的区别（见图 5）。

设计意图：借助一些软件和动画的形式呈现出来比较抽象的特异性免疫，学生可以直观感受第三道防线的工作机制。

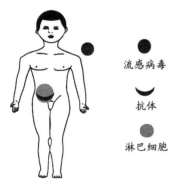

图 4　抗体—抗原工作机制图

	非特异性免疫	特异性免疫
人体防线		
形成 （先天 / 后天）		
作用范围 （多种 / 特定病原体）		
特性 （专一性 / 非专一性）		

图 5　特异性免疫和非特异性免疫

3. 迁移

（1）案例分析与课堂小结

组织学生以小组为单位讨论并应用本堂课所学知识分析以下案例：

张老师发现最近去班里上课的时候，总能闻到一股奇怪的味道，后来 Lily 告诉张老师 Mike 和 Lucas 最近总是喜欢在路边摊买烧烤然后偷偷带来吃，张老师知道后就告诉 Mike 和 Lucas，带小吃到学校是违反学校校规校纪的，最重要的是路边小吃的东西不卫生，小心吃了会拉肚子。但是 Mike 却说："我吃了好多次了都没有拉肚子啊！"Lucas 接着说："对啊，我奶奶说'不干不净，吃了没病'，要不以后我们吃完再来学校吧。"

你觉得 Mike 和 Lucas 说得有道理吗？请结合本节课所学来分析并谈谈你的看法。

学生以小组为单位讨论后分享自己的看法，教师进行适当引导，并且给出幽门螺杆菌的例子，帮助学生进一步明白人体的免疫系统虽然功能强大，但并不是所有的病原体都能灭杀。接下来继续引导学生总结人体免疫系统作用的流程（见图6）。

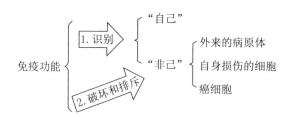

图6　人体免疫功能

设计意图：通过问题引出非特异性免疫和特异性免疫，学生灵活应用所学的知识解决问题。在自学后总结免疫系统的功能，印象深刻，也巩固了知识。使学生能够把所学知识真正应用到生活中真实的情境中，并关注身体健康与正确的生活方式。

（2）课后拓展

对新闻报道"假疫苗"事件进行分析，总结假疫苗会带来哪些危害，并谈谈看法。这项课后拓展任务旨在引导学生用所学知识对社会热点进行剖析，引导学生做出理性判断和解释，关注社会，增强社会责任感。

4. 评价：多元考察，全面评估

本课设置了较多的学生活动，尤其是小组活动，那么教师除了要进行常规的终结性评价之外，还应带领学生运用批判性、辩证性的思维进行自评或互评，这也是"5E"教学法的内涵所在。[1] 比如在小组讨论的环节教师就可以观察学生在小组内担任了什么角色、组内讨论是否积极、思考问题是否全面等。还可以结合组间评价和组内评价的形式，在某个小组分享完某个问题之后，其他小组进行点评和补充，同组成员进行互评等。

五、结语

　　整堂课学生们在一种欢快的气氛中学习新知识。在教学中，让学生分组讨论，自己思考总结，为学生提供了一个广阔的空间。用一系列的问题串起整堂课，锻炼了学生的逻辑思维能力，也提高了学生的综合能力。学生在交流中思考，在思考中获取新知，充分发挥学生的主体性和积极性。

---

[1]　高培智. 基于5E教学模式的高中物理教学策略创新研究［J］. 学周刊，2023（08）：93—95.

提升新时代思政课教师的隐性教育能力

蔡婉琴

【摘　要】思想政治理论课是落实立德树人根本任务的关键课程，上好思想政治理论课关键在教师。习近平总书记在学校思想政治理论课教师座谈会上的讲话，为新时代思政课教师指明了方向。能否赢得学生的关键在于教师运用隐性教育方法的能力。本文认为，新时代思政课教师应该从提升教师人格魅力、充分利用校园文化载体和创新教育实践活动三方面提升隐性教育的能力。

【关键词】新时代；思政课教师；隐性教育

思想政治理论课是落实立德树人根本任务的关键课程，上好思想政治理论课关键在教师。青少年阶段是人生的"拔节孕穗期"，最需要精心引导和栽培。根据思想政治教育工作的规律、教书育人的规律和学生成长的规律来打牢学生的思想基础，引导中小学生扣好人生第一粒扣子，是每位中小学思政课教师的神圣职责和光荣使命。2022 年 11 月，教育部印发了《关于进一步加强新时代中小学思政课建设的意见》，要求大力培养符合新时代中小学思政课教学要求的高素质专业化师资，可见提升新时代思政教师育人能力的重要性。

习近平总书记 2019 年 3 月 18 日在学校思想政治理论课教师座谈会上的讲话，为新时代思政课教师指明了方向，对提高思想政治理论课教师素养提出了六个"要"：政治要强、情怀要深、思维要新、视野要广、自律要严、人格要正。可以看出，"人格要正"融汇了前五个方面的要求。思政课教师应该充分利用学生的"向师性"，用高尚的人格魅力触动学生心灵，感染学生、赢得学生。初中道德与法治课程是义务教育阶段的思政课，它以社会主义核心价值观为导向，在学生日渐丰富的生活经验的基础上，引导学生正确认识成长中的自己，处理好与他人、集体、国家和社会的关系，提高政治认同、道德素养、法治观念、健全人格和责任意识。新时代的思政课教师需要具备理论的深度和生活的温度。当前国内外形势变化迅速，初中阶段的学生思维活跃，社会感知敏锐，但缺乏判断是非的能力，极易受影响。隐性教育能最大限度地发挥受教育者的主体作用，教师利用一切教育性因素，创设教育环境，有计划有组织地采用隐蔽的方式，使学生在无意识的状态下，轻松愉悦地接受教育，让思政课真正成为学生喜爱的课。因此，开好思想政治理论课关键在教师，能否赢得学生的关键在于教师运用隐性教育方法的能力。

思政课教师应该从提升教师人格魅力、充分利用校园文化载体和创新教育实践活动三方面提升隐性教育的能力。

一、提升教师人格魅力

教师既是经师也是人师，对于学生的精神成长和道德发展负有道义上的责任。"经师易求，人师难得"，除了扎实的专业能力，思政课教师应与时俱进，不断提高政治素质，自觉地将习近平新时代中国特色社会主义思想内化于心。教师只有具备扎实的理论修养，才能在实践中更好地开展教育工作。教师的人格魅力是潜在的教育力量，主要表现为其性格、气质、能力所产生的吸引力和感召力。品德高尚的教师应具有高度责任感和敬业心，思想有深度，洞悉社会动态，理论联系实际，真正关注学生的内在需求，尊重学生、关心学生、热爱学生。教师的人格魅力越强，学生越会愿意接受教师引导，达到"桃李不言，下自成蹊"的效果。思政课是生活化、体验式的课程，思政课教师要时刻关注社会发展动态，联系学生生活实际，设计解决学生实际问题的课。

培养良好的师生关系。"亲其师，信其道"，师生关系体现于师生之间的交往活动，交往互动中包含道德互动。良好的师生关系是主体间性的、和谐的、共生的，教师主动把自己的生命感受与学生联系在一起，打破以往以教材、教师、课堂为中心的局面，逐渐确立以学生为中心，关注、理解学生的认知水平和发展需求。教师不仅是学生的道德榜样，更是学生的良师益友。通过对学生情感投入，师生之间产生情感交融的效果，形成和谐的师生关系，在此基础上培养学生做德智体美劳全面发展的社会主义建设者和接班人的意识。

教师不断调整精神状态。以"自信、奋斗、担当"来充实和调整自己，理直气壮地宣讲马克思主义理论和党的路线方针政策。新时代是全新的、富强的时代，思想政治教育理论教师必须有底气、有自信，用积极向上的精神状态影响感染每一位学生，把道理讲深、讲透、讲活。

二、充分利用校园文化载体

思政课教师要将中学生思想政治教育内容融入校园文化，隐含教育目的，提升教育效果。

思政课教师可以利用宣传设施如海报、标语、横幅、招风旗、展览板、电子显示屏更新时事热点、宣传党的最新政策。将形象生动的漫画、名人名言、精品书籍，放在各班图书角，吸引学生注意。提高思政教师的亲和力，贴近学生需要，完成话语转换，形成共同语言。重点引导学生初步了解习近平新时代中国特色社会主义思想，感知马克思主义的思想力量和中国特色社会主义的实践成就。增强国家意识和国情观念，树立民族自尊心、自信心、自豪感。加深理解社会主义核心价值观。介绍与学生日常生活密切相关的法律常识，培育初步的法治观念。

三、创新教育实践活动

思政课教师思维要新，首先要学会利用信息化工具开展教育实践活动。教育信息化的关键就在于教师能力的信息化，所以要实现教师专业化，必须提升教师信息技术素养。不同于直接说教，教师以间接的形式营造主流舆论环境，对学生产生长期的、累积的、潜移默化的影响。思政课教师要善于利用网络媒介，关注学生关注和热议的话题，及时主动引导。利用微博发起话题讨论、运用微信公众号发送动态，制作视频课程上传到网站。

其次，开展符合学生需要的社会实践活动。古人云："是故履，德之基。"道德具有实践性，要经历实践的磨砺、锻炼、升华和检验。随着时代的发展和新媒体的普及，教师应该立足现实，把握学生的思想动态，创新社会实践方式，取得"活动载道"的最佳效果。除了传统的时政大赛、征文比赛和演讲比赛，可以适当增加主题微电影拍摄、漫画征集、"快闪"、照片墙、社区志愿服务等活动吸引学生关注并积极参与，发挥家庭、学校以外的社区第三课堂的作用。

思政课长期以来形成的一系列规律性认识和成功经验，为思政课建设守正创新提供了重要基础。有了这些基础和条件，有了我们这支可信、可敬、可靠，乐为、敢为、有为的思政课教师队伍，我们完全有信心有能力把思政课办得越来越好。①因此，我们这群新时代的思政课教师要有信心、有底气，从提升教师人格魅力、充分利用校园文化载体和创新教育实践活动三个方面提高隐性教育的能力。

---

① 刘建军. 思政课教师政治要强、情怀要深、思维要新、视野要广、自律要严、人格要正——着力提升思想政治理论课实效［N］. 北京日报，2019-04-01.

体验式学习：初中道德与法治课的校本探索

蔡婉琴

【摘　要】初中道德与法治课程是义务教育阶段的思政课，它以社会主义核心价值观为导向，在学生逐步扩展的生活经验的基础上，引导学生正确认识成长中的自己，处理好与他人、集体、国家和社会的关系，提高政治认同、道德素养、法治观念、健全人格和责任意识。引导和组织开展学生道德与法治课的体验学习有利于充分发挥课程的育人作用。我校作为十二年一贯制的学校，拥有良好的体验式学习资源，经过实践，探索出一条创设解决真实问题的情境、引导学生角色体验以及延伸课堂的实践活动的学生体验式学习路径。

【关键词】初中道德与法治课；体验式学习；校本探究

2019 年 8 月 14 日，中共中央办公厅、国务院办公厅印发《关于深化新时代学校思想政治理论课改革创新的若干意见》，提出遵循学生认知规律设计课程内容，体现不同学段特点，初中阶段重在开展体验性学习。《义务教育道德与法治课程标准（2022 年版）》提出要以学生的真实生活为基础，增强内容的针对性和现实性，丰富学生实践体验，促进知行合一。作为立德树人的关键课程，思政课需要挖掘生活资源，在问题情境中借助问题的解决培养学生正确的价值观、关键能力和必备品格。

初中道德与法治课体验式学习，能够根据学生的认知特点和规律，设计和组织学生间接和直接地经历特定的社会生活场景，或间接或直接体验社会生活。在探究相关社会生活问题中，有兴趣地感悟道德与法治学科知识，引导学生结合自身成长用道德与法治知识剖析社会生活问题，规范自己的行为，提高批判思维能力，逐步树立承担社会责任的意识。

我校坚持以学生发展为本，培养兼具中国情怀、国际视野和独创精神的世界公民。所有能影响学生成为一名世界公民的正式课程或非正式课程都被称为公民课，初中阶段的道德与法治课是至关重要的课程。我们还开设透视时政选修课和世界公民实践课程，让体验式学习在教室中、教室外的空间同时进行，通过联系生活情境，解决实际问题，真正达到思政课入耳、入脑、入心、入行的效果。

一、创设情境，亲历社会生活

人的情感是在一定的情境中产生的。教师要善于创造一种情感氛围，让学生不知不觉地进入这种境界。将社会热点问题通过创设情境的方式引入课堂，可以让学生间接观察社会的问题，在教师的引导下做出正确的价值判断和行为选择。

以"从南京小区火灾事件引发的思考"时政探究选修课为例，令人痛心疾首的南京小区火灾悲剧不仅是社区电动自行车治理问题，更折射了人们消防安全意识、法治意识薄弱等问题，教师通过创设两个真实的情境，让学生们意识到生命的脆弱，增强安全意识和自我保护意识，提高安全防范能力，掌握一些基本的自救自护方法以及学会换位思考，共同为社区治理献一份力。

上课铃声响，同学们落座后，我在课件中呈现情境一：假如现在是凌晨4:30，你在熟睡，突然你闻到一股烧焦的味道，烟雾开始变浓，一口热烟呛进嗓子里。你会怎么办？同学们慌张地四散而逃，有同学仍然趴着没有采取行动，最后所有同学跑到空地庆幸只是虚惊一场。同学回到教室后，我描述了南京小区火灾事件，同学们深刻地感受到生命的可贵与脆弱，为逝去的生命感到惋惜。在"劫后余生"的情绪中，同学们开始反思刚刚逃生的错误操作并讨论火灾原因。我播放了消防局发布的《高层火灾逃生小技巧》，同学比以往听得都认真，因为毕竟他们才刚刚经历了"火灾"。了解事实，分析原因后，我引导学生思考如何解决问题，自然地过渡到第二个情境：蔡老师家的邻居经常把电动自行车停到室内的公共走廊，请同学们帮忙出谋划策。我在课件中讲解《中华人民共和国消防法》和《高层民用建筑消防安全管理规定》，引导学生学会遇到事情找法、解决问题靠法，用法治方式解决问题。同学将自己代入邻居角色，选择用柔性的劝导的方式解决问题。为了让学生在综合运用课堂所学时提高问题解决能力，我设计了贴近学生兴趣的课后作业：请你制作一张劝导漫画，告知邻居将电动车停到室内公共走廊的危害。同学们出色地完成作业。除了将同学们的作业在课堂展示，我还挑选了优秀作品发布到我们的社区微信群，希望社区居民能够自省自查，换位思考，共建和谐安全的社区，获得了社区居民的纷纷点赞。通过真实的情境体验，同学们感受到思政课是有温度有关怀的课，他们也可以解决实际的问题。

二、角色体验，感悟社会角色

角色扮演是一种新颖的学习方式，不仅满足了体验式教学的基本需求，还充分彰显了学生的主体地位，保证了实际教学的质量与效率。初中阶段的道德与法治课是以"成长中的我"为原点，将学生不断扩大的生活和交往范围作为建构课程的基础。通过角色体验，可以让学生感悟不同的社会角色及其责任，引导学生参与体验，促进感悟与建构。我校探索的关于角色扮演的实践主要有两种，一种是基于课本案例的情景剧演绎，另外一种是结合现实问题编写情景剧，请同学们演绎。

以九年级上"共筑生命家园"为例。上课之前，我在班级贴了"某某村公告"通知村民开会事宜，营造"有事好商量，众人的事情由众人商量"的良好氛围，所有同学代入村民角色。首先，作为村长，我介绍了我村因采矿业发家致富的历史以及现在污染环境的现状，向各位村民提问："你们觉得应不应该关矿山、停水泥厂？为什么？"村民们经过激烈的讨论，难以形成一致的结论。我继续提问："为了可持续发展，村子决定关停矿山、水泥厂，但大家经济难以保障，请问我们村应该怎么发展？既保护环境又保障村民的收益？"村民群策群力，提出可以因地制宜发展旅游业。最后我介绍了我村的原型即余村——著名的"两山论"的诞生地。有真实的情境依托，同学们通过角色扮演，深刻地理解经济发展和环境保护的关系，既要金山银山，又要绿水青山。

三、活动实践，承担社会责任

道德与法治课程本质上是实践课程，要丰富学生实践体验，促进知行合一。教学要与社会实践活动相结合，加强课内课外联结，实现隐性课程与显性课程相配合。我校积极探索，利用道德与法治课程、全球公民课程，发挥社区作为第三课堂的作用，如组织六年级的学生走进社区做关于"水安全"的主题宣传活动，八年级的学生走进上海汽车博览公园践行可持续发展的理念，探寻人与自然的共生之道等。

以学生走进社区做关于"水安全"的主题宣传活动为例。世界公民课程是我校坚持数年的特色思政课程，初中生和来自世界各地的同龄人在电子教室中发布帖子，与国际同龄人讨论，分享观点，完成社区行动计划，共同研究区域性和全球性的话题。上学期，我校六年级同学在我的组织和引导下在课堂内了解水安全的现状，通过网络调查和现场采访，初步了解大家的用水习惯和节水情况。在校内做了保护水安全演讲、制作了宣传网站，并利用周末走进上海汽车博览公园，支起小摊位，用自己设计的帆布袋和马克杯做了一场关于"水安全"的公益宣讲活动。汽车城社区的居民被孩子们的行动感染，纷纷参与活动，共建美好家园。同学们通过实践体验活动，走向社会，增进对国情、社情的了解，不断扩展自己的视野，提升了综合能力，实现个人价值。

体验式学习真正关注学生的日常生活，把握学科的本质以及关注社会发展需求，能够突破以知识传授为主的传统教学方式，打动学生，让学生获得真实的感受。未来，我校会在已有的基础上继续探索，更好地发挥思政课立德树人的作用。

博采众长
融贯中西

华旭双语融合课程探索

在当今全球化的时代，教育领域的交流与融合已成为不可逆转的趋势。中西融合课程，正是这一趋势下的产物，它汇聚了中西文化的精华，旨在培养具有跨文化素养和全球视野的杰出人才。

中西融合课程，不仅仅是一种教育方式的创新，更是一种教育理念的升华。它强调尊重与欣赏不同文化，鼓励学生跨越国界，拥抱多元，从而培养出能够在国际舞台上自信交流、合作共赢的未来领袖。

这种教育方式，突破了传统教育的束缚，将西方的素质教育理念与东方的传统教育智慧相结合，形成了独具特色的教学模式。它注重学生的兴趣和潜能，以学生的全面发展为导向，强调启发式、引导式的教学方法，鼓励学生主动探究、勇于创新。

在中西融合课程中，学生将接触到来自不同文化背景的知识和观念，通过互动、交流、合作，逐渐培养出跨文化交流的能力和创造力。这种能力，不仅有助于学生在国际舞台上更好地展现自己，也有助于他们更好地理解和包容不同的文化，为构建人类命运共同体贡献力量。

中西融合课程鼓励学生接触和了解不同文化，通过对比学习，学生能够更全面地理解世界的多样性，培养跨文化交流的能力。这种文化多样性的体验有助于学生打破偏见和刻板印象，形成开放、包容的心态，学生可以获得更广阔的全球视野。他们不仅了解本国文化和社会，同样熟悉其他国家的历史、文化，从而在全球化的背景下更好地定位自己，为未来在国际舞台上发展做好准备。课程通常采用双语或多语言教学模式，使学生在掌握母语的同时，还能流利地使用英语或其他外语。这种语言能力有助于学生更好地融入国际社会，进行跨文化交流，提升个人竞争力。

中西融合课程注重培养学生的创新思维。通过引入不同的教育理念和方法，学生可以接触到不同的思考方式，从而激发创新灵感，培养解决问题的能力。创新思维有助于学生在未来的学习和工作中不断创新，实现自我价值。课程也鼓励学生进行批判性思考，不盲目接受信息，而是要学会分析、评价和判断。批判性思维有助于学生更好地理解和应对复杂的社会现象和问题，形成独立自主的价值观。

中西融合教育注重跨学科的整合，通过不同学科的交叉学习，学生可以更全面地了解知识的内在联系，形成综合的知识体系。跨学科整合有助于学生更好地应对现实生活中的复杂问题，提高综合素质。课程还注重学生的实践能力和应用能力的培养。通过提供丰富的实践机会，如社区服务、国际交流、企业实习等，学生可以将所学知识应用于实际情境中，提高解决问题的能力。实践经验有助于学生更好地适应未来的职业发展。

上海华旭双语学校创校十年来，在中西融合课程的开发与研究中不断探索、日益创新。"办一所影响世界的中国学校"一直是华旭双语的美好愿景，通过多年的尝试，已打造出一套具有华旭双语特色的中西融合课程。该课程旨在培养出更多具有全球视野和跨文化素养的杰出人才，为世界的和平与发展贡献智慧和力量。

基于全球性问题的中文课程
单元融合设计探索

罗　倩　张赫斓

【摘　要】全球化背景下，世界各国共同面临的全球生存问题也愈加凸显。未来世界之挑战需要今日之少年去应对，未来世界之可持续发展需要今日之少年去担当。因而，培养学生应对全球性问题或挑战的意识和责任是当今教育不可推卸的责任。如何将全球性问题意识与责任的培养与中文学科教育有机结合？如何构建基于全球性问题的单元设计的理念体系、实践范式和策略工具以培养学生发现、思考、应对全球性问题的能力？针对教学实践问题与挑战，本文基于华旭双语高中部教学资源及学生情况，设计基于全球性问题的高中中文融合单元架构，涵盖研究目标、全球性问题、融合单元设计路径，最终将设计理念付诸实践。

【关键词】中文；全球性问题；融合设计架构；设计范式

一、引言

1. 研究背景

全球化背景下，学生所面对的生活是时空距离极大弱化的、世界性的生活，所面对的问题是跨越时空的全球性问题。"人类生活的各个层面，无可避免地日益卷入全球互相连接的网络之中，今日世界各地发生的任一事件，都有可能影响到明日各地的能源价格、职场机会以及疾病传播等。"①2015 年，联合国可持续发展峰会正式通过包括"无贫穷""零饥饿""良好健康与福祉"等 17 个可持续发展目标，旨在从 2015 年到 2030 年间以综合方式彻底解决社会、经济和环境三个维度的发展问题。

建设和开设基于全球性问题的中文单元融合设计符合我校的培养目标，同时回应我校所开设的 IB 课程的课程要求。我校学生培养目标是扎根于中华传统文化，成功的学习者和优秀的世界公民，始终以学生发展为本，培养兼具中国情怀、国际视野和独创精神的世界公民。培养学生对全球问题的理解、关注乃至行动，培养学生跨文化理解与交际能力等是培养学生国际视野的必然要求。

2. 研究现状

对全球素养的教育有多种名称，"全球素养""全球教育""全球化下的教育""全球化与教育""全球观教育"等。

20 世纪 70 年代以来，世界范围内对于全球素养教育的关注、研究不断增多。英国学者理查森（Richardson）在 1973—1980 年主持世界研究计划，并于 1976 年出版所编辑的著作《学习改变世界》；2000 年以后，全球教育正式成为英国公民教育的一部分。

同样在 20 世纪 70 年代，美国学者汉维（Hanvey）也开始关注全球素养的相关教育。在 20 世纪 90 年代，美国学者泰伊（Tye）继续推进全球素养教育，主持 Center for Human Interdependence 计划，泰伊所倡导的全球教育不仅包括对全球性问题、挑战的关注与应对，也包括对跨文化理解与交际能力的培养。

加拿大对于全球素养相关教育的探索也始自 20 世纪六七十年代。1968 年安大略省霍尔·丹尼斯的报告对"全球依存教育"进行深入阐释，强调国际理解、合作，关注学生对全球性问题的理解和思考。经过几十年的摸索，于 2017 年正式出台"泛加拿大全球素养框架"，这一框架鲜明地将全球公民意识和可持续发展意识列为六大能力之一。

近 20 年来，重要的国际组织也在积极倡导国际素养相关的教育。2000 年，联合国教科文组织明确提倡"人权、和平、国际理解、容忍及非暴力的教育，包括所有与民主、多元文化及跨文化教育的原则相关的教育"②。自 2005 年至 2018 年，国

---

① 陈丽华，田耐青，宋佩芬，等.打造世界公民的 12 个方案：全球教育理论与实践［M］.台北：高等教育文化事业有限公司，2011：3.

② 陈丽华，田耐青，宋佩芬，等.打造世界公民的 12 个方案：全球教育理论与实践［M］.台北：高等教育文化事业有限公司，2011：26.

际经济合作与发展组织持续研究全球素养，系统地建构了全球素养的基本概念架构、教学方法、评估方法。[①]

我国新课标也展现出对跨文化交际能力、文化自信的重视。2013 年教育部启动普通高中课程修订工作，其修订目标为设计"既符合我国实际情况，又具有国际视野的纲领性教学文件，构建具有中国特色的普通高中课程体系"[②]，明确地将"国际视野"纳入课程修订和发展。在其核心素养"文化传承与理解"中，也明确提出"理解和借鉴不同民族和地区的文化，拓展文化视野，增强文化自觉"[③]。

3. 研究意义

培养具有广阔胸怀的世界公民，是 IB 课程的培养目标之一，也是我校学生的培养目标之一。这项课题旨在探索如何通过文学和非文学文本的学习，让学生关注跨越时间和地域的全球性问题，借助文学关注社会，放眼世界。

在中文知识和能力层面上，通过文学和非文学文本由全球性问题而产生的联系性，帮助学生在融合课程中掌握不同文体特征和特定表达技巧。全球语境下的 IB 中文单元融合设计可以为他们的 IBDP 口头评估做准备。

目前尚无 DP 学校建立系统的全球性问题的单元课程，故而本研究具有一定的前瞻性。

二、研究内容

（一）研究目标

1. 总目标

基于全球性问题下的中文教学单元设计不仅仅只是一种设计模型的创新，更是一种教育理念和思路的转变。由以往单一的学科教学、知识教学、囿于教室和学校内的教学、面对当下的教学，转变为面对生活、世界与未来的教学。

本研究以《语言 A：文学指南 2021 年首次评估》和《语言 A：语言与文学指

---

① 康尧.全球素养研究［J］.西部素质教育，2023，9（10）：22—25.

② 中华人民共和国教育部.普通高中课程方案（2017 年版 2020 年修订）［M］.北京：人民教育出版社，2020：2.

③ 中华人民共和国教育部.普通高中语文课程标准（2017 年版 2020 年修订）［M］.北京：人民教育出版社，2020：5.

南 2021 年首次评估》为纲领，基于对全球性问题单元设计的系统研究，以及高中部中文教师在全球性问题领域的持续实践研究，构建基于全球性问题的单元设计的理念体系、实践范式和策略工具。

2. 分目标

（1）明晰基于全球性问题的中文教育的学理内涵。依据全球化时代对教育提出的要求和挑战，理解全球性问题在教育领域的重要作用、全球性问题与中文学科结合的必要性，以及依据 IBDP 大纲指南，本研究的首要目标是厘清并明确基于全球性问题的中文教育的学理内涵，从理论的角度阐明在教育领域，主要是中文教育领域中，全球性问题学习的重要性和必要性。

（2）确认基于全球性问题的中文教学单元设计的实践路径。针对目前的 preIB 和 IBDP 中文教育的现状，基于学理分析，探究基于全球性问题的中文教育的实践路径，尤其是具体操作层面的实践方法，集中体现为教学单元设计模型。该实践路径可为一线中文教师提供实操的方法。

（3）构建基于全球性问题的中文教学单元设计的模型范式与对策。借鉴全球化时代下教育的基本方法，IBDP 中文 A 大纲中全球性问题的实践策略，再结合高中部中文组内各位教师的实操方法，力图构建基于全球性问题的中文教学单元设计的模型范式与对策。

（4）探究基于全球性问题的中文教学单元设计的测评模式、工具与实施路径。以 IBDP 评价策略为纲领，依据高中部中文学科的各类评价模式，立足学生的学习发展，整体把握基于全球性问题的中文教学的内在特点，探索评价模式变单，开发有效的测评工具，形成有质量且实操性强的实施路径。

（二）研究内容

1. 理念

全球化的飞速发展需要教育着重培养学生的全球视野、国际意识以及包容不同文化的胸怀，最终培养出能有助于世界可持续发展的全球公民。联合国教科文组织（UNESCO）指出："关于公民素质问题，国家教育系统面临的挑战是如何塑造身份，以及在相互联系日益紧密和彼此依存日益加深的世界中如何形成对于他人的责任意识和责任感。"

IBDP 国际文凭组织的课程培养目标是"培养具有国际情怀的人，他们承认人类共有的博爱精神，分担守护地球的责任，帮助开创一个更美好、更和平的世界"。鉴于此，IBDP 课程极为重视全球性问题在教育领域里的呈现。

2. 全球性问题

IBDP 语言 A 课程中指出全球性问题具有以下 3 个特征：具有广泛的重要性；具有跨国性；其影响在各地的日常生活中能被感受到。

IBDP 指南列举了 5 个方面的全球性问题：

（1）文化、认同和社区

学生可以对作品在家庭、阶级、种族、族裔、民族、宗教、性别等方面进行探索，以及它们影响个人和社会的方式。也可以关注有关移民、殖民主义和民族主义的各种问题。

（2）信仰、价值观和教育

学生可以重点关注作品探究在特定社会环境中养成信念和价值观的方式，以及它们塑造个人、社区和教育制度的各种方式。他们还可以探索因信念和价值观以及种族冲突而产生的关系紧张。

（3）政治、权力和公平正义

学生可以关注作品探索权利和责任的方方面面，探索政府和机构的运作及结构的各种方式。他们还可以调研权力的等级制、财富和资源的分配、正义和法律的局限性、平等与不平等现象、人权、和平与冲突等问题。

（4）艺术、创造力和想象力

学生可以关注作品探索美学灵感、创作、手法与美的各种方式。他们还可以关注作品通过艺术构建和挑战美感的各种方式，以及艺术在社会中的功能、价值和影响。

（5）科学、技术和环境

学生可以重点研究作品、人与自然环境之间关系的各种方式，以及技术和媒体对社会的影响。他们也可以考虑对科学发展和进步的看法。

联合国可持续发展目标（Sustainable Development Goals），是联合国制定的 17 个全球发展目标，包括：消除贫困；零饥饿；良好的健康与福祉；优质教育；性别平等；清洁饮用和环境卫生；可负担的清洁能源；体面工作和经济增长；产业、创新和基础设施；减少不平等；可持续城市和社区；负责任的消费和生产；气候变化；水下生命；陆地生命；和平、正义与强大机构；为实现这些目标建立伙伴关系。

学生将以 IBDP 指南中给定的全球性问题的 5 个领域和联合国 17 个可持续发展目标为依托，选择感兴趣且具有价值的全球性问题进行探究。

3. 单元设计

单元教学是 IBDP 中文教学采取的惯常教学结构，每个单元的内容可能是一部文学作品，也可能是一个主题（涉及多部作品或多个材料），一般每个单元的时间是 2 周到 4 周不等。全球性问题单元设计并不是单一的，而是与概念教学、项目制教学等联动的。

三、研究结果

（一）基于全球性问题的高中中文融合单元设计架构

根据上文分析研究，我们设计了"基于全球性问题的高中中文融合单元设计架构"（见图 1）。

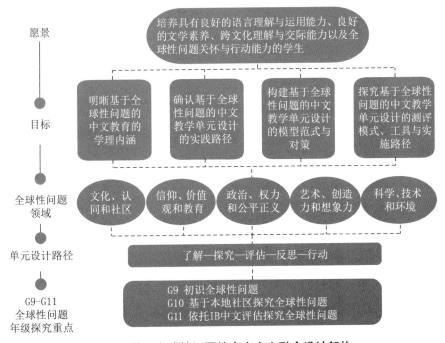

图 1　基于全球性问题的高中中文融合设计架构

（二）单元融合设计范式

富有国际情怀是我校培养目标的内涵之一，也是国际文凭课程的核心，故而对国际情怀的培育贯穿富有人文性的中文课程。我校提供三年制的高中课程和四年制的高中课程，考虑十二年级需要应对升学和大学入学考试，基于全球性问题的中文单元融合设计以九年级为起始年级，以十一年级为终结年级，跨越三个年级（见表1）。

表 1　全球性问题探究模式

年　级	全球性问题探究模式
九年级	探究目标：学生提升阅读兴趣，初步理解全球性问题和挑战 探究文本：纪实文学系列、《悲惨世界》 探究模式：教师推荐纪实文学书单，学生自主选择；阅读之后，以小组的形式，探讨小组选择的文本涉及的类似全球性问题或挑战，最终以主题论坛的形式进行讨论、分享
十年级	探究目标：学生增强对社区生活的关注，理解全球性问题或挑战在本地的表现 探究文本：电影与纪录片相关专业书籍 探究模式：基于对社区的观察，探究全球性问题和挑战在本地的表现，以小组合作的形式进行调研、访谈等，最终探究成果以微视频的形式呈现
十一年级	探究目标：学生深入探究所选择的两部文本对类似全球性问题的呈现，展现良好的语言理解能力、文本分析能力，以及对具体全球性问题的深入理解 探究文本：学生从十一年级所学的文本中选出两部文本（IB 中文文学方向学生选择一部中国文学作品和一部外国文学作品，IB 中文语言与文学方向学生选择一部文学作品和一部非文学作品） 探究模式：在教师的指导与安排下，对所选文本进行自主探究，完成 IBDP 中文 A 的校内评估

无论在哪一年级，基于全球性问题的中文单元融合设计都遵循了解、探究、评估、反思、行动的设计路径，循序渐进地帮助学生增强全球性问题或挑战的理解与关注，增强中文素养及跨文化理解能力。

附：单元融合设计评估量表

标准 A：理解

成绩水平	水　平　细　则
0	学生有没有达到以下细则所描述的标准
1—2	i. 对文本的时空背景与文本意义不太了解 ii. 很少对文本进行引用，或引用大都不适当 iii. 回应问题的意识不明显，缺少阐释，观点比较模糊

成绩水平	水　平　细　则
3—4	i. 对文本的时空背景与文本字面含义有一些理解 ii. 对文本的引用有时是相关的，一些引用能够支持观点 iii. 有一些回应问题的意识，进行了一些诠释，得出了一些观点
5—6	i. 对文本的时空背景与文本字面含义充分理解；对文本的许多含义有令人信服的诠释 ii. 对文本的引用通常是相关的，大体上能够支持观点 iii. 整体上能够围绕引导问题进行回应、诠释，得出自己明确的观点
7—8	i. 对文本的时空背景与文本字面含义有充分和深入的理解；对文本深层含义及细微之处的含义有令人信服的诠释 ii. 对文本的引用是精选的，能够支持观点 iii. 能够围绕引导问题进行回应、诠释，得出有信服力的观点

标准 B：分析

成绩水平	水　平　细　则
0	学生有没有达到以下细则所描述的标准
1—2	i. 对文本 / 材料的语言、结构、技巧和风格稍有识别和解释 ii. 对创作者和对受众产生的影响稍有识别和解释 iii. 极少或没有运用术语 iv. 对体裁和文本 / 材料内部及之间特征的异同稍有辨识
3—4	i. 对文本 / 材料的语言、结构、技巧和风格有一定的识别和解释 ii. 对创作者和对受众产生的影响有一定的识别和解释 iii. 运用了一些术语 iv. 辨识了体裁和文本 / 材料内部及之间特征的某些异同
5—6	i. 对文本 / 材料的语言、结构、技巧和风格有比较充分的识别和解释 ii. 对创作者和对受众产生的影响有比较充分的识别和解释 iii. 准确地运用了较多的术语 iv. 适当地辨识了体裁和文本 / 材料内部及之间特征的某些异同
7—8	i. 对文本 / 材料的语言、结构、技巧和风格有充分的识别和解释 ii. 对创作者和对受众产生的影响有充分的识别和解释 iii. 准确地运用术语 iv. 充分地辨识了体裁和文本 / 材料内部及之间特征的某些异同

标准 C：组织

成绩水平	水　平　细　则
0	学生有没有达到以下任何细则所描述的标准
1—2	i. 对组织结构稍有采用，尽管不总是适合情境和意图 ii. 对看法和想法的组织缺乏连贯性和逻辑性 iii. 很少运用注明和格式化工具，创作的演示风格并不总是适合情境和意图的
3—4	i. 尚令人满意地采用了适合情境和意图的组织结构 ii. 对看法和想法的组织有一定程度的连贯性和逻辑性 iii. 尚令人满意地运用了注明和格式化工具，创作适合情境和意图的演示风格
5—6	i. 适当地采用了适合情境和意图的组织结构 ii. 以连贯一致和符合逻辑的方式组织看法和想法，做到了环环相扣 iii. 适当地运用了注明和格式化工具，创作适合情境和意图的演示格
7—8	i. 巧妙地运用了组织结构，有效地服务于情境和意图 ii. 以连贯一致和符合逻辑的方式有效地组织了看法和想法，使它们巧妙地环环相扣 iii. 出色地运用了注明和格式化工具创作有效的演示风格

标准 D：语言运用

成绩水平	水　平　细　则
0	学生有没有达到以下任何细则所描述的标准
1—2	i. 运用了有限范围的适当词汇和表达形式 ii. 写作和说话时，运用的语体（语域）和风格不恰当，不适合情境和意图 iii. 对语法、句法和标点符号的运用很不准确；错误往往妨碍交流 iv. 书写很不准确；错误往往妨碍交流 v. 仅能有限地和／或不适当地运用非语言交流技巧
3—4	i. 运用了一定范围的适当词汇和表达形式 ii. 有时能运用适合情境和意图的语体（语域）和风格写作和说话 iii. 在某种程度上准确地运用了语法、句法和标点符号 iv. 在某种程度上准确地进行书写；错误有时妨碍交流 v. 运用了一些适当的非语言交流技巧
5—6	i. 熟练地运用了广泛而恰当的词汇、句子结构和表达形式 ii. 运用了适合情境和意图的语体（语域）和风格熟练地写作和说话 iii. 对语法、句法和标点符号的运用在很大程度上准确；错误不妨碍有效交流 iv. 书写在很大程度上准确；错误不妨碍有效交流 v. 充分运用了适当的非语言交流技巧

成绩水平	水 平 细 则
7—8	i. 有效地运用了一系列富有变化和恰当的词汇、句子结构和表达形式 ii. 运用了适合情境和意图的、一贯恰当的语体（语域）和风格写作和说话 iii. 对语法、句法和标点符号的运用高度准确；错误微小，交流有效 iv. 书写和发音高度准确；错误微小，交流有效 v. 有效地运用了适当的非语言交流技巧

标准 G：交际与合作

分数	水 平 细 则
0	学生有没有达到以下细则的任何标准
1	i. 分工和计划粗略，主要由某个别成员完成小组任务，或小组没有按时完成任务 ii. 团队意识微弱，拖拉、懈怠的现象明显，成员之间缺乏聆听和沟通，争执和冲突较多，最终能勉强解决问题
2	i. 分工和计划比较粗略，主要由小组中的部分人完成任务，或计划不合理，集中在短时间内仓促完成 ii. 团队意识较弱，拖拉、懈怠现象比较明显，成员之间有一些沟通和聆听，遇到困难和挑战时整体上积极地尝试着沟通和解决问题
3	i. 分工和计划比较具体、合理，有时能照顾小组成员的兴趣和能力，基本上能够按照计划和分工完成任务 ii. 整体上团队意识比较好，有时有一些懈怠或拖拉，成员表达和聆听比较充分，遇到困难和挑战时能够及时沟通，分析原因，寻找解决问题的方法
4	i. 分工和计划具体、合理，并能照顾小组成员的兴趣和能力，比较好地按照计划和分工完成任务 ii. 团队意识较强，沟通基本上顺畅、充分，遇到困难和挑战时能够比较快地分析问题、寻找解决方法
5	i. 分工和计划合理，并能照顾成员的兴趣和能力，能按时完成任务 ii. 团队具有凝聚力，沟通顺畅、充分，能够及时地发现问题、分析问题、寻找解决方法

四、结语

　　学校高中部中文组自 2021 年开始探索如何基于全球性问题设计中文课程融合单元，目前已经初步达成了课题的研究目标。我们依据 IBDP 中文 A 大纲指南，将语言与文学研究的能力培养和国际情怀的培养融合起来。中文学科组分年段实施基于全球性问题的中文融合单元，即从九年级初步理解全球性问题到十年级全球性问题在地化探究，最后到十一年级 IBDP 中文 A 校内评估。各年段全球性问题探究目标有异，但统一遵循"了解—探究—评估—反思—行动"单元设计模型，呈现出丰富、高质量的探究成果。

编程技术在双语经济学教学中的应用

杨曦烨

【摘　要】提高学生双语教学科目的学习热情、动力和成绩是当前国际高中双语教育面临的挑战。本文立足于 STEAM 教育理念，并通过计算机编程等新兴技能的引入，探讨了如何帮助学生提升学习热情、提高经济学学习能力，为学生未来的学术和职业生涯奠定坚实基础。本文力图通过案例研究，对提高双语教学效果、促进跨学科教育起到促进作用。

【关键词】双语；编程；STEAM 教学

随着教育体系的不断发展和全球化趋势的加强，学生不仅需要掌握传统学科知识，还需要具备跨学科的知识和解决实际问题能力。本文致力于探索基于 STEAM 教育核心理念的双语经济学教育，聚焦创新应用编程技术，改变教学方式，实施素质教育。

一、编程技术与经济学教学的融合

（一）构建教学模型

编程教学是以建构主义理论为基础，体现了人本主义的思想。在编程教学中探索提高学生双语教学的学习热情、动力和成绩，需要将建构主义学习理论与布鲁纳的"结构—发现"教育基础理论充分融合起来。

多年的教学经验告诉笔者，使用编程工具是解决这一难题的有效方法。通过编程，学生可以更清晰地理解经济概念，更直观地发现经济学的实际应用，有助于他们更好地适应双语环境下的经济学学习。

1. 课程设计

• 明确目标：确定每个部分的学习目标，并考察是否适合编制相应的程序。

• 编制程序：利用 Python 编制适合学生参与的程序，强调可参与性、趣味性和可操作性。

• 资源储备：收集在线经济学编程资源，改造后供学生自主学习和练习。

2. 教学实践

• 理论与实践结合：在课堂上，将经济学理论与编程实践相结合。例如，教授 PED 等知识后，让学生使用编程工具绘制实际的需求曲线和总收入图表，并标记 PED。

• 项目驱动教学：设计编程项目，要求学生应用他们所学的经济概念，借助编程来解决实际问题，例如用编程来分析多国 GDP 数据等。

3. 评估与反馈

• 编程项目评估：制定清晰的评估标准，评估学生的编程项目，主要包括经济学概念的正确应用和编程技能的水平。

• 实时反馈：提供实时反馈，帮助学生提高他们的编程和英语能力以及理解应用经济学概念的能力。

4. 提供资源

• 学习资源：提供经济学和编程学习资源，包括视频教程、示例代码和参考资料。

• 编程支持：利用 CAS 时间为学生提供编程支持，以解决技术问题。

5. 持续改进

• 学生反馈：收集学生反馈，了解他们对经济学教学的感受，以更好地满足他们的学习需求。

这个教学实践模式实现了双语经济教学与编程的结合，帮助学生利用编程技术来更好地理解经济概念，提升他们的学习兴趣和动力，使他们在未来更具竞争力。通过半年的努力，我们编制了二十多个教学程序代码，并形成三个经典教学课例，其中一个获得 2022 年新样杯最优课件制作奖。据此，笔者编写了一份教育案例分析《以"失"育"新"：有效失败法在经济学课堂上的应用与探索》，并获得嘉定区教育学院 2023 年"失败与创新"征文活动三等奖。

（二）教学实践方案应用

在研制了"编程辅助双语经济教学实践模式（初版）"后，为检验该方案的应用效果，选取了华旭双语学校的十年级学生，开展了准实验研究工作。实验过程中，实验组和对照组先后进行测量，运用问卷调查和考试的方式，对实验数据进行分析，检验了利用编程技术提升学生的学习兴趣、动力和成绩的效果。

二、实践结果

为探究实验组与对照组的差异，在课程开始时对两组研究对象进行了经济学教学效果调查，并对测量数据进行了信度检验、独立样本 T 检验以及描述性统计分析。在期中考试后，对期中考试成绩也进行了同样的统计分析，从而观察教学实践对学生学习能力的影响变化。其中，实验前测数据的差异性检验旨在证明实验组与对照组的起点水平一致，无显著差异，能够作为本次实验的研究对象；期中考试数据的差异性检验是为了验证实验组与对照组、实验组前后测量的结果存在显著差异，进一步证明利用编程课程对双语经济学教学具有一定的积极效果。

（一）实验组与对照组前测分析

1. 信度检验

实验组前测数据信度检验结果（见表 1）显示：总体 Cronbach's Alpha 系数为 0.781，表明量表总体信度较高，该表的信度可以接受。

对照组前测数据信度检验结果（见表 1）显示：总体 Cronbach's Alpha 系数为 0.750，表明量表总体信度较高，该表的信度可以接受。

表 1　实验组 / 对照组前测数据信度检验结果

统计内容	实验组	对照组
Cronbach's Alpha	0.781	0.750
项数	13	13

2. 独立样本 T 检验

研究者对实验组和对照组学习动机、学习投入度、学习策略 3 个维度下的前测数据进行了描述性统计分析和独立样本 T 检验（见表 2）。从独立样本 T 检验的总体检验结果上看，学习动机、学习投入度、学习策略的品质 3 个维度下的 13 项指标数据中只有 3 项出现 $P < 0.05$ 的情况，一定程度上说明，实验组和对照组起点水平未表现出显著差异，可进一步开展准实验研究。

表 2　实验组 / 对照组前测数据的 T 检验统计表

问题	T 值	P 值
4	−0.951 94	0.347 85
5	−0.732 08	0.469 14
6	−0.858 24	0.396 77
7	−1.430 41	0.161 73
8	−1.862 47	0.071 20
9	−1.647 92	0.108 58
10	−1.624 73	0.113 46
11	0.263 42	0.793 82
12	−1.374 37	0.178 32
13	−2.241 74	0.031 61
14	−3.068 25	0.004 21
15	−2.779 80	0.008 80
16	−0.828 31	0.413 27

（二）实验组与对照组后测分析

为了更客观地观察学生在教学实验前后学习能力的变化，我们对期中考试经济学成绩结果（表3）进行了分析。从独立样本T检验的总体检验结果上看，期中考试经济学成绩结果未出现 P > 0.05 的情况，说明数据具备统计学意义，可以进一步开展分析与研究。

表 3　期中考试经济学成绩结果分析表

组别	Min	Max	M	SD	N	T 检验	
实验组	40	98	76.56	14.15	18	T 值	P 值
对照组	10	74	45	17	18	−6.546 9	0.000 000 169

通过期中考试经济学成绩结果（表3）分析，发现实验组在学习成绩上相较于对照组有了明显提升，说明在双语经济学教学中使用编程技术能够有效提升学生学习成绩。

三、结语

本文旨在研究如何利用编程技术来提高学生在双语经济学科目的学习效果。通过对实践的分析，可以得出结论：利用编程技术可以在一定程度上提高学生在双语经济学的学习成绩。

未来，编程技术在双语教育领域的应用可以继续深入研究并改进双语科目教育中的编程技术应用，以更好地提高学生成绩和学习兴趣。可以预期的是，有编程技术辅助的双语教育将是一个可能的未来双语教学的发展方向。使用编程技术辅助双语教育的核心在于让学生主动将所学知识通过编程技术展现出来。让学生可以将所接受的知识用可视化的方法即时地展现，从而做到所学和所得的正向反馈。如何在更大程度、更广范围内利用编程技术提升学生的学习兴趣和能力则有待进一步研究。

在中学英语词汇教学中介绍文化
背景知识实践探究

张 宇

【摘　要】本文主要从理论和实践两个方面论述了如何将目的语文化与词汇教学相
　　　　　结合的问题。本文探讨了英语词汇教学中文化导入的原则以及在英语词
　　　　　汇教学中进行文化背景知识渗透的一些有效策略与途径。

【关键词】文化背景；英语词汇教学；文化导入

《普通高中英语课程标准（2017 年版 2020 年修订）》（以下简称《新课标》）指
出："文化意识是指对中外文化的理解和对优秀文化的认同，是学生在全球化背景
下表现出的跨文化认知、态度和行为取向。文化意识体现英语学科核心素养的价值
取向。"《新课标》又指出文化意识的课程目标为："获得文化知识，理解文化内涵，
比较文化异同，汲取文化精华，形成正确的价值观，坚定文化自信，形成自尊、自
信、自强的好品格，具备一定的跨文化沟通和传播中华文化的能力。"在中学英语
词汇教学中渗透文化背景知识是非常必要的。这不仅可以帮助学生更好地理解和掌
握词汇，还能够培养他们的跨文化交际能力，为未来的国际交流打下坚实的基础。

一、文化差异与词的文化内涵

我们知道，同一个事物或概念，在某些语言中也许只用一个词来表达，而在另

一种语言中就可能有几个或更多的词来表达。一般说来，同一个概念，用以表达的词汇越多，那么，词义就区分得越仔细。例如，汉语中只有"骆驼"一个词，中学教科书直接用 camel 来表达，但事实上，它还可以细分成 dromedary（单峰骆驼）和 bactrian camel（双峰骆驼）。据说在阿拉伯语中用来表示骆驼的词汇有几百个，这是因为大多数阿拉伯人以此为交通工具。这么多词可以区分骆驼的年龄、性别、品种、大小等，甚至还可以区分骆驼能否驮重物。

关于词的含义，陆国强认为"词义"与"概念"是两个概念，两者有密切的关系，概念是词义的基础，词义是概念在语言中的表现形式，两者互相依存。而词是通过概念来反映客观事物或现象，也就是：word → concept → referent。referent 一词在这里指客观事物或现象。他认为概念和词汇有着密切的联系，但又有着明显的差异。"词义属于语言范畴，概念是思维单位。"

而词的文化含义或文化内涵是一个词的基本意义之外的含义，是一个词明确指称或描写的事物之外的暗示的意义。也就是说词的文化含义不同于它的字面意义——基本的或明显的意义，是隐含或附加的意义。因此，我们教学英语词汇的时候，不仅要求学生掌握该词的字面意义，而且还要求学生知道它的文化内涵。不了解词的文化含义，会在言语上犯严重错误；有时误把好言当恶语，引起谈话者的一方或双方不快；有时误把嘲讽当称赞，被人暗笑。

有些词，在一种语言的常用意义中含有贬义，但在另一种语言中却没有贬义或只是中性词，譬如，中学英语旧版教材中的 peasant 一词是"农民"的意思，但在外国人眼里不是"农民"之意。英语中的 peasant 与汉语中的"农民"有不同的含义，英语中的 peasant 有贬义。《美国传统词典》给 peasant 下定义："乡下人、庄稼人、乡巴佬""教养不好的人、粗鲁的人"。在汉语中，"农民"指直接从事农业生产劳动的人，无丝毫贬义。而现在中学英语课本一般用 farmer 来代替。

因此，我们在教学英语词汇的时候，一定要将词汇教学与英语国家的相关文化结合起来。

二、在英语词汇教学中进行文化导入

（一）在英语词汇教学中进行文化导入的重要性

外语教学的根本目的就是为了培养语言应用能力，实现跨文化交际，与不同文化背景的人进行交流。这种交际能力自然离不开对所学语言国家文化的了解，学习语言必然要了解这种语言所代表的文化。随着对交际理论的研究及其在中学英语教学中的应用，越来越多的教师认识到文化在语言学习中有不可低估的作用，接触和了解英语国家的文化，有益于英语的理解和运用。如何提高学生对中外语言文化差异的敏感性和鉴别能力，是当前亟待解决的问题。

中国人和英语国家的人生活在不同的文化背景之中，在风俗习惯、宗教信仰、思维方式、道德观、价值观等方面存在很大的差异。语言是客观世界的反映，中西方文化内涵的差异必然造成词义、句义、联想意义、比喻意义等差异。比如文化中的习语，习语的意义往往由本民族的历史文化典故而形成，约定俗成。形容一个人"脾气倔强，不肯轻易改变主意"，在汉语中说"犟得像头牛"，在英语中说："as stubborn as a mule"（犟得像头骡子）。

（二）在英语词汇教学中进行文化导入的原则

在英语词汇教学中进行文化导入，应该充分利用教材中的语言材料，尽可能地与语言教学同行，而不能就词论词。文化的概念非常广泛，就英语教学而言，它涉及英语国家的历史、地理、风土人情、传统习俗、生活方式、文学艺术、行为规范和价值观念等，每个方面都有十分丰富的内容。在中学英语教学中，要让学生初步了解英语国家的文化，就必须遵照以下五项原则，对文化导入的内容作必要的取舍。

1. 相关性原则

相关性原则要求所导入的文化内容应该与教材的内容有关，或者是教材的拓宽。

2. 实用性原则

实用性原则是指文化导入要注重与日常交际的主要方面紧密联系，也就是要针对教材内容和学生的日常交际的需要进行文化的导入。

3. 循序渐进原则

循序渐进原则要求导入的文化内容应适合学生的年龄特点和认知能力，注意由浅入深，由现象到本质，逐步扩展其范围。

4. 文化差异对比导入原则

文化不仅仅具有共性，还具有个性，不同文化必然存在差异。相对来说，学生对不同文化所具有的共性比较容易掌握，而对于差异则往往缺乏了解，并因此导致交际的失败。因此，我们在英语词汇教学中应遵循文化差异的对比导入原则，将目的语文化和本族语文化的差异导入，以避免跨文化交际中带来的不必要的失误。

5. 文化内容综合导入原则

显然，文化不是一个单独的个体，而是一个综合体。在英语词汇教学中我们应遵循文化内容综合导入原则，即将教材中所学词汇与文化要素、文化共性、文化差异等融会贯通。

文化背景知识对词汇包括句子、语篇的正确理解所起的作用固然重要，但是，绝不可陷入为教文化而教文化的误区中，必须明确的是文化的导入是在语言教学的框架内进行的，其目的是为语言教学服务，所以文化的教学应遵循实用的原则。这就要求我们教师要考虑到学生的实际需要，把文化背景知识和教材内容有机地结合起来，有意识地把文化知识渗透到具体的词汇教学中，以达到文化背景融入的最终目的。

（三）在英语词汇教学中进行文化导入的内容

基于以上原则，笔者认为中学英语词汇教学文化导入应包括以下 5 个方面内容：

一是干扰言语交际的文化因素，包括招呼、问候、致谢、致歉、告别、打电话、请求、邀请等用语的规范；话题的选择，包括禁忌语、委婉语、社交习俗和礼仪；等等。

二是非语言交际的表达方式，如手势、体态、衣饰、对时间和空间的不同观念等。

三是词语的文化内涵，包括词语的指代范畴，情感色彩和联想意义，某些具有文化背景的成语、谚语和惯用语的运用。

四是通过课文学习，接触和了解相关英语国家的政治、经济、历史、地理、文学及当代社会概况。

五是了解和体会中西方价值观念和思维习惯上的差异，包括人生观、宇宙观、人际关系、道德准则以及语言表达方式等。

（四）在英语词汇教学中揭示词汇的文化内涵

英语词汇教学的难点是某些词语的文化内涵。即使如 Hello/Hi/Sorry/Pardon 等形式极为简单的表达，困扰学生的并不是如何准确发音和正确拼写，而是如何得体运用。对于这一类词语，教师应着重介绍或补充与之相关的文化背景知识，必要时进行汉语文化比较，使学生不但知道它们的表层词义，更能了解其文化内涵。张占一把语言教学中的文化背景知识按功能划分为两种：知识文化和交际文化。[①] 知识文化是指一个民族的政治、经济、教育、宗教、法律、文化艺术等文化知识。交际文化是指两个文化背景不同的人进行交际时，那些影响信息准确传达（即引起偏误或误解）的语言和非语言因素。它包括问候、致谢、称呼等习语和委婉语、禁忌语等。例如 dog 一词，因为狗在汉语里有贬义，如"狗急跳墙""狗仗人势"等。而在西方人眼里，dog 却是人类忠实的朋友，是忠诚的象征，是受宠之物，以狗来比喻人时是褒义的。例如："You lucky dog."（你这家伙真幸运）；人疲劳时可以用dog tired 来形容；"Love me，love my dog."是"爱屋及乌"的意思。因此，在英语文章中，dog 一词就不能总是按照汉语中的"狗"的意义去理解，否则就可能会曲解原意，闹出笑话。又如"Garden of Eden"（伊甸园）常用来指代汉语的"世外桃源"；中文"气壮如牛"用"as strong as a horse"来表示，而不是"as strong as cow"……诸如此类的成语、典故和短语，都是英语民族生产、生活、文艺的反映，只有将它们放在社会文化背景中进行教学，学生才易于理解和掌握。

可见，词语的褒贬不同会给理解和交际带来很大的偏差，这就要求教师在讲解词语用法时，要向学生说明词语的不同文化内涵。

此外，英语是一个"活语言"（living language），在具体使用过程中，有些词已

---

① 张占一.试议交际文化和知识文化［J］.语言教学与研究，1990（03）：15—23.

经越来越没那么正式；随着社会经济的发展，一些新词不断被创造；许多缩略语出现。例如：ASAP（as soon as possible）、BTW（by the way）、DIY（do it yourself）、IMHO（in my humble opinion）、PTO（please turn over）等。我们在英语教学过程中一定要对此有清醒的认识，并让学生有所了解这些语言的变化，从而使他们形成语言的文化意识观。

（五）英语词汇教学文化知识渗透的途径

1. 直接导入

学生学习英语主要在课堂上，平时缺乏该语言环境，遇到与课文相关的文化背景知识时，往往会感到费解。因此，教师要发挥主导作用，直接给学生介绍词汇的文化背景知识，必须在备课时精选一些与教学相关的文化材料，将它们恰当地运用到课堂上，以增加教学的知识性、趣味性，加深学习内容的深度和广度，激发学生的求知欲，活跃课堂气氛。例如"black tea"不是字面上"黑茶"的意思而是"红茶"。在教学这个短语时就跟学生讲，这是因为东西方人有时对事物观察的角度不同，西方人是从茶叶本身的颜色来观察，而我们中国人是从汤色的角度来描述的。

2. 推荐阅读

词汇的文化内容十分丰富，涉及生活的各个方面，既然教师不可能在课堂上谈及所有相关的词汇文化背景知识，那么为了扩大学生的知识面，就必须指导学生进行课外阅读。教师可以有选择地向学生推荐一些优秀的书刊，如《英美概况》《语言与文化》《英语学习文化背景》《21世纪报》《中国日报》等。

3. 组织讨论

讨论是学习英语词汇的一种常用方法，它给学生提供了集体活动的范围，激发了学生的表现欲，不仅能提高他们的语言表达能力，而且使他们在讨论中获取了完整的文化背景知识，例如在学习 Holidays 前，可先就有关西方文化习俗的知识组织学生讨论，了解清楚这些风俗习惯，那么课文中的文化知识问题也就迎刃而解了。

4. 运用多媒体电化教学

多媒体教学一是开设视听课，每周给学生播放教学录像，如《走遍美国》《新概念英语》等，使英语词汇教学活动情景交融，声情并茂，寓教于乐。二是开设调频广播英语节目，播放录音材料，营造英语学习气氛，把英语词汇学习渗透到学生学习、生活、娱乐等场合中，潜移默化。

5. 增加中学英语教材中词汇的文化背景知识的介绍

自 20 世纪 80 年代末至今，中外合作编写外语教材已不再是什么新鲜事。让目的语国家的专家参加编写，可以根据大纲要求和我国的实际需要设计情境，语言自然、真实、地道，可以运用现代语言教学理论和方法编写教材。中方作者熟悉中国人学习外语的特点及中小学教学实际情况，多数有丰富的教学和教材编写经验。中外双方合作，能够做到改革创新与继承发扬相结合，既保证教材的语言质量，又保证教材符合我国的国情和教学的实际。

6. 提高英语教师的"文化"素养

在英语教学中，教师应当注意培养学生对英美文化的敏感性和洞察力，这实际上也对我们教师提出了新的、更高的要求。在课堂中，要注重英美文化知识的教学，并组织有针对性的操练。教师自己必须首先有较好的英语语言基本功和英美文化素养。

近年来，不少中小学聘请了来自英语国家的外籍专家和教师，许多中小学派英语教师出国深造，为我们在英语教学中更好地解决英美文化问题、培养学生文化交际能力打下了一定的基础，同时也对这个领域的工作和研究提供了极其有利的条件。因此，我们有理由相信，我国的英语教育事业将会迈向一个更新的台阶。

优势互补
——数学玫瑰课程的新探索

赵建轩　沙灵敏

【摘　要】在全球化背景下，中西方的文化不断交流和融合，在教育的各个领域也都呈现出了取长补短的融合课程。IB、A-Level 的课程和思想已经在初高中数学中有了很广泛的影响力，在小学基础数学的学习中，美国、新加坡等国家的数学课程也同样值得我们学习和借鉴。本文以实际案例为基础，对比研究中外小学数学教材的各自优劣，并探讨如何开展融合课程。

【关键词】小学数学；融合课程；优势互补；教学探索

在沪教版四年级下的教材中，小数的认识和小数的加减法运算是一项非常重要的内容，同时也是一个难点。究其原因主要是小数与整数相比，离我们的生活更远，我们在工作和生活中遇到小数的机会要少很多。所以，如何理解小数的意义、掌握小数的加减法、应用小数的加减法解决实际问题就变得困难起来。在研究小数的问题上，国内、国外（以新加坡为例）教材向我们展示了截然不同的思路和方法，它们各有自己的特点和优势，如何取长补短，设计出一个新的课程，将是我们研究和探讨的主要方向。

一、中外数学教材分析与比较

1. 沪教版教材分析

在知识层面上，沪教版的小学数学教材中的学习思路总体上呈现的是螺旋式上升、逐步推进的态势，课时的分配比较平均。[①] 以"小数的认识与加减法"为例，首先由"生活中的小数"引入，紧接着是分析"小数的意义""小数的比较大小""小数的性质"这些概念，最后是学习"小数点的移动""小数加减法""小数加减法的应用"这些计算的章节。

这样的学习过程层层推进，不断提升，它的优势是所要花费的学习课时比较少，获得知识和技能的效率高，有不错的纵向深度。[②] 但是也存在一定的缺点，如果学生的智力发育水平没有达到一定高度，可能会出现一个知识点没有学懂整个知识体系的链条就会出现脱节的情况，从而导致学生的知识体系混乱，这样的风险很高。因为小数在学生日常生活中出现的频率不如整数那么高，所以学生的陌生感很强，这就要求我们在前期的引入过程中要多花一些学时，更要注意增加学生们对小数的直接经验，或者引进学生更容易接受的学习方式，教授一些逻辑简单的学习工具，搭建学习模型，帮助学生理解知识和解决问题。[③]

在能力培养层面上，沪教版的教材因为课时的紧凑，所以需要教师进行大量的讲解和支持，学生能力的"自然生长"过程没有得到很好的保护。因为没有统一的学习工具，之前也没有太多生活常识或者直接经验的铺垫，学生自学的难度很大，导致学生自学能力的培养变得十分困难。

2. 新加坡教材 *Targeting Mathematics* 分析

在学习知识的层面上，*Targeting Mathematics* 数学教材整体呈现"厚积薄发"的结构（如图1所示）。[④]*Targeting Mathematics* 教材的学习时间跨度大，小数这个

---

① 杨慧娟，于艺璇，郭贝贝，等.中日韩小学数学教材中度量衡内容的比较研究［J］.数学教育学报，2024，33（02）：49—54.

② 罗松，姜立刚.小学数学教科书例题编排研究［J］.教学与管理，2024（08）：68—72.

③ 江成.浅议构建生活化数学课堂的有效教学策略［J］.安徽教育科研，2024（07）：45—47.

④ 张侨平等.中新两国小学数学新课程标准的比较研究——基于内容、目标和方法的跨国探究（下）［J］.教学月刊小学版（数学），2024（Z1）：87—90.

概念最早是出现在三年级上的"Money"这一章节中。这个章节的知识是让学生通过认识美元、美分的概念，初步接触小数，用计算和使用美元来了解小数在钱币计数中的广泛应用，进而学习和应用两位小数的加减法。三年级下和四年级上的章节中不再有更加深入的小数知识。在四年级下"Decimals"这个章节中，学生第二次接触到小数，并展开学习"小数的意义""小数与分数的关系"这些概念性的知识，最后是"小数的加减乘除运算"的学习。

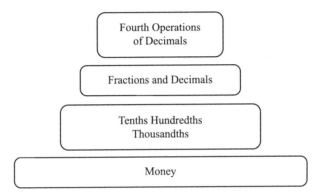

图1　小数生长式教学设计图

在这一章节中，学生们开始接触三种十分有用的模型工具：条形图、球形图和树状图（如图2、图3、图4所示）。

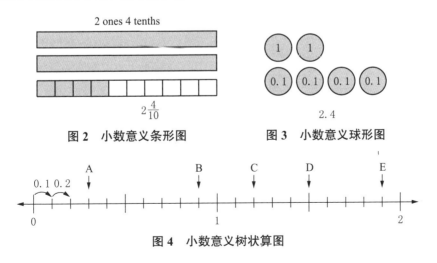

图2　小数意义条形图　　　　**图3　小数意义球形图**

图4　小数意义树状算图

在后面几乎所有的章节学习中，都是用这三种学习工具对小数进行讲解的。这种形象化的学习工具能够有效地帮助学生理解小数的意义，并进行小数的各项运算。因为这三种学习工具是互相独立的，只要将其中一种学习模型植入学生的脑海，就能很好地帮助学生理解小数的概念和意义。三年级的学生通过美元初步认识了小数并会进行一定的小数运算，学生掌握小数的难度大大降低，知识体系出现断层的风险也降低了很多。这个章节也安排了大量的课时让学生有足够的时间去理解，学生对小数的认识和理解几乎不会出现太大问题，但是也导致了"纵向"深度的不足，缺乏对数学原理更深层次的思考。

在能力培养层面，会教学生们常用的学习模型和学习工具，并在后面的知识中按照相同的逻辑进行排版，所以学生在后续学习的过程中，难度不会太大，更有利于自学能力的培养。同时，教材的课程结构更注重知识的自然生长，而不是生硬地记忆，更重视在实际生活中大量地应用所学的知识，所以学生在初步掌握学习工具和学习模型之后，很容易自学小数的加减法以及应用。①

二、数学玫瑰融合课程的探究

在深入理解沪教版数学教材与 *Targeting Mathematics* 教材的优势和不足的前提下，我们进行了融合课程的探索与实践。还是以小数这一章节的教学设计为例，我们将小数这章节知识的学习，分成三个部分：

由于 *Targeting Mathematics* 教材在知识引入、概念理解以及自学能力培养方面具有独特的优势，以及教材本身所具有的"厚积薄发"的特点，我们将在新授之前，应用"Money"和"Tenths Hundredths Thousandths"章节的内容，让学生大量地应用小数，教授小数学习过程中常用的几种学习工具和模型，建立学生对小数的基础认识和学习逻辑。

让学生们利用所学的工具对"小数性质""小数比较大小"等概念性章节进行自学，培养学生的自我探索能力。在这过程中，以学生的自学为主体，老师的指导为辅助，让知识在学生的大脑中自然生长，教师只在出现错误认识的时候加以纠正，同时让学生进行更多的思辨和讨论，加深学生对知识的理解。

---

① 潘丹彤，吴海青. 中国与新加坡小学数学教材的比较及启示——以"百分数"为例［J］.小学教学（数学版），2023（10）：76—78.

128

采用沪教版教材教授"小数加减法""小数加减法的应用"等章节，鼓励学生多用之前所学的数学工具和模型对现学知识进行解释，以加深学生对知识的理解，最后采用更有挑战性的问题，对学生的学习深度进行拓展（如图 5 所示）。

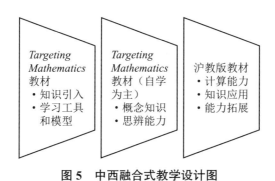

图 5　中西融合式教学设计图

这样的一个过程，既能让学生在学习知识的过程中更加轻松，有效减轻学习的负担，同时可以更多地培养学生的自学能力，学习过程中掌握的数学模型和工具也对学生未来的发展产生深远的影响。

三、结语

本文通过实际课程设计案例分析了中外数学教材的优势和不足：沪教版数学教材的优势是知识的深度，在知识的引入、基础概念的剖析以及自学能力的培养方面尚显不足；新加坡 *Targeting Mathematics* 教材的优点是前期知识的铺垫、学习工具和模型教学以及对学生自学能力的培养方面做得很好，但是对知识理解的深度和应用的灵活性方面存在不足。科学、合理地统筹设计课程，能更大程度地发挥两者的优势，这样既能够减轻学生的学习负担，同时也能更多地培养学生自学、思辨等能力，这对学生后续发展将产生积极、正面的影响。

面向幼小衔接的大班幼儿学习
习惯培养实践研究

杨毓超

【摘　要】学前教育阶段是学习习惯培养的关键时期，对幼小衔接的顺利过渡
有着重要的意义。本研究以华旭幼儿园大班幼儿为研究对象，通过
对幼儿、家长、教师的调查、访谈、分析，发现当前存在教师对幼
儿学习习惯的培养认识不够全面、家长缺乏良好习惯培养技巧的问
题。鉴于此，研究者提出从常规学习、自我监管、过程表现、策略使
用四个方面培养幼儿的倾听学习习惯、阅读学习习惯、表达学习习
惯、做事学习习惯。并通过家校互动，将幼儿园一日生活中培养幼儿
良好学习习惯与"大班幼儿良好学习习惯任务卡"打卡结合，鼓励
幼儿更自主地培养好习惯，为进一步改善大班学习习惯提出思路和
建议。

【关键词】幼小衔接；学习习惯；幼儿

一、幼小衔接是教育课程的必然要求

在幼儿园教育生活中，幼小衔接阶段的衔接教育逐渐得到广泛的关注和支持。
要做好幼小衔接工作，应该培养、引导幼儿养成良好的学习习惯。教师应该在尊
重、保护幼儿学习兴趣的基础上，帮助幼儿养成良好的倾听习惯、阅读习惯、好学

好问及合作交流的习惯，以培养幼儿积极主动、善于观察、勇于探究的良好学习品质，做好向小学的顺利过渡。

二、研究设计

1. 研究对象

本研究以华旭幼儿园 2022—2023 届大班幼儿为研究对象。问卷调查抽取的样本为两个大班幼儿共 40 人，对这些幼儿的学习习惯的发展进行连续三个月的观察，并对该班家长、幼儿园教师以及小学教师进行问卷调查。

被访者基本信息见表 1、表 2、表 3。

表 1　被访幼儿教师基本情况

代码	性别	学历	教龄（年）
a1	女	本科	13
a2	女	本科	3
a3	女	本科	7
a4	女	硕士	10
a5	女	本科	17
a6	女	本科	7

表 2　被访小学教师基本情况

代码	性别
b1	女
b2	女
b3	女
b4	女
b5	女
b6	女

表3　被访家长基本情况

代码	与学生关系	学历
c1	母亲	本科
c2	父亲	本科
c3	母亲	本科
c4	父亲	本科
c5	父亲	本科
c6	母亲	本科
c7	爷爷	小学
c8	父亲	硕士研究生
c9	母亲	本科
c10	母亲	本科

2. 研究方法

本研究主要采用问卷调查法、访谈法、观察法这三种方法，以期将理论与实践结合，解决实际存在的问题。

（1）问卷调查法

笔者对学校小学一年级和幼儿园大班的学生、家长、小学教师、幼儿园教师进行关于幼小衔接理念、听说读写做学习习惯的调查。

（2）访谈法

笔者通过访谈提纲，对学校幼儿园教师、一年级学生教师和部分家长进行访谈，了解幼儿存在的学习习惯问题。

（3）观察法

本研究采取参与式观察法和非参与式观察法，在取得教师同意的情况下，运用观察表对其开展集体教学活动、区域活动和户外活动做观察记录，并筛选关于学习习惯的语言和行为进行分析。

三、幼儿学习习惯现状分析

1. 小学教师视角下一年级新生学习习惯现状

（1）一年级新生不良学习习惯

3名教师提到学生有不良的倾听习惯；3名教师提出学生容易拿错自己的学习

用品或者经常找不到自己的学习用品。

（2）一年级新生良好的学习习惯

3名教师提到学生有较好的课堂参与度；2名教师对学生课堂良好的作业习惯给予肯定，表示他们课堂任务的完成质量比较高。

2. 幼儿园教师视角下大班学生学习习惯现状

（1）大班幼儿不良学习习惯

3名教师提到幼儿的倾听习惯不佳；3名教师认为幼儿的时间意识不强；2名教师提到幼儿的任务意识不够，需要教师多引导。

（2）大班幼儿良好学习习惯

1名教师表示幼儿有良好的阅读习惯，能够主动与同伴分享阅读故事；1名教师表示幼儿有良好的任务意识；2名教师表示目前幼儿有较好的自我管理能力，自己的事情能自己做，别人的事情能帮着做。

3. 综合分析幼儿学习习惯现状及原因

（1）家长、幼儿园教师关于幼小衔接内容重要性的认识

表4　家长就幼小衔接内容重要性排序

选项	综合得分	第1位	第2位	第3位	第4位	小计
学习习惯	3.3	26（48.15%）	22（40.74%）	2（3.7%）	4（7.41%）	54
情绪管理	2.5	19（40.43%）	9（19.15%）	13（27.66%）	6（12.77%）	47
自理能力	2.17	8（17.39%）	16（34.78%）	15（32.61%）	7（15.22%）	46
交往能力	1.24	1（2.22%）	2（4.44%）	15（33.33%）	27（60%）	45

表5　幼儿园教师就幼小衔接内容重要性排序

选项	综合得分	第1位	第2位	第3位	第4位	小计
自理能力	3.5	3（50%）	3（50%）	0（0%）	0（0%）	6
学习习惯	3	2（33.33%）	3（50%）	0（0%）	1（16.67%）	6
情绪管理	2	1（16.67%）	0（0%）	3（50%）	2（33.33%）	6
交往能力	1.5	0（0%）	0（0%）	3（50%）	3（50%）	6

如表4、表5所示，就幼小衔接内容的重要性分析来看，绝大多数家长认为学习习惯是最重要的，而绝大多数幼儿园教师认为培养良好的自理能力是最重要的，其次为学习习惯。这说明大班教师对幼小衔接的准备范围既包括学习习惯，也注重培养幼儿的生活能力。

（2）幼小衔接有效策略调查分析

在探索幼小衔接阶段的有效教育策略方面，共有20位家长参与调查。其中，4位家长认为奖励、2位家长认为看书、2位家长认为做计划是培养良好幼小衔接习惯的策略；此外，分别有1位家长认为陪伴引导、定时学习、规划任务、每天阅读、积极引导、按量布置作业、每天定时完成作业、亲子陪伴、注重交流内容、亲子交流、反复强调、刻意练习是培养良好幼小衔接习惯的策略。

20位幼儿园教师也参与了调查。其中，3位教师认为培养幼儿自主养成良好习惯的意识是一种有效策略；2位教师认为通过设置一定难度的挑战，能够激发幼儿自主产生良好的幼小衔接习惯；2位教师认为幼小衔接研究策略需要以幼儿为中心；1位教师认为需要通过制定合理的制度保障良好幼小衔接习惯的培养；1位教师认为幼小衔接习惯需要每天巩固；1位教师认为需要给予幼儿机会自主激励良好的习惯；此外，分别有1位教师认为课间活动、记录备忘录、玩小游戏、提高表达能力、提高互动质量、带领幼儿参观小学、集体活动、使用计时器都是培养良好学习习惯的有效策略。

（3）家长、教师访谈分析

① 常规学习行为习惯

常规学习行为习惯包括坐姿、站姿和读写姿势。10%的教师认为幼儿的坐姿会随着话题有趣程度和时长而变化。

② 自我监管学习习惯

自我监管学习习惯包括整理物品的能力、课堂注意力集中能力、时间管理能力等。幼儿园教师和小学教师反映，个别幼儿没有时间观念，还有部分幼儿会拿错物品或弄丢学习用品。

③ 过程表现学习习惯

过程表现学习习惯主要表现为幼儿的倾听习惯、语言表达能力和思考习惯。在倾听方面，幼儿园教师和小学教师认为幼儿更愿意听教师讲话，对同学的发言有时不能做到耐心地倾听。在表达方面，幼儿有强烈的表达意愿，逐步形成有条理、有秩序的表达。在主动思考方面，幼儿园的教师认为幼儿能够通过观察、交流，主动提出一些自己的困惑，但是小学教师没有表达这一特点。

④ 策略使用学习习惯

策略学习习惯主要表现为儿童交往合作、自主学习和反思总结的习惯。从幼儿园教师和小学教师的反馈可以看到，幼儿从大班开始初步建立自己的合作意识，但幼儿对合作任务分配还不是非常明确。此外，大班教师和小学教师都反映幼儿缺乏一定的自主学习能力和反思能力，对家长的依赖较多。

⑤ 幼儿学习习惯的形成原因

综上所述，幼儿学习习惯形成的原因有以下两点：第一，教师对幼小衔接幼儿学习习惯培养的认识还不够全面，仍然需要根据幼儿的身心特点，设计适合幼儿的良好学习习惯培养活动。第二，家长缺乏相应的幼小衔接良好习惯培养技巧，存在一些包办、代替的行为。进行良好的家校互动和家校沟通，可以帮助家长掌握良好学习习惯的培养技巧。

四、幼儿良好学习习惯培养

1. 幼儿良好学习习惯培养具体策略

（1）培养幼儿良好的倾听习惯

首先，教师需要在课堂上对幼儿提出具体的倾听要求，包括仔细倾听再提问；听到同伴的发言，想想用自己的话说一说；上课发言不插嘴；等等。其次，教师可以向幼儿提供一些倾听的方法，帮助幼儿提高倾听注意力，包括注意倾听话语中的关键词，并和幼儿一起分析哪些词比较重要；在倾听的时候，在头脑中画出听到的内容，用"大脑照相机"将这幅画拍下来，在大脑中形成可视化思维，培养良好的倾听习惯。

（2）培养幼儿良好的阅读习惯

首先，教师可以在教室内的阅读区投放各种类型的绘本、科普书、杂志、儿童报纸和其他图文印刷材料，鼓励幼儿自选感兴趣的材料自主阅读。其次，可以开展读书交流会，鼓励幼儿在与同伴的互动中关注图片、符号、文字等各种信息。最后，教师可以利用环境创设，引导幼儿多阅读环境中的"话语"，例如教室里的作息时间表、户外区域活动标识，提高幼儿对阅读的兴趣和分析能力。

（3）培养幼儿良好的表达习惯

首先，教师可以通过活动计划、活动实施和活动反思等环节为幼儿提供各种表达途径。其次，教师要在幼儿通过各种形式表达前提出具体要求，例如演讲时要站姿规范，仪表大方，口齿清晰，表达清楚、连贯、有条理；书面表达时，要保持良好的书写姿势，保持卷面干净、整洁等。

（4）培养幼儿良好的做事习惯

为了培养良好的做事习惯，首先，教师应该放手让幼儿完成一些重要的生活活动，如整理书包、学会系鞋带等，帮助幼儿按照顺序、规律整理物品，学会自己的物品自己摆放、自己整理。其次，教师可以培养幼儿自主做计划的习惯，制订书面计划或者口头表达计划，用过程性语言"先……接着……然后……最后……"辅助幼儿表述计划实施过程，并鼓励其按照计划执行，帮助幼儿建立制订和实施计划的思维方式。再次，教师还要培养幼儿良好的时间安排习惯，通过认识钟表等活动培养幼儿的时间意识，通过模拟"课间十分钟"等活动，帮助幼儿合理规划时间，养成紧急、重要的事情要先做的习惯。同时，教师还要帮助幼儿意识到完成任务的重要性，通过树立榜样、激励等方式对按时完成的行为进行鼓励。最后，教师要培养幼儿良好的思考习惯，支持幼儿独立思考，提供各种探究工具和材料，鼓励幼儿自主解决问题。在活动完成时，引导幼儿回顾活动过程中自己的参与情况和收获，提高幼儿的反思能力。

（5）家园共育培养良好学习习惯

教师要与家长保持良好的沟通，把在幼儿园培养良好学习习惯的一些做法分享给家长，让幼儿在家庭环境中也能养成良好的学习习惯。教师可以通过定期召开家长会，及时沟通幼儿在园、在家的情况，并且通过组织参观小学等系列活动，帮助家长减少不必要的焦虑，以积极的态度、正确的方法迎接小学生活的到来。

2. 大班幼儿良好学习习惯任务卡

以下为根据良好学习习惯策略设计的良好学习习惯任务卡（见表6）。

表 6　良好学习习惯任务卡

良好学习习惯任务卡

周次	听说习惯			读、看的习惯			写的习惯			做的习惯					
	跟爸爸妈妈说今天的中文活动	主动分享开心事	今日小任务/回执单	不随便插话	阅读绘本	逐行指读儿歌	会看作息表	图画日记	正确的书写姿势	整理书包	整理书桌井然有序	做事不拖延/按时睡觉	上学不迟到	自己准备第二天的衣服并自己穿	主动喝水
第一周															
第二周															
第三周															
第四周															

3. 实践过程

从下半学年的 3 月起，教师在幼儿园一日生活流程中培养幼儿的倾听、阅读、书写、做事的良好习惯，并以写"正字"的方式鼓励幼儿在园和在家自主完成"良好学习习惯任务卡"上好习惯打卡记录，通过与家长沟通的方式了解好习惯任务卡在家的实施情况。

（1）一日流程重习惯

在幼儿园一日生活过程中，教师与幼儿重申各种良好学习习惯的重要性，通过日常课堂活动、游戏、一日之间的流程转换，培养幼儿的良好习惯。在来园环节，幼儿自主摆放书包、水杯等个人物品，自主进行阅读或者小任务打卡活动并将通知、任务单交予教师，培养幼儿的自主能力。

在课堂活动过程中，教师通过提问、叙述、等待等方式培养幼儿的倾听能力，通过传授倾听关键词技巧、教会指读的方法、找重要信息、用图片或文字记录的方法，鼓励幼儿说清楚，并提出自己的看法，培养幼儿的倾听、阅读、书写、思维能力。

在游戏环节，教师鼓励幼儿之间认真倾听，大胆表达，仔细思考，丰富玩法，培养幼儿良好的倾听、表达、思维能力。

在生活环节转换过程中，教师鼓励幼儿自主饮水、自主决定自由活动的时间安排、自主整理物品等，培养幼儿良好的自我管理能力。

（2）一日总结养习惯

在每天的一日总结活动中，教师向幼儿讲解卡上每一列的内容含义，并列举当天的幼儿园活动，请幼儿自己说一说、画一画参与情况。请幼儿回家后向家长转述当日的活动参与情况，帮助幼儿提高表达能力。每个月在班级选出打卡最佳选手，给予一定的鼓励和支持，强化幼儿的正向行为。

（3）家校共育固习惯

教师通过日常家园沟通，向家长了解幼儿在家的打卡情况，双方一起肯定幼儿的良好学习习惯。而对有待改善的学习习惯继续通过分享在家、在园的有效做法，坚持打卡，帮助幼儿逐渐内化成自己养成的好习惯。

4. 实践效果分析

通过与家长的访谈交流发现，90% 的家长非常满意幼儿学习习惯的培养，10%

的家长表示满意。家长意识到了培养良好学习习惯的重要性，有家长反映孩子越来越能主动与家长沟通在幼儿园的生活点滴；有的家长反映幼儿的计划意识越来越强，主动为双休日的出行制订计划书；也有家长反映幼儿的自主能力得到了一定提高，从之前祖辈的包办到如今自己的事情自己做，别人的事情帮着做，喜欢对照任务单自己整理书包。

良好的学习习惯并非一朝一夕能够养成，需要幼儿、园部、校部和家庭以正确的方法长期地坚持。教师在培养幼儿良好学习习惯的同时，可以根据幼儿的自身特点，鼓励幼儿和家长一起在家制订个性化的学习习惯培养目标，比如时间管理薄弱的幼儿可以通过"按时完成任务""合理安排时间"等记录自己的时间管理行为。同时，教师也可以根据班级幼儿现状，开展主题系列活动，有目标、有重点地加强良好学习习惯的培养。

向左走，向右走

——在行为观察中正确解读幼儿

马海英

【摘　要】行为观察是了解幼儿发展和需求的重要方法，教师要对幼儿的发展情况
和需求做出客观全面的分析并提供有针对性的支持。笔者在偶然的机会
下发现幼儿生活常规和探究兴趣之间的矛盾，通过观察法、案例分析
法，深入了解幼儿的内心世界，为教育干预和支持提供有力依据。教师
不再仅仅是教育者、管理者，更应该站在儿童视角，成为幼儿更好的支
持者。

【关键词】生活常规；探究兴趣；发现背景

　　午餐时间到了，幼儿纷纷进入盥洗室，而乐乐和咚咚过了许久还不出来，我来
到了门边一探究竟，原来两人又在玩泡泡，正当我打算上前制止时，乐乐突然兴奋
地说："你看，这个泡泡好厉害，我用手也打不破。"咚咚看到，马上照着乐乐模仿
起来。观察之后，我矛盾了，面对洗手时沉浸于玩泡泡的幼儿，是该提醒他们认真
洗手还是满足他们的探究兴趣呢？生活常规和探究兴趣，作为教师应该向左走还是
向右走？

一、我观察到的

1. 我观察到：专注的他

乐乐把洗手液和水混合后，发现可以用手做出不同的泡泡，并且仔细观察泡泡的变化，在我观察的过程中，乐乐对洗手液做了 3 次行为，对水做了 4 次行为，对自己手势的变化做出了 8 次行为。这些行为最终呈现了 3 种不同表现结果，分别是对洗手液与水的量的探索、手势的变化与泡泡大小的探索、泡泡张力的探索，其中乐乐对泡泡不破的兴趣最为持久，直至被保育老师制止才被迫中断，可见乐乐对这个活动有很强的兴趣，且专注投入（见图 1）。

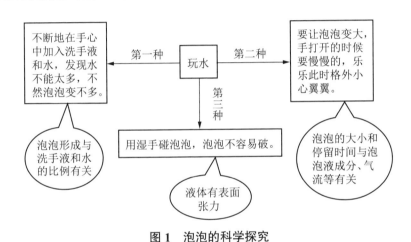

图 1　泡泡的科学探究

2. 我观察到：实验材料

在这个案例中有很关键的两个物品——水和洗手液。水对幼儿来说是一种神奇、有趣的事物，幼儿常常自发地、不带任何功利性地尽情玩水……当水遇到洗手液后，那更是一种神奇的变化，泡泡变多变少，变大变小，乐乐在玩的过程中都可以主动去探索，吸引着他去探索发现泡泡水变幻无穷。作为教师，我的初衷不就是想回应幼儿的兴趣吗？

3. 我观察到：爱水的他

乐乐的行为还有一个关键因素是水。他从小喜欢玩水，他最喜欢的运动也是游泳，开学时就和我们津津乐道地谈论妈妈带他去游泳的趣事。正是因为他对水深深的喜爱，让他更容易不同于别人洗手时不玩水的常规习惯，而爱玩水并无对错。

在乐乐眼中，水和洗手液就是新奇的探索工具，而在我眼中洗手的时候就只是洗手。探究兴趣还是生活常规，我到底应该支持哪一个？如果支持了生活常规，那乐乐的即时兴趣是否遭到了我的扼杀？如果我支持了乐乐探索泡泡的行为，其他人是否都会模仿学习他的行为？生活常规该如何建立？

杜威说："教育过程就是教育的目的，没有以外的目的。教育过程是一个不断改组、不断改造和不断转化的过程。"尽管我当前不断强调在一日生活中要"相信儿童是有能力的学习者"，倡导更多地给予幼儿时间与机会，让他们在感知、探索中建构自己的经验，但在本质上，一日生活的不同环节所能提供给幼儿的自主空间是有差异的。所以当我"看到的"未必就是我"观察到"，观察是边看边想，带着疑问去研究幼儿的行为，"看到的"只是表面行为，而"观察到的"是行为背后的内涵（见图2）。

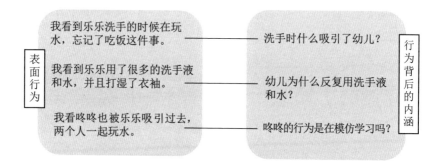

图2 "看到的"（表面行为）和"观察到的"（行为背后的内涵）

二、以幼儿的视角，重新看见

作为教师，要改变由来已久的成见，客观、公正地对幼儿的行为进行识别和回应，认同幼儿的一些看似怪异、天马行空甚至不可理喻的典型行为，不急于做判断，才能真正读懂幼儿，并以支持性的态度和行为与幼儿互动。

1. 支持幼儿玩"自己的游戏"

过去，我在生活常规中的引导也与我以前思考"生活常规"与"探究兴趣"的思路一样，不是错的就是对的。但其实生活中的指引并不是只有对或错，支持引导也不局限于教师去完成，这次就是幼儿的引导。和幼儿一起讨论，充分了解行为背后的意义，看见幼儿真实的需求，建立起幼儿心中的秩序与规则。捕捉到幼儿的兴趣后，我们班级召开了一场"泡泡分享会"，开展了玩泡泡的探究活动（见图3）。在活动中幼儿在自己动手探索的过程中，我始终是以引导、鼓励、支持幼儿的自主学习和发现，让幼儿在游戏状态中主动建构知识，在探究中表达、在玩耍中想象。在探究中幼儿发现用力吹泡泡时，泡泡是一个会扭动的椭圆形、圆形、奇形怪状等，而泡泡吹出后，就变成了圆形。"手能接住泡泡吗？"引发乐乐和咚咚思考，他们提出多种猜想，并且共同合作，用自己的方法验证猜想。他们发现戴上棉的手套可以让泡泡弹起来，在乳胶手套上涂上泡泡液、手上涂满泡泡液、带有泡泡液的工具都能接住泡泡。让幼儿自主收集资料、尝试运用多种材料探究泡泡，在有趣的操作中获得有价值的体验，将浓厚的趣味转换成灵动的游戏。我支持幼儿在游戏中接触有关"泡泡"的科学领域，探索其中的秘密，推进幼儿的深度学习。

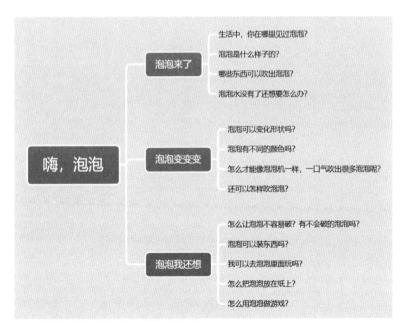

图3　泡泡分享会内容

2. 生活常规教育是长期渗透的教育内容

当我看到幼儿在厕所里玩水玩泡泡时，会担心如果满足幼儿玩水的兴趣，可能导致盥洗室地面湿滑，由此产生安全隐患；如果满足他们玩水的兴趣，还可能面临幼儿衣服被打湿会着凉的问题，同时与我们平时教育中节约用水理念相悖。但是生活中有学习，学习中有生活，两者是不能分割的，在后面的一日活动中我进一步引导幼儿亲近水、感受水的特性，并由此认识到水是生命的源泉，哪里有水，哪里就有生命，水是人类生存和发展不可缺少的物质资源之一。从小增强幼儿保护水资源的意识，是教育要一以贯之、长期渗透的内容。

3. 以儿童为中心，抛开偏见

通过观察分析幼儿的行为，筛选各种繁杂信息，充分挖掘有价值的关键信息，提升观察反思的精准度。在研读《幼儿园保育教育质量评估指南》后，我又在准确分析幼儿行为的基础上，顺势推导出适宜的支持策略，以便减少误读情况的发生。

在一日生活中总有一些小意外会成为教师眼中的"错误"，也许他的"调皮"背后有另外的故事，需要教师转换视角去观察倾听，这样才能更好地理解幼儿的学习，减少认知偏差，体验因读懂幼儿表现而赢得幼儿信赖，成为幼儿更好的支持者。

创新开拓
多元并进

华旭双语十二年一贯制

STEAM 课程探索

中国科协发布的第十三次中国公民科学素质抽样调查结果显示，我国公民的科学素质呈现提速增长趋势。2023 年公民具备科学素质的比例为 14.14%，相较于 2010 年的 3.27% 提升了 10.87 个百分点。[①] 公民科学素养的提升离不开基础教育的课程改革、专业教师培养和教育生态的创变等，而其中 STEM 课程体系的创建成为基础教育炙手可热的话题。去年，教科文组织在上海设立国际科学、技术、工程和数学教育研究所，这是教科文组织的一类中心首次落户中国。双方将共同推进研究所建设的筹备工作，汇聚全球的智慧和力量，推动包括基础教育在内各阶段 STEM 教育向包容、公平、适切发展，体现了加强 STEM 教育在世界范围内的重要意义。

华旭双语自 2015 年办学之日起，便确定了"创办一所影响世界的中国学校"的愿景，在完成了第一个以"打基础"为目标的五年发展规划后，在 STEM 的基础上加入艺术（Arts），确立了"科学 + 艺术"为第二个五年发展规划的办学特色，开始建设十二年一贯制的 STEAM 课程体系，营造一个让所有华旭双语学子扬长而学、各得其所的教育生态。STEAM 教育理念主张跨越学科的壁垒，将科学（Science）、技术

---

① 新华社 .14.14%！我国公民科学素质水平新增长［EB/OL］.（2024–04–16）. https://www.gov.cn/yaowen/liebiao/202404/content_6945626.htm.

（Technology）、工程（Engineering）、艺术（Arts）和数学（Mathematics）融会贯通，从而形成一个综合的知识体系。STEAM 是具有综合性、创造性和实践性的课程体系，它强调以学生为中心的学习方式，通过项目化学习（Project-Based Learning，PBL）形成不同学科的知识整合，不仅着眼于培养学生提出问题的批判性思维和问题导向思维，更关注学生在真实情境中，如何运用分析与质疑能力、探究与创新能力、团队协作能力去解决这些问题。在提升学生核心素养、思辨能力、创变能力的同时，也可以促进教师的终身学习和不断成长。

华旭双语在校庆七周年之际，与美国 SAE（国际自动机工程师学会）正式签约落地实施 AWIM STEM 项目，该项目包含丰富的 STEM 课程，跨越十二年一贯制的不同学段、不同学科，开启了十二年一贯制科学研究和课程创新的探索之旅，至今已历时三年，收获颇丰。华旭双语目前具备多样的项目化学习成果，例如"新能源汽车是否有利于能源利用和环境保护""氢能源与气候变化解决方案探索""太阳能供电工具房""幼儿基于自然的园本课程构建"等。华双的校本课程都体现了科学教育的本质——培养学生的科学素养，而"素养"又可拆解出知识、思维、方法、态度、实践、伦理和终身学习等多个维度。科学教育不可就科学言科学，而是要目中有"人"，从培养什么人的角度来思考。华旭双语教师团队致力于让每一个孩子都能成为创新人才，成为自己的冠军，诚如全国政协委员、上海科技馆馆长倪闽景在《超越兴趣》这本书里所写："每一个课堂都是教育创新的重点实验室，每一个老师都是科学教育的梦想魔法师。"[①]让平凡的人做出不平凡的努力，让普通人也可以成为拔尖创新人才，一直是华旭双语孜孜以求的教育目标。

---

① 倪闽景.超越兴趣［M］.上海：上海教育出版社，2024.

科学教育不仅仅局限于学校教育，它还包括家庭、社会和个人在日常生活中对科学知识的学习和应用。通过科学教育，个体能够更好地理解世界，做出明智的决策，并为社会的进步做出贡献。所以华旭双语不断加强校内外教育的协同，形成学校主阵地和"社会大课堂"的有机结合，利用其地处安亭汽车城的地理优势，为小学和初中的学生开设了"AI汽车设计课程"。用乐高搭建的汽车模型让学生们了解到汽车不仅仅是一种交通工具，还可以是一件和生活息息相关的艺术品和高科技产品。在参与汽车设计的过程中，学生可以了解汽车内外空间的组成和布局，并理解AI科技用于汽车设计的潜力和价值，学生的成果在区级展示，甚至是上海赛车场不断亮相，获得其他学校代表、镇两级领导和社区民众的一致赞赏。

在以问题为中心的大科学时代，AI可以轻易地与所有学科进行交叉融合，所以跨学科、超学科的融合教育是必然的趋势。本章节将基于十年来华旭双语的有效实践，展现华旭双语STEAM课程建设的丰硕成果，包括从幼儿园到高中的校本课程设计、具体PBL项目、评价与反馈机制等，并针对当下STEAM教育发展的瓶颈提出了建设性的意见和对策，对未来STEAM教育的发展和推广具有借鉴意义。华旭双语也将不断完善十二年一贯制课程体系，在教育创新中开创十二年一贯制STEAM课程的新格局。

基于项目式学习的物理探究能力培养实践研究
——以"新能源汽车是否有利于能源利用和环境保护"项目为例

祝琴琴　李小凡

【摘　要】本文通过探究式学习、跨学科视角、团队协作、创新思维等教学策略，有效提升了学生的科学素养、实践能力、团队协作与科学交流能力，培养了学生的社会责任感与终身学习习惯，为他们未来在科学、工程等相关领域的学习与发展奠定了坚实基础。项目设计与实施的成功经验为高中物理教学及其他学科领域的项目化教学提供了具体的操作范例与评价参考。

【关键词】项目式学习；物理教学；新能源；环境保护；跨学科

一、项目背景

物理是一门研究物质及其运动规律的科学，它是自然科学的基础学科。在整个中学阶段，物理课程主要包括力学、热学、光学、电磁学和现代物理等内容，具有数学性强、实验性强、理论与实践结合紧密、抽象性强、应用性强、系统性强等特点。物理教育在学生的全面发展和培养科学素养方面具有重要意义，主要体现在以下四个方面。

1. 培养科学思维

物理教育可以培养学生的科学思维能力。通过研究物理知识和进行实验，学生能够锻炼观察、分析和解决问题的能力。这种科学思维的培养对学生未来的科学研究和职业发展都具有重要意义。

2. 增强实践能力

物理教育注重实践操作，帮助学生锻炼实践能力。在进行实验时，学生需要动手操作，并根据实验结果进行观察和分析。通过实践操作，学生可以增强自己的动手能力和实际操作能力，这对他们未来解决实际问题和应对工作挑战有着重要意义。

3. 培养创新精神

物理教育能够培养学生的创新精神。物理科学是不断发展和创新的领域，学生在研究物理知识的过程中，可以培养自己的创新思维和创造能力。这种创新精神对学生未来的研究和发明创造都具有重要意义。

4. 培养团队合作意识

物理教育的研究过程通常需要进行实验或小组讨论，这可以培养学生的团队合作意识。学生在团队合作中学会倾听他人的观点，协调不同意见，共同解决问题。这种团队合作能力对学生未来的社交和职业发展都具有重要意义。

本项目基于物理学科的特性及物理学科教学理念和要求而设计，注重培养学生对学科知识的综合应用能力，提供理论与实践相结合的深度学习体验，培养学生的综合科学探究能力。项目利用物理学科活动丰富、可操作性强的特点，在活动中渗透科学研究的方法，培养学生的科学学习态度，激发学习物理的兴趣。整合课内、课外，特别以课外为主的探究式学习形式为载体，开展深入探究式学习。

二、项目设计与实施

1. 项目结构与流程设计

项目参照中国大学生物理学术竞赛（CYPT）结构，设置了理论分析、实验设计与实施、数据分析、团队报告与科学辩论等环节。在理论分析阶段，学生对选定的开放性物理问题（新能源汽车的环保性与能源效率）进行深入探究，理解相关物理原理，建立数学模型，进行逻辑推理。实验设计与实施阶段，学生在理论分析基础上设计并执行实验方案，验证或否定理论假设，收集原始数据。数据分析阶段，学生对实验数据进行整理、分析，运用统计方法得出科学结论。最后，在团队报告与科学辩论环节，学生以团队形式撰写研究报告，清晰阐述问题背景、研究过程、结果分析及结论，并在科学辩论中展示研究成果，接受提问并进行答辩。

2. 评分标准与评价体系

项目评价体系关注学生在解决问题过程中的创新思维、实践能力、团队协作与科学交流表现。评分标准涵盖问题理解与理论构建、实验设计与操作、数据分析与解释、口头报告与辩论技巧等方面，全方位评价学生的物理知识掌握程度、科学素养及核心能力。

3. 具体实施情况

（1）理论学习与知识回顾：学生学习内燃机工作原理、新能源汽车技术（包括纯电动汽车、插电式混合动力汽车、燃料电池汽车），了解其能源利用与环境影响。

（2）实验设计与数据分析：学生设计实验方案，通过实际操作验证新能源汽车的能源利用效率与环保性能，收集并分析数据。

（3）团队辩论与报告撰写：学生以团队形式撰写研究报告，清晰阐述问题背景、研究过程、结果分析及结论。在科学辩论环节，各团队就研究报告进行展示，接受其他团队提问。

（4）现场学生观众提问、点评与互动。

（5）指导教师点评与总结。

4. 学生展示辩论环节呈现结论

（1）正方观点

① 能源转换效率提升：新能源汽车，特别是电动汽车，其能量转换效率远高于传统内燃机汽车，减少了能源在转换过程中的损失。

② 清洁可再生资源利用：新能源汽车能够直接或间接利用可再生能源，例如风能、太阳能通过电网转化为电能供车辆使用，有助于减少对化石燃料的依赖，减轻环境污染。

③ 节能减排：新能源汽车零尾气排放，显著降低了交通领域的碳排放，符合全球低碳发展的大趋势。

④ 能源结构调整：推广新能源汽车有助于推动整个能源结构的优化升级，促进分布式能源的发展和智能电网的建设。

（2）反方观点

① 全生命周期评估：虽然行驶阶段的排放减少，但若考虑到电池生产过程中的能源消耗以及废旧电池处理带来的环境压力，整体能源利用效果可能存在争议。

② 能源供应挑战：大规模推广新能源汽车可能导致电力需求激增，如果新增电力仍主要由燃煤等非可再生能源提供，将抵消部分减排效果。

③ 基础设施不足：充电设施的建设和维护需要投入大量资源，且充电网络布局不够广泛和完善，可能造成能源补给的效率低下。

④ 续航及回收问题：电池续航能力和老化后的回收再利用率直接影响了新能源汽车的能源利用效率，目前这两方面仍有改进空间。

（3）学生互动观点

① 辩论的焦点在于全面分析新能源汽车对能源利用的整体贡献，不仅关注其在运行阶段的表现，还要审视产业链上下游的影响。

② 需要考虑不同地区、不同发展阶段的能源结构差异，因地制宜地探讨新能源汽车的角色定位。

③ 鼓励和支持技术创新，提高电池能量密度、降低成本、优化充电设施布局和提升旧电池回收利用的技术标准，才能更好地发挥新能源汽车在能源高效利用方面的潜力。

长远来看，新能源汽车在助力能源转型、应对气候变化方面具有积极意义，但也需正视并解决伴随其发展所带来的新挑战。通过政策引导和技术革新，有望克服现存问题，实现真正的可持续能源利用。

三、学习成果与学情分析

项目充分考虑高中生对物理学科的兴趣与对社会热点的关注，采用理论学习与实践操作相结合的方式，激发学生的学习热情。在项目实施过程中，教师密切关注学生的学习进程与表现，进行学情分析，识别学生的优势与短板，提供针对性的指导与支持，促进学生的个性化发展。项目实施过程中，学生表现出以下显著学习成果。

1. 知识应用能力

学生能综合应用物理、化学等多学科知识，评估新能源汽车的环境效益与能源效率。

2. 创新思维与辩证分析

学生能从不同角度审视新能源汽车的优缺点，提出有创新性的观点，进行逻辑严密的论证。

3. 团队协作与沟通能力

通过分工合作、共享成果、共同应对挑战，学生培养了良好的团队协作精神与人际交往能力。

4. 自主学习与终身学习

学生在项目中自主选择问题、制定研究计划、查找资料、解决问题，形成了自主学习习惯与自我管理能力。

学情分析显示，项目设计充分考虑了高中生对物理学科的兴趣与对社会热点的关注，采用理论学习与实践操作相结合的方式，激发了学生的学习积极性与探究热情，提升了他们的批判性思维与问题解决能力。

四、涉及学科与课程价值

1. 跨学科融合与知识应用

项目涉及物理、化学、环境科学、工程技术等多个学科领域，实现跨学科知识的融合与应用。学生需运用物理原理分析能源转换过程，运用化学知识理解电池技术，运用环境科学评估碳排放，运用工程技术理解汽车制造与回收，体现了项目化教学在促进学科交叉与知识综合应用方面的优势。

2. 社会责任感与终身学习

项目引导学生关注全球能源消耗与环境保护问题，培养社会责任感与环保意识。同时，通过自主学习、资料查找、案例分析，学生养成终身学习习惯与自我管理能力，为未来的学术研究与职业生涯打下坚实基础。

基于项目式学习的跨学科实践教学案例研究
——以"氢能源与气候变化解决方案探索"为例

俞　雪　祝琴琴

【摘　要】本文详述了一项以氢能源为核心的跨学科项目教学设计与实施过程，旨在培养国际高中文凭课程（IBDP 课程）十一年级学生对氢能源核心技术的理解、科学探究能力、跨学科合作精神、实践操作与批判性思维，强化其环境意识与社会责任感。设计遵循核心素养导向，融合化学、物理、经济多学科知识，通过理论学习、实地考察、信息整合、海报制作与成果展示等多元化的学习活动，全面提升、优化学生的知识技能、实验方法、情感态度和价值观。该设计成功激发了学生的学习兴趣与跨学科素养，为未来的能源教育与可持续发展研究奠定了坚实基础。

【关键词】项目化学习；跨学科；氢能源

一、主题的确定

经过近一百年的发展，跨学科概念逐渐以各种形式融入不同国家的课程体系中。[①] 国际文凭项目（IB）的中学项目（Middle Years Programme，MYP）中跨学科单元（Interdisciplinary Unit，IDU）就是一个很好的例子。IDU 指将两个或多个学

154　　① 　张雪，张志强.学科交叉研究系统综述［J］.图书情报工作，2020，64（14）：112—125.

科领域的内容、概念和技能相结合，围绕一个共享的主题或问题开展教学活动。它打破了传统的单一学科界限，旨在让学生在一个更真实、更具挑战性的环境中，运用跨学科视角来探索、理解和解决实际问题。

我国的义务教育课程方案同样提出了对跨学科学习的要求。《义务教育课程方案（2022年版）》明确提出了要加强课程内容与学生经验、社会生活的联系，强化学科内部知识的整合，统筹设计综合课程和跨学科主题学习，鼓励学校在日常教学中实施跨学科学习。①

本案例基于项目化学习展开了对氢能源的跨学科学习，由于传统化石燃料的枯竭以及化石燃料燃烧带来的环境污染、健康风险和气候变化的压力，全世界都致力于寻找可替代的清洁能源。而氢能就是一个非常有前景的清洁能源。氢能源在使用过程中，特别是通过燃料电池转化为电能时，唯一的副产品是水，没有温室气体排放，也不会造成空气污染，是一种真正的零碳能源。这对于缓解全球气候变化、改善空气质量至关重要。

氢能源产业中包含丰富的学科知识，其内容涵盖化学、物理、环境科学、经济学，所以是一个非常适合做跨学科教学的主题。考虑到氢能源清洁性的显著优势，我们把课题定为氢能源与气候变化解决方案探索。

笔者就职的学校位于上海市嘉定区安亭镇，安亭镇以汽车产业闻名，这里有丰富的汽车上下游产业集群，也拥有一批有潜力的氢能源企业。《基础教育课程教学改革深化行动方案》指出要加强科学教育实践活动，遴选一批科技馆、博物馆、研学基地、高科技企业等，作为中小学科学教育实践基地，结合科学课程标准，设计相应的科学实践活动，组织学生在实践探究中学习。所以积极利用本土科技企业的优质资源也是教师在设计项目式学习任务时的一个重要考量。

二、内容确定

本次跨学科学习的主题围绕氢能源与气候变化展开，所以我们设定的核心问题是如何通过氢能源的发展与应用来有效应对气候变化。围绕这个核心问题，我们根

---

① 中华人民共和国教育部.义务教育课程方案（2022年版）[M].北京：北京师范大学出版社，2022.

据此项目所需知识点排查学科教学内容和学生基本情况，以及各相关学科素养（如表 1 所示）。

表 1 学科教学内容与学科素养以及学生基本情况

	化 学
教学内容	1. 氢气的物理、化学性质 2. 氢气的制备方式 3. 燃料电池的工作原理
学生基本情况	1. 已经了解氢气的基本物理化学性质 2. 知晓一些氢气的制备方法，如电解水 3. 知晓简单原电池的工作原理
化学学科素养	1. 科学思维 应用化学反应动力学、热力学和电化学原理，深入理解氢气的生成（如电解水、生物质热解）、储存（如金属氢化物、液氢）和利用（如燃料电池、直接燃烧）过程 2. 实验探究 设计并实施实验室规模的制氢实验，如电催化水分解、光催化制氢等，通过调控反应条件优化产氢效率 3. 信息获取与处理 查阅文献，跟踪最新的氢能源技术进展，如新型电解水催化剂的研发、高效储氢材料的合成等，整合国内外研究成果，形成技术路线图 4. 科学交流 编写学术论文，详细描述所研发的氢能源相关化学品或技术的合成方法、表征结果、性能测试数据，遵循化学领域的规范进行文献引用和数据呈现 5. 社会责任感 关注氢能源技术的生命周期评估（LCA），包括原材料获取、生产、使用直至废弃处置的全过程环境影响，推动绿色、低碳的氢能源产业链建设 参与科普活动，向社会公众普及氢能源基础知识，提高公众对氢能源作为清洁能源的认识，倡导低碳生活方式
	物 理
教学内容	1. 理解热力学第一定律和第二定律在氢能源系统中的应用，分析氢能转化过程的能量效率 2. 探讨氢气的储存技术电动机和内燃机原理 3. 燃料电池的工作原理
学生基本情况	1. 知晓热力学相关定律，以及在这些定律制约下的能量转换效率 2. 已学相关的相变知识和气体状态方程 3. 知晓电动机原理，需补充内燃机原理 4. 需补充燃料电池工作原理

物　理	
物理学科素养	1. 物理观念 对氢能源系统中的物理过程，如氢气的存储、运输、转化（如燃料电池或内燃机燃烧）等，运用物质与能量守恒、热力学第一定律（能量守恒）、第二定律（熵增原理）等基本物理观念进行理解和分析 2. 科学思维 利用物理模型（如热力学循环模型、电化学模型）来模拟和优化氢能源系统的性能，进行能量转换效率的计算和比较 3. 科学探究 设计并执行实验，如测量不同储氢材料的储氢性能、测试燃料电池的电化学性能等，通过实验数据验证氢能源技术的理论预测 4. 科学交流 以清晰、准确的语言撰写研究报告，阐述氢能源技术的物理原理、性能指标及对气候变化的影响，使用图表、公式等专业符号进行有效表述 5. 社会责任感 考虑氢能源技术的社会经济成本效益，评估其在不同应用场景下的可行性，关注技术推广对能源结构转型、就业、区域经济发展的影响

三、实施过程

任务一：氢能源基础研究

学习任务

学生查阅文献，研究氢能源的生产途径、储存与运输方式及其对碳排放的影响，对比分析不同氢能技术的环境效益。

学习活动流程与组织形式

教师引导学生开展小组研究，提供氢能源相关的学术论文、研究报告、在线课程等资源，举办文献阅读与讨论会，定期检查进度并答疑解惑。

学习成果

完成一篇研究报告或制作一张科普海报，展示氢能源在减缓气候变化方面的潜力和挑战。

任务二：氢燃料电池工厂实地调研

学习任务

1. 参观氢燃料电池工厂生产线，观察并记录氢燃料电池电堆的制造过程，包括各部件的功能和构造特点。

2. 与技术人员交流，了解氢燃料电池从研发、测试、生产到应用的全链条流程及其面临的挑战和解决方案。

3. 记录工厂在节能减排、循环经济等方面的实践，重点关注氢能源在全产业链中的碳足迹和环境影响。

学习活动流程与组织形式

1. 组织学生实地考察捷氢科技股份有限公司，听取专家讲座，观察研发成果与技术演示。

2. 学生记录考察笔记，整理提问清单，参与专家互动答疑。

3. 考察结束后，小组内部分享心得体会，讨论考察收获。

学习成果

1. 学生在实地考察中表现出极高的专注度与好奇心，积极提问并与专家互动。

2. 考察笔记详尽，问题清单针对性强，显示出良好的观察力与思考深度。

3. 小组内部分享活跃，学生能将考察见闻与所学知识有效关联，深化了对氢能源技术的理解。

任务三：氢能政策与市场环境探究

学习任务

学生调研各国和地区现行的氢能政策，分析其对氢能产业发展的影响，并提出推动我国氢能源产业发展的策略建议。

学习活动流程与组织形式

教师提供政策文件、研究报告等资料，安排专家讲座，让学生接触实际政策制定者和行业专家，鼓励学生参与线上 / 线下政策研讨会，提升其政策理解和分析能力。

学习成果

完成一份政策分析报告，并在课堂上进行口头报告和讨论。

四、评价方案

（一）过程性评价方案

文献调研与课堂讨论：教师定期检查学生的文献调研笔记，评估其对氢能源科学原理、制备方法及其环保价值的理解程度，观察学生在课堂讨论中的主动参与和观点表达，评价其科学探究能力、沟通交流能力及批判性思维。

实地研学与互动研讨：通过观察学生在捷氢科技公司实地考察中的表现，评估其对氢能源技术的观察与理解能力，根据其在听取专家讲座后提问与讨论的积极性与深度，衡量其实践操作能力、批判性思维及团队协作能力。

跨学科海报制作：根据学生制作的海报内容的科学性、逻辑性、创新性以及视觉效果，评价其跨学科知识整合能力、信息处理与表达能力以及艺术与信息素养。

（二）结果性评价方案

初步研究报告：通过对学生提交的氢能产业现状与发展趋势研究报告的结构完整性、数据准确度、分析深度及结论合理性进行评分，评价其文献检索与分析能力、信息整合能力以及技术素养。

海报展示与交流：在成果展示会上，根据学生对海报的解说清晰度、对现场提问的应答情况以及团队间的互动交流，评价其口头表达与展示能力、沟通协作素养以及对氢能源知识的综合理解与应用能力。

实地考察反馈与反思：要求学生撰写实地考察报告，描述观察到的现象、学到的知识、产生的思考以及对自身学习成长的影响，以此评价其实践操作能力、环境素养以及社会责任感的提升。

五、对学习目标达成的意义

通过过程性评价，可以了解学生在理论学习、实地考察、信息整合与海报制作等各个环节中的参与和进步情况，表明他们在科学探究、团队协作、沟通交流、批判性思维、实践操作以及跨学科知识整合等方面的核心素养得到了有效提升。结果性评价则通过研究报告、海报展示以及实地考察反馈，证实了学生对氢能源科学原理与技术、产业发展趋势、环保价值以及社会经济影响有了较为深入的理解，能够运用所学知识进行独立研究、信息分析与可视化表达，具备了基本的科学素养、技术素养、环境素养、人文社科素养、艺术与信息素养以及沟通协作素养。

通过项目实施，学生不仅在知识技能层面上掌握了氢能源的核心原理与技术，更在过程方法上锻炼了科学探究、团队协作与批判性思维能力，在情感态度与价值观上形成了较好的环保意识与社会责任感。他们成功设计并展示了富含科学内涵、艺术美感的跨学科海报，有效传播了氢能源知识，增强了公众对氢能源的认知与支持。此外，学生在实地研学中表现出对科研过程的浓厚兴趣，对未来专业选择与高等教育阶段的学习方向有了更为明确的认识。

反思教学过程，跨学科项目教学在打破学科壁垒、整合知识体系、提升实践能力与创新思维等方面显示出显著优势。然而，教学中也存在一些需要改进之处，如个别学生在跨学科知识迁移与整合方面存在困难，需要进行针对性的辅导；实地研学的组织与安全保障需进一步精细化；海报制作的指导与评价标准需更加明确，以确保学生作品兼具科学性与艺术性。

国际高中英语口语考试的积极反拨作用分析
——以 IB 项目英语 B（Standard Level）口语考试为例

黄玉敏

【摘　要】以 IB 项目英语 B（Standard Level）为例，分析校内评估——口语考
试对学生英语口语学习产生的积极反拨作用，以及如何迁移到国际高中
其他学科的英语口语学习中且能有侧重地提升其他学科的英语口语能力：
包括但不局限于口语表达时的思维构建能力、真实情境下的交流能力以
及英语表达的流利度。

【关键词】IB 项目英语 B；反拨作用；口语考试

一、概述

IB 英语口语考试是 IB 国际文凭项目中英语 B 考试的重要组成部分，是英语 B
的内部评估形式，对学生的口语表达能力有着较高的要求。然而，口语考试形式和
测评标准在一定程度上对学生的口语学习产生了积极或消极的影响，即反拨作用
（反拨作用是指语言测试对教学和学习产生的影响。这种影响可以是积极的，也可
以是消极的）。① 本文旨在探讨 IB 英语口语考试对学生口语学习和教师口语教学产

---

① 陈晓扣. 论语言测试的反拨作用［J］. 解放军外国语学院学报，2007，30（03）：40—44.

161

生的积极影响，以及对国际高中其他学科英语表达能力提升的借鉴意义。通过分析 IB 口语考试的形式、测评标准，我们可以发现口语考试能够锻炼学生解读视觉化信息的能力、培养学生思维构建的能力，以及真实语境下的交流能力。我们可以将口语考试的评分标准的制定和视觉化工具的使用运用到其他学科中，进一步提升学生的英语表达能力，增加英语学习的自信。

二、IB 项目英语 B（Standard Level）口语测试大纲解读

1. 口语测试目的

口语测试基于考纲拟定的五大主题（经历 experiences；身份 identity；人类智慧 human ingenuity；社会组织 social organization；共享地球 sharing the planet）来衡量学生在目标语言中理解、表达和交流的能力，并能够成功进行互动。该口语测试评估学生以下方面的能力：（1）在各种环境和目的下清晰有效地沟通；（2）理解并使用适合于各种人际和 / 或跨文化环境及受众的语言；（3）用流利准确的语言表达和回应各种观点；（4）在各种主题下识别、组织和呈现观点；（5）在展示和对话的语境中理解、分析和反思。IB 项目英语 B 的 SL 课程口试评估分为三个部分，之前有一段有限时间的监督准备。

2. 口语测试的形式

口语测试分成三大部分：（1）教师给出两张图片提示，学生选择其中一张图片联系所学主题，构思并陈述 3—4 分钟；（2）教师和学生讨论第一部分呈现的主题，并扩展学生在演示中提供的内容；（3）老师和学生就五大主题展开讨论。

三、口语测试对学生口语学习的积极反拨作用

1. 图片而非文字作为提示可以拓宽学生的思维

由于学生观察图片的角度不同，联系自身经历不同，学生对图片的理解就会产生个性化的差异。虽然考试有联系主题的要求，但是学生可以自主联系主题之下不同的话题来陈述和分析图片，从而使讲演的角度个性化且多维度。学生在考试准备时间可以根据图片构建讲演的思维框架。图片的使用在低龄段的教材中多有出现，

在小学以及初中课本中也用来辅助和提升学生的口语表达能力。IB 口语考试的视觉化呈现更加有利于高中学生进行篇章的有深度的思维构建。借助图片来引导学生思维，梳理口语表述是高效且具有创造力的方式。

2. 对学生口语流利度的要求

IB 口语测试无论是限时的个人陈述还是后续的问答环节都对学生的口语流利度有严格要求。学生在考试时并非说出即可，而是要在有限的时间内流利表达，并用准确的词句进行表达。这一标准在学生口语学习的过程中会让学生注重语言使用的熟练度。学生可以通过听录音反复练习来提升自己口语的流畅度，从而更趋近母语使用者。

3. 词汇的灵活使用和句型的复杂多变

IB 口语测试要求学生能够灵活运用词汇和复杂多变的句型进行口语表达。这种要求促使学生不断扩充词汇量，增加对语法和句型的理解，提高学生的英语表达能力。在词汇的使用上除了要能够灵活展现词汇的多样性以外，更突出了学会偶尔使用俚语来体现学生对英语文化的了解。

4. 真实语境下的交流能力

IB 口语测试常常以真实的情境为背景，要求学生进行真实交流。学生在考试中不仅需要准确使用语法和词汇，还要能够在真实交流中有效地传达信息、表达观点。这种要求提高了学生在真实场景下的语用能力。

5. 交流内容的拓展能力

在 IB 口语测试中，学生需要在一定时限内进行多个话题的交流。这一要求鼓励学生对口语内容进行深入拓展，从而使得对话能够自然流畅地双向流动，做到言之有物。内容的拓展也使学生在运用英语的同时注重自己思维的深度，多角度展开论述，从而进一步培养学生的思辨能力。

四、对其他学科英语表达能力提升的借鉴意义

1. 以语言能力的提升为导向的评分标准制定

其他学科可以借鉴 IB 口语测试中以语言能力的提升为导向的评分标准，将语言能力纳入学科考核。在平常的教学中可以注意任务布置的反拨作用，将语言要求

融入学科任务评分要求中，这样学生在使用英语作为工具完成学科任务的时候也能够注意语言使用的质量。例如，在学科讲演的任务中，物理或数学任课老师也把流利度作为要求放到任务的评分中去，并将学生学科英语词汇的使用也融进任务的评分中去，从而提高学生英语使用的准确度。

2. 在其他学科中图片等视觉化工具的使用

其他学科可以借鉴 IB 口语测试中图片等视觉化工具的使用，通过图片或者其他视觉化工具帮助学生理解和分析相关概念，来促进学生主动思考，促进学生自己对问题进行个性化理解，并鼓励学生做出多样化解答。

3. 多创造情境交流的机会

其他学科应该多使用英语进行情境交流对话。锻炼学生英语表达的流利度和用英文阐述的自信度。用英语进行问答交流，应该成为国际学校的生态。

五、结语

IB 项目英语 B（Standard Level）口语测试对学生口语学习的反拨作用是显而易见的。通过对 IB 口语测试形式、测评标准以及学生口语学习的几个方面要求的分析，我们可以发现这种反拨作用对其他学科中的英语表达能力提升具有一定的借鉴意义。其他学科可以借鉴口语考试的评分标准制定、视觉化工具的使用以及情境交流等方式，进一步提高学生的英语表达能力和英语自信。

初中 STEAM 校本课程设计与探索

曹 菁

【摘 要】多学科相互渗透融合的 STEAM 教育是目前培养复合型人才的一个重要途径，校本 STEAM 课程的实施更是学校育人目标达成的有效助力。本文以上海市华旭双语学校为例对初中 STEAM 校本课程设计进行了探索，主要从以下几方面展开：课程目标、课程设置、课程实施和课程评价。经过一学年的尝试后发现，低年级对基础课程的兴趣更加浓厚，而高年级学生对建模设计与探索和汽车设计的课题兴趣较高，认为课题设置难易适中，目标性强且可以有自己的创意。

【关键词】STEAM；校本课程；5E；PBL

国务院学位委员会于 2021 年 11 月印发了《交叉学科设置与管理办法（试行）》的通知，其中提到"交叉学科是多个学科相互渗透、融合形成的新学科，具有不同于现有一级学科范畴的概念、理论和方法体系，已成为学科、知识发展的新领域""是培养复合型创新人才的有效路径，是经济社会发展的内在需求"①，可见多学科相互渗透相互融合的重要性。而 STEAM 同样具备这一性质，是集科学、技

---

① 中华人民共和国教育部 . 国务院学位委员会关于印发《交叉学科设置与管理办法（试行）》的通知［EB/OL］.（2021-12-06）. http://www.moe.gov.cn/srcsite/A22/s7065/202112/t20211203_584501.html.

术、工程、艺术和数学等多领域融合的跨学科教育。2015 年，联合国教科文组织发布的报告《反思教育：向"全球共同利益"的转变?》中指出，"学习的模式在过去 20 年里发生了巨大的变化，知识来源改变了，我们与知识之间的交流互动方式也改变了"。如何转变现有"传道授业解惑"的传统模式，关键在课程改革。在此背景下，世界各国都把课程改革作为教育变革的支点，通过课程改革来培养复合型人才校本 STEAM 课程的设计就势在必行了。

一、课程目标

课程目标既要与国家、学校的育人目标相统一，也要结合课程本身的特点和核心素养的要求。我国义务教育的培养目标是培养有理想、有本领、有担当的德智体美劳全面发展的社会主义建设者和接班人，华旭双语学校的育人目标为培养影响世界的中国公民，想要达成以上目标，教育的每一个环节都非常重要。新的课程方案中提到"乐于提问、敢于质疑，学会在真实情境中发现问题、解决问题，具有探究能力和创新精神"，这正与 STEAM 教学综合性、创造性、实践性的核心思想相吻合。笔者基于以上问题，制订了初中学部 STEAM 课程的目标，具体如下：

通过 STEAM 课程的学习，促进学生深层次理解学科知识，激发学生的兴趣，初步培养学生合作探究和动手实践能力；

通过结合专业知识和现实情境，帮助学生更好地理解和应用学科知识，提高分析和解决问题的能力；

培养学生创新思维思辨能力，同时发展科学素养，拓宽全球视野。

二、课程设置

结合 STEAM 课程的特点以及初中部 STEAM 课程的目标，加上学校地处国际汽车城，有良好的社区资源可以利用，笔者将初中部 STEAM 课程分为三个阶段的课程：基础课程、进阶课程和高阶课程（见图1）。每个阶段的课程如图2所示，三个阶段的课程在知识难度和核心素养的培养方面逐步递进，基础课程强调通过培养学生的设计、思维和手脑协调能力，提高学生对 STEAM 的兴趣；进阶课程强调

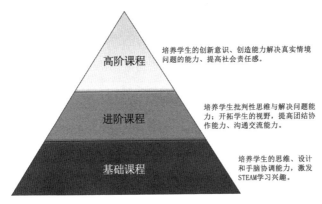

图1　初中"三阶"STEAM校本课程体系

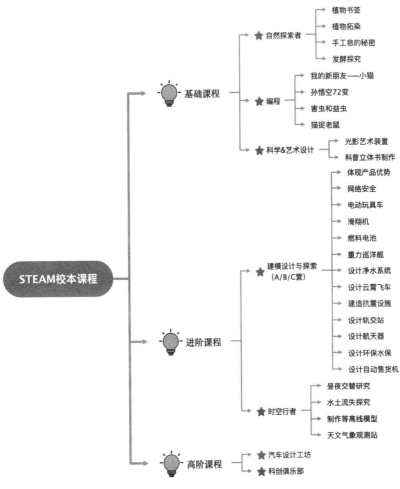

图2　初中 STEAM 校本课程一览

培养学生批判性思维与解决问题能力，此过程不仅可以开拓学生的视野，还能在学习过程中提高学生的团结协作能力和沟通交流能力；高阶课程着重强调学生的创新意识、创造能力，以解决真实情境中的问题为目标，引导学生自己发明创造并提高社会责任感。三个阶段的课程构成了初中 STEAM 课程体系。

三、课程实施

（一）课程计划

本次 STEAM 课程参照上海市的中小学课程体系设置了"基础课程""进阶课程"和"高阶课程"三个模块，笔者采取"必修 + 选修"形式展开教学。根据上海市普通中小学课程方案和本校实际情况，选修课每学期用于授课的时间按 15 周计，具体安排见表 1。

表 1　初中 STEAM 校本课程实施安排表

课程模块		基础课程	进阶课程	高阶课程
课程定位		基础型课程	拓展型课程	研究型课程
课程性质		必修课	必修课	选修课
面向群体		六年级	七、八年级	有基础且感兴趣的同学
课时安排	项目计划	1		1
	知识建构	3		10 理论与实践结合
	实践操作	7		
	检查评估	2		
	总结反思	1		
	成果展示	1		

注：表中课程均以 1 个项目为例展示

（二）教学方式

1."5E"教学模式

对于基础课程的学习，考虑到主要面向低年级的学生，故采用"5E"教学模式展开，这也与低年级学生在科学学科上学习到的"科学探究的步骤"有相吻合之处。"5E"教学模式是由美国生物学课程研究会提出来的，是基于建构主义的探究式教学，共由五步组成，即吸引（Engagement）、探究（Exploration）、解释（Explanation）、迁移（Elaboration）和评价（Evaluation），强调激发学生的学习兴趣，以学生为学习主体，注重学生动手操作，主动建构新知识等。[1]我们在基础课程教学时吸纳了"5E"教学模式的精髓，具体教学流程如图3。

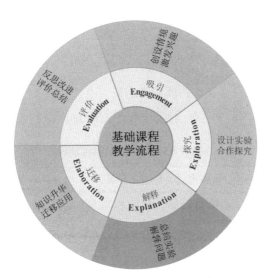

图3　初中 STEAM 基础课程教学流程

2. PBL 项目化学习

在进阶和高阶课程的教学上笔者采用 PBL 项目化教学模式，适当融入创客教育的理念，即以培养创新人才为目的的教育。[2]基于项目的学习可以充分发挥学生

---

① 吴成军，张敏.美国生物学"5E"教学模式的内涵、实例及其本质特征［J］.课程·教材·教法，2010，30（06）：108—112.

② 王娟，吴永和."互联网＋"时代 STEAM 教育应用的反思与创新路径［J］.远程教育杂志，2016，35（02）：90—97.

的主观能动性，体现学生的主体地位，在此过程中学生分析问题能力与质疑能力也会得到提升。课程通常以六大步骤展开：选定项目、制订计划、活动探究、作品制作、成果交流和活动评价。① 项目的选择是基于真实情境中的一个具有驱动性的问题，这个问题是可以引发学生共鸣的、值得深思的、可以利用多学科知识进行探究且具有社会效益的。比如"设计净水系统"就是学生关注现实生活中的水污染问题而引发的思考和设计。

四、课程评价

STEAM 的课程评价与传统教学模式的评价不同，需要更加多元化，我们既要有专家、教师的评价，也要有学生的自评和互评，这样就保障了我们不仅关注终结性评价而且对学生的学习过程也作了评价。

基于此，初中部的 STEAM 课程评价借鉴参考了"培生 STEM 的课程学习评价表"，从信息管理，思考、解决问题和决策，设计和创造性，协作以及自我管理五方面展开，每个大方面下设五点评价细则，评价细则见表 2。

表 2　初中 STEAM 校本课程评价细则

姓名	评价模块	具体描述（每项 4 分）	自评	互评	教师	专家	均分
学生 A	信息管理	1. 明确项目任务、目的和实施的问题					
		2. 设定并细化工作目标，分解任务和制订计划					
		3. 善于从不同途径搜寻相关信息					
		4. 和团队成员沟通，从大量信息中确定和选取不同的信息					
		5. 使用多种方式记录信息，能够根据已有信息进行加工整合					

① 刘景福，钟志贤. 基于项目的学习（PBL）模式研究［J］. 外国教育研究，2002（11）：18—22.

姓名	评价模块	具体描述（每项4分）	自评	互评	教师	专家	均分
学生A	思考、解决问题和决策	1. 能够提出问题并总体设计					
		2. 展示对问题的综合理解和深度思考					
		3. 提出解决方案并评估方案的可行性、风险和潜在的危险					
		4. 工作具有比较完备的系统性和阶段性					
		5. 撰写项目报告					
	设计和创造性	1. 保持好奇心，针对问题发表见解					
		2. 善于头脑风暴，以激发灵感					
		3. 在多种想法和选择中确定最佳方案					
		4. 具有创新意识，设计的方案新颖独特					
		5. 实验和调查现实生活中的STEAM问题，并能做出相应设计					
	协作	1. 合理分工，展开合作					
		2. 有效沟通，认同和尊重他人的感受和想法					
		3. 建立信任，乐于分享，达成共识					
		4. 勇于承担工作责任，并展示一定的领导力					
		5. 协同合作，提高效率，实现目标					
	自我管理	1. 自我反思，了解自己需要提高的地方并努力达成					
		2. 主动检查工作的准确度和精细度					
		3. 能够及时并妥善处理任务中出现的问题					
		4. 能按时保质地完成任务					
		5. 总结自己在项目中的优点和不足					
	总　分						

五、结语

经过一学年的探索设计和初步授课尝试后，笔者于学期末组织了一次十二年一贯制项目化学习成果展，将学生一学期的学习成果，包括作品、设计的海报、汇报PPT等，进行了一次展示，全校师生都参与并对自己喜欢的项目进行了投票。发现低年级对基础课程的兴趣更加浓厚，同时受到他们自身的知识深度与广度限制，基础课程也更加适合低年级的学生；而高年级（此处包括初中八九年级和高中部）学生对建模设计与探索和汽车设计等课题兴趣较高，认为课题设置更加具有探索性，有方向性而且可以融入自己的创意，在团队合作的过程中大家互相探讨，有时候甚至会碰撞出一个新的课题想法。

但是在这一年的实践中我们也发现了一些问题，比如我国的基础教育一直奉行的是分科教育和知识教学。我们在一线进行 STEAM 的跨学科主题教学时发现，虽然是以某个项目为主进行的 PBL 式教学，但是受到授课教师专业背景的限制，仍然难免会走向以学科为中心的教学模式。这既使得主题教学缺少了知识整合的功能，难以突破学科边界，又阻碍了教师创造性的发挥，使 STEAM 所推崇的主题教学陷入困境，所以在如何突破学科边界方面笔者仍将继续探索。

基于 STEM 的跨学科项目化教学探究
——以"智能水培项目"为例

张　兰　吴小敏

【摘　要】跨学科项目教学作为 STEM 教学的创新的教育模式，近年来在教育领域引起了广泛关注。本文将以"智能水培项目"为例，对其内涵、特点、实施策略以及实践效果进行深入探讨，以期为我校教育改革提供新的思路和方法。同时总结 STEM 教学中的重点和难点，并提出可行的改进建议。

【关键词】跨学科；项目式；STEM；教学策略

　　当前，素质教育已经成为教育改革发展的核心议题。2016 年 5 月发布的《国家创新驱动发展战略纲要》明确提出：创新是推动国家发展的根本动力。科技创新能力是国家力量的基石。创新强盛则国家繁荣，创新不足则国家衰落。近代我国因错失科技革命机遇，导致科技落后、国力衰弱，遭受了深重的苦难。要实现中华民族伟大复兴的中国梦，我们必须充分发挥科学技术的革命性力量。STEM 教育理念正是围绕跨学科性、问题解决、实践与创造、合作与交流等核心要素构建而成，其目的在于培养具备创新思维、批判性思维及跨学科解决问题能力的人才，以适应未来社会的挑战。这种教育理念与当前科学教育发展的国际趋势高度契合，强调了创新精神和实践能力的重要性。

一、教学背景

我校旨在成为"一所影响世界的学校",一直以来,学校积极探索从幼儿园到高中各个阶段的具有包容、公平、适切和优质的面向所有人的教育模式。STEM 教育的定义、核心理念、目标、任务以及实施路径对贯彻学校教育理念具有一定的积极价值。因此,中学部积极开发 STEM 校本课程,并且以《智能水培项目》作为切入点,培养学生综合实践能力和团队合作能力。

二、教学思想与创新点

跨学科教学的教学思想强调不同学科之间的整合与连接。它认为知识是一个整体,各个学科只是从不同角度、不同层面对其进行探索。跨学科教学还注重以问题和项目为驱动,引导学生通过解决实际问题来学习知识和技能。这种教学方式有助于激发学生的学习兴趣和积极性,培养他们的创新思维和实践能力。

本课程融合空间、测量、生物技术与农业实践、植物生理与生长调节、水质与化学成分分析等知识,涉及工程、数学、生物学、物理学、环境科学、农业科学等多个学科。该项目不仅仅是让学生学会搭建模型,更重要的是以此使学生获得各种知识,提高创新意识,培养科学素养。教学过程遵循"跳一跳,够得着"的 i + 1 原理,为学生搭建合理的学习支架,有效帮助学生完成任务,并且提升解决问题的能力。

三、教学目标

学生通过学习豆芽生长的基本条件、智能水培系统的构建与运行原理,了解水培技术的基本原理和优势,完成智能水培系统的搭建和调试。

在 STEM 教学理念指导下综合运用信息、物理、生命科学等学科的知识和技能,搭建水培系统。通过真实的水培过程,激发学生对科学探究的兴趣和热情,培养他们的好奇心和求知欲。

学生将认识到跨学科合作的重要性,学会与他人协作、沟通和分享,培养团队合作精神。

通过农业实践，意识到科学技术在农业生产中的应用价值，增强对现代农业技术的认识和尊重。

四、教学流程

该教学案例是整个项目中的第三课时，同时也是核心部分。首先，学生们将学习不同传感器的工作原理，并熟悉这些传感器的调试与使用流程；接着，根据智能水培项目的实际需求，选择适当的传感器进行连接，编写并调试程序，将调试好的传感器系统与智能水培的其他部件进行组装，进而对整个系统进行调试；最后，他们将测试智能水培系统的整体运行效果，根据测试结果对模型进行修正和完善，并调试程序，确保系统能够精准地收集和处理各类数据（见表1）。

表1 完成传感器的搭建和编程

实践意图	学生活动	教师教学行为	学业要求
学生通过对不同传感器原理及使用方法的学习，加深对传感器的理解。让学生根据需求选取适合的材料制作作品	1. 列举小组需要的传感器 预设：温度传感器、湿度传感器、光照传感器等	1. 提出问题，创设情境 水培常用的传感器有哪些?	能根据前期对不同条件的学习，确定水培豆芽项目设计方案
	2. 阅读材料，小组合作，掌握不同传感器的工作原理及使用方法	2. 小组合作，探求新知 引导学生阅读材料，小组合作，掌握不同传感器的工作原理及使用方法	
		3. 归纳小结，列出清单 组织学生筛选出有助于监测植物生长数据的传感器 根据作品需求列出小组需要使用的1—3种传感器清单	

五、教学实践难点

1. 学科知识的整合与协调

STEM教学理念强调将科学、技术、工程和数学等多个学科领域的知识相互融合，形成一个综合性的知识体系。在实际教学过程中，由于各个学科具有自身的独立性和知识体系的封闭性，实现真正的跨学科整合与协调显得尤为困难。这往往导致跨学科教学实践结果与预期目标之间存在较大的差距，学生的学习成效也因此呈现出参差不齐的情况。

2. 教师跨学科素养与能力的不足

教师是 STEM 教育成功的关键要素，其对 STEM 教育理念的接受程度以及实施 STEM 教学和评价的效能感都极大地影响学生的 STEM 学习。STEM 教学不仅要求教师具备深厚的学科知识，更要求他们拥有跨学科的思维方式和整合能力。然而现实中，许多初中教师由于缺乏跨学科教学的经验及相应培训，往往难以胜任这一教学任务。他们长久以来习惯于传统的单学科教学模式，对于 STEM 教学中所倡导的跨学科融合理念和方法缺乏深刻的理解和掌握。这种现状在一定程度上阻碍了跨学科教学的深入发展，使得跨学科教学难以充分发挥其应有的优势与效果。

3. 课程设置与教材编写的滞后

STEM 教学需要调整和改造现有的课程设置。目前，针对 STEM 教学的课程设置良莠不齐，缺乏系统性和针对性。这导致教师在实际教学中难以找到合适的教学资源和参考材料，影响了跨学科教学的实施效果。

六、教学改进建议与反思

STEM 教育涉及课程改革、学科关系重组、教学和评价方式变化、学段衔接设计等，这一系统工程需要多方参与，利用全社会力量推进。STEM 教学的改进需要我们从多个方面入手：加强教师培训、优化课程设计、创新教学方法并完善评价与反馈机制。同时，我们也要认识到 STEM 教学实施过程中可能面临的挑战和问题，积极寻求解决方案，推动 STEM 教学的深入发展。

1. 加强教师培训与研讨

定期组织 STEM 教学研讨会，不仅有助于教师深入理解和应用跨学科教学理念，更能提升他们的实践技能。通过邀请行业内的专家举办讲座和指导，教师们能够接触到最新的教育理念和教学方法，从而不断更新自己的教学知识和技能。设立跨学科教学工作室，不仅为教师提供了一个实践和交流的平台，更是一个促进教学创新的重要场所。教师们可以共同研究 STEM 教育的最佳实践方案，分享成功案例和教学心得，不断提升自己的教学水平。

2. 优化课程设计

结合学校和学生实际情况，开发符合 STEM 理念的跨学科课程，确保内容的连贯性和实用性，设计具有挑战性的跨学科项目，鼓励学生运用多学科知识解决实际问题，培养他们的合作和创新能力。

3. 创新教学方法与手段

引入问题导向学习、案例分析、实践操作等多样化的教学方法，激发学生的学习兴趣和主动性。利用现代信息技术手段，如在线课程、虚拟实验室等，为 STEM 教学提供更加丰富的教学资源和手段。

4. 完善评价与反馈机制

建立跨学科教学的评价体系，注重过程性评价和综合性评价，全面反映学生的学习成果和能力提升。① 定期收集学生和教师的反馈意见，及时调整教学策略和方法，确保 STEM 教学的持续改进和优化。

---

① 张兰，王丽丽，宋怡 . 加拿大 STEM 教育愿景框架述评——基于"加拿大 2067"计划 ［J］. 基础教育参考，2020（09）：10—14.

基于跨学科项目化学习的 STEAM 课程实践探索
——以太阳能供电工具房为例

李保燃

【摘 要】本文旨在通过理论分析和实证研究，探讨如何将项目化学习和 STEAM 课程这两种先进的教育理念有效融合，以提高小学科学教学的质量。本文分析了在小学科学教学中实施这些理念的关键要素和面临的挑战。通过具体的案例研究，文章展示了如何在实际教学中运用这些理念，并评估了其对学生学习成果的影响。最后，提出了针对性的建议。

【关键词】跨学科项目化学习；STEAM；小学科学教学；实践探索；教学案例分析

一、跨学科项目化学习与 STEAM 课程概述

跨学科项目化学习是一种以解决实际问题为目标的学习方式，它要求学生在教师的引导下，综合运用多学科知识与技能，通过小组合作的方式完成项目任务。这种学习方式有助于培养学生的批判性思维、团队协作能力和创新能力。

STEAM 课程则是在 STEM 课程的基础上加入艺术（Arts），强调在科学、技术、工程和数学的学习过程中融入艺术元素，以培养学生的审美能力和创造力。STEAM 课程注重跨学科整合，鼓励学生在实践中发现问题并解决问题。

二、跨学科项目化学习与 STEAM 课程的整合策略

为了实现跨学科项目化学习与 STEAM 课程的有机整合，我们采取了以下五个方面的策略。

一是明确项目目标与学科关联。在设计项目时，我们首先明确项目的总体目标，并分析该项目涉及的各个学科领域的知识和技能点。这样有助于确保项目任务的跨学科性，同时也便于教师和学生更好地理解和把握项目要求。

二是设计综合性项目任务。为了让学生综合运用多学科知识与技能，我们设计了涵盖多个学科领域的综合性项目任务。这些任务不仅要求学生掌握基本的科学原理和技术方法，而且要他们运用数学知识进行数据分析，还要运用艺术思维进行创意设计。

三是提供跨学科资源与支持。为了支持学生在跨学科项目中的学习，我们提供了丰富的跨学科资源，如实验材料、图书资料、网络资源等。同时，我们还鼓励教师之间开展跨学科合作，共同为学生的学习提供指导和支持。

四是引导学生在实践中学习。在项目实施过程中，我们注重引导学生通过观察、实验、讨论等方式自主探究问题解决方案。通过实践操作，学生不仅能够加深对学科知识的理解，还能够培养自己的动手能力和创新能力。

五是实施多元评价与反馈。为了全面评估学生在跨学科项目中的学习成果，我们采用了多元评价方式，包括过程性评价和结果性评价、自我评价和他人评价等。通过及时有效的反馈，帮助学生发现自己的优点和不足，并为他们提供改进建议。

三、教学案例分析——以"制作太阳能供电工具房"项目为例

（一）项目背景与目标

"太阳能工具房"项目围绕驱动性问题"如何为学校的种植实践基地——沁园设计一个通电的工具房，便于存放收纳劳动工具？"进行。学生在解决工具房问题时，以小组为单位，基于学习电的产生与利用等背景知识，开展实际调查测量、设计工具房草图、制作工具房模型、利用太阳能板连通 LED 电路、汇报成果、

评价展示，体验思考问题、分析问题、解决问题的全过程。在"太阳能供电工具房"项目化学习的过程中，学生动手创造，学习并融合运用科学、劳动技术、数学、信息技术的相关知识，根据项目需求，合理制作出太阳能工具房模型，培养创新精神与实践能力，真正将科学素养和"五育"并举落到实处。根据各学科2022年新修订的义务教育课程标准中提出的学科核心素养要求，我们制定了项目学习目标。

1. 劳动核心素养

劳动能力与习惯：学生将通过实际操作，如测量、设计和制作工具房模型，提升劳动技能和动手能力。通过小组合作和分工，学生将学习如何高效协作，培养团队合作精神和责任感。

劳动观念与精神：学生将在项目中体会到劳动的价值和意义，认识到劳动对于社会发展和个人成长的重要性。通过探究和实践，学生将养成节约资源、保护环境的习惯，培养面对挑战时的坚韧和创新精神。

劳动品质：学生将在项目过程中展现诚实、勤奋、细致和自我管理的品质，通过反思和评价活动，提升自我监控和自我改进的能力。

2. 科学核心素养

科学观念与思维：学生将通过学习电的产生与利用等背景知识，建立科学的世界观和方法论。在探究太阳能供电的过程中，学生将运用逻辑思维和批判性思维，分析问题和解决方案。

探究实践：学生将通过实验和测试太阳能板连通LED电路的过程，实践科学探究的方法和步骤。学生将学会如何收集和分析数据，以及如何基于数据做出决策和解决问题。

态度责任：学生将在项目中培养对科学探究的热情和好奇心，以及对科学知识的尊重和责任感。通过讨论和展示成果，学生将学会如何以科学的态度对待团队合作和公共交流。

3. 综合目标

学生将通过跨学科的项目化学习，将劳动和科学的核心素养融入实践中，不仅提升个人技能，也增强社会责任感和环境保护意识。学生将学会如何在实际情境中应用科学知识和劳动技能，解决现实问题，同时培养终身学习和创新的能力。

通过这些目标的设定，项目不仅关注学生的知识掌握情况，更重视学生能力的培养和价值观的形成，为学生的全面发展奠定坚实的基础。

（二）项目内容与实施步骤

1. 情境创设与讨论

学生根据在沁园劳动的亲身经历，发现工具就近收纳的难题，通过讨论交流，引入驱动性问题"如何搭建一个通电的工具房？"

2. 理论知识学习

教师首先向学生介绍电的产生、不同发电方式的工作原理、电的储存和利用等科学知识。通过多媒体演示、实物展示和实验探究等方式，帮助学生建立对太阳能电路的初步认识。

3. 分组讨论与设计

学生分成若干小组，每组根据所学知识讨论并设计出一款独特的太阳能供电工具房模型。设计过程中，学生需要综合考虑科学性、实惠性、美观性等因素。教师巡回指导，帮助学生完善设计方案。

4. 材料收集与制作

学生利用课余时间收集废旧物品作为制作材料，并在教师的指导下进行模型制作。在此过程中，学生不仅锻炼了动手能力，还学会了如何合理利用资源。教师提供必要的工具和设备支持，确保学生能够顺利完成制作任务。

5. 测试与优化

制作完成后，各组将自己的太阳能供电工具房模型进行实验测试，记录数据并分析效果。针对测试中发现的问题，学生进行讨论并提出改进方案，对模型进行优化。教师给予必要的指导和帮助，确保学生能够找到问题的症结所在并提出有效的解决方案。

6. 展示交流与评价

最后，各组将自己的作品进行展示交流，并接受其他小组和教师的评价。评价标准包括科学性、创新性、实用性等方面。通过展示交流，学生可以相互学习借鉴，共同提高。同时，教师也对学生的表现给予积极反馈和建设性建议。

（三）项目实施成效与学生反馈

通过本项目的实施，学生不仅掌握了太阳能供电工具房的工作原理和制作方法，还培养了团队协作精神、创新能力，形成节能环保意识。同时，学生们在项目实践中也遇到了诸多挑战，如材料选择、电路连接、结构设计等问题，但通过不断尝试和改进，最终都取得了满意的效果。

在项目结束后，教师对学生进行了问卷调查。结果显示，学生对本次项目参与度很高，认为自己在项目中收获很大。他们纷纷表示，通过亲身参与实践操作，不仅加深了对知识的理解，还提高了自己的动手能力和解决问题的能力。此外，还有部分学生表示希望在未来能够继续参与类似的项目实践活动。

四、成效评估

为了全面评估跨学科项目化学习和 STEAM 课程整合的教学效果，我们从以下几个方面进行了评估：

1. 学生学习成果

通过对比项目实施前后的学生作品和学习评估，我们发现学生的科学核心素养、技术创新能力和艺术审美能力均得到了显著提升。

2. 学生反馈

通过问卷调查和学生访谈，我们了解到学生对项目化学习的满意度较高，他们认为这种学习方式更加贴近实际需求，有助于激发学习兴趣和提高学习效果。

3. 教师反馈

参与项目实施的教师普遍认为，跨学科项目化学习和 STEAM 课程的整合有助于促进教师之间的交流与合作，提高教学质量。同时，他们也意识到自己在跨学科教学方面还有很多需要学习和提升的地方。

五、结语

通过上述理论分析和实证研究，我们可以得出以下结论：将跨学科项目化学习理念融入 STEAM 课程设计中，对于提高小学科学的教学质量具有重要意义。这种整合方式不仅有助于培养学生的综合素养和创新能力，还能够促进教师的专业成长和教学质量的提升。

为了更好地推进跨学科项目化学习和 STEAM 课程在小学科学教学中的应用，我们提出以下建议：

一是加强教师培训，提高教师对跨学科项目化学习和 STEAM 课程理念的认识和理解，提升他们的跨学科教学能力。

二是完善课程资源，开发更多与跨学科项目化学习和 STEAM 课程相关的教学资源，如教材、实验器材、教学案例等。

三是建立合作机制，鼓励学校与科研机构、企业等合作，共同开发和实施跨学科项目化学习和 STEAM 课程。

四是创新评价体系，建立多元化的评价体系，全面评估学生在跨学科项目化学习和 STEAM 课程中的学习成果。

跨学科视角下小学课程教学实践
——以小学自然科学融合 STEAM 课程教学为例

李建坪

【摘　要】跨学科视角蕴含跨越学科界限的思维方式，为学生认识和理解复杂现象、解决复杂问题提供认知框架。本文旨在围绕学科"核心概念"和"跨学科概念"，以自然科学和 STEAM 课程教学为例提出跨学科视角下小学课程教学模式，引导学生以跨学科视角分析真实情境中的问题，在解决问题过程中链接已知经验、学习应用原理、经历实践活动、解决复杂问题，从而达成课程目标。引导学生亲身参与和体会跨学科实践，建构跨学科的多元认知体系，提高解决真实问题的能力，促进核心素养发展。

【关键词】教学目标；教学实施；评价机制

一、围绕跨学科概念构建教学目标

《义务教育科学课程标准（2022 年版）》把科学核心素养分为四个维度：科学理念、科学思维、探究实践和态度责任，启示教师要树立跨学科的思想，开展跨学科的学习，积极将科学的核心素养融入核心概念和跨学科概念的学习过程中。为提高课堂教学的有效性，依据新课标和《上海市小学自然学科教学基本要求》要求，调整并制订课程教学目标，具体教学目标的案例见表1。

表1 "身边的材料——纸"的教学目标

项 目	教学目标			
产生真实问题	1．我们应该如何处理用完的作业纸？ 2．我们怎样最大限度地减少纸资源的浪费？			
所属自然科学主题	一年级身边的材料，三年级随处可见的材料			
涉及STEAM课程内容	再生纸STEAM项目			
核心概念	核心概念1. 物质的结构与性质　核心概念2. 技术、工程与社会			
跨学科概念	物质与能量			
对应目标	1. 观察并描述纸的轻重、薄厚、颜色、表面粗糙程度、形状等外部特征 2. 能根据物体的外部特征对其不同的纸张进行简单分类 3. 能识别生活中常见的纸的材料，知道纸是一种材料，来源是树木，用途广泛 4. 知道天然材料与人造材料的区别，知道树木是天然材料、纸是人造材料 5. 说出纸张材料的主要用途 6. 知道纸是可以回收和利用的材料 7. 说出纸回收、处理和再利用的方法及意义 8. 知道人类的需求不断促进新材料的发明			
调整策略	仔细研读科学教材内容中文字表述的意图，挖掘核心概念和跨学科概念，适当调整原文顺序，拓展教学资源并进行合理优化			
教材内容	"这本书是用纸做的" "纸是一种材料"	"树木可用来造纸""树木的碎片被加工成纸浆""在造纸厂里，纸浆被加工成纸"	"学校和家庭都要使用大量的纸"	"我国东汉时期的蔡伦，在距今大约1900年前发明了纸"
科学S	知道纸是一种材料	了解纸的来源，纸是用树木做成的	知道人类的需求不断促进新材料的发明	知道造纸是我国古代四大发明之一
技术T	用纸可以做成书	知道造纸的方法有机械方法和化学方法	改进再生纸的质量，如粗糙程度	模拟古人造纸
工程E	1. 利用废纸制作再生纸，一般分为制浆和造纸两个基本过程 2. 制浆是用机械方法或化学方法或两者结合的方法把植物纤维原料变成本色纸浆或漂白纸浆 3. 造纸是把悬浮在水中的纸浆纤维，经过不同的加工处理，生产出符合各种要求的纸			

续表

项　目	教学目标			
艺术 A	用再生纸制作一个工艺品	改变再生纸的颜色、光泽	美化再生纸	了解纸的传统文化、制作纸的历史工艺和改进工艺，用纸可以制作书籍、在纸上印刷等
数学 M	"一张纸"与"一本书"的数量关系	计算多少克废纸可以制作 100 克再生纸	利用数学思维分析"大量"，分析如何减少纸张浪费	面积计算，一张大的"纸"可以做成几页
拓展延伸	产生新的探究：如何在纸上写隐形的字，又如何将隐形的字显现出来；与纸有关的非遗；造纸工厂参观等			

通过充分考虑学生认知水平和知识经验，以科学新课标和 STEAM 理念综合调整学习进度和教学目标后，学生能够通过再生纸的制作，对纸的来源、用途和造纸方法有深入的了解，也认识到资源回收和利用的重要性。学生通过学习能找到"我们应该如何处理用完的作业纸？我们怎样最大限度地减少纸资源的浪费？"的解决方案，并最终解决真实的问题。

二、基于 STEAM 理念构建教学实施流程

依据新课标的学科核心概念和跨学科核心概念的内涵，以学生核心素养发展为目标，我们提出了新的自然科学跨学科教学新模式。该模式着重从真实的情境出发，以跨学科概念为知识支撑，以 STEAM 理念进行探究实践，促进学生对科学概念的理解，解决跨学科的实际问题。跨学科视角下小学自然融合 STEAM课程活动的实施主要以学生活动为主，教师引导为辅，实现层层递进、环环相扣。活动实施流程见图 1，具体包括四个环节：第一环节，学生通过观察、调查分析生活中的真实问题或需求，由此提出可探究的真实问题，通过讨论与交流激活元认知；第二环节，在教师的引导下，学生获得合适材料或寻找合适材料，以跨学科的认知对问题进行探究，并在小组交流与合作中激发学习新知；第三环节，学生应用跨学科知识进行探究实践，包括制作、实验、测试、评估、优

化和调整等，在探究实践中提升科学原理的应用能力和跨学科解决问题的能力；第四环节，学生对整个活动作展示评估、表达和交流，构建跨学科的知识体系。

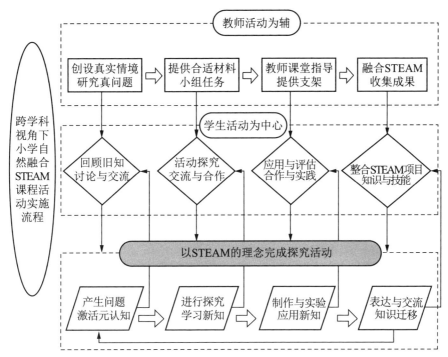

图 1　跨学科视角下小学自然融合 STEAM 课程活动实施流程图

三、基于学生核心素养建立评价机制

STEAM 理念下小学自然课堂看重学生的合作与探究精神，关注学生收集信息的能力、综合运用知识的能力、表达自己观点和展示学习成果的能力，注重科学思维的培养。因此，评价机制应该是多元化的。

（一）对学生的学习力进行评价

主要包括学习兴趣、学习习惯、学习方法和学习成果，具体评价见表 2。

表 2　学生学习力评价表

评价维度	评　价　内　容	教师评价	学生评价
学习兴趣	学习前能主动查阅相关资料	☆ ☆ ☆ ☆	☆ ☆ ☆ ☆
	学习过程中表现出兴趣与热情	☆ ☆ ☆ ☆	☆ ☆ ☆ ☆
	学习后能主动拓展相关活动或内容	☆ ☆ ☆ ☆	☆ ☆ ☆ ☆
学习习惯	能认真倾听和文明发言	☆ ☆ ☆ ☆	☆ ☆ ☆ ☆
	能通过合作进行科学实践	☆ ☆ ☆ ☆	☆ ☆ ☆ ☆
	乐于与组员讨论并表达观点	☆ ☆ ☆ ☆	☆ ☆ ☆ ☆
学习方法	遇到问题能及时求助老师或同学	☆ ☆ ☆ ☆	☆ ☆ ☆ ☆
	能以跨学科的概念思考和分析问题	☆ ☆ ☆ ☆	☆ ☆ ☆ ☆
	能通过实践及时总结经验，改进和调整优化	☆ ☆ ☆ ☆	☆ ☆ ☆ ☆
学习成果	知道蕴含的科学知识或原理	☆ ☆ ☆ ☆	☆ ☆ ☆ ☆
	乐于积极地使用语言正确地表达结论或介绍作品	☆ ☆ ☆ ☆	☆ ☆ ☆ ☆
	作品设计或制作有创意、美观	☆ ☆ ☆ ☆	☆ ☆ ☆ ☆

注：☆为一般　☆☆有进步空间　☆☆☆较好　☆☆☆☆优秀

表 2 中评价内容清晰且具发展性、指导性，使学生得到评价的同时，了解自身需要哪些方面进一步努力，可提高参与课堂活动的积极性。

（二）对学生的不同学习阶段进行评价

根据教学活动中的不同学习阶段设置评价侧重点，明确每一学习阶段或进度实施阶段要达成的学习目标。以主题"能与能的转化"中"电路"为例，学习目标为"学会用导线连接实物组成简单的串联电路"，将传统自然课堂的评价内容与STEAM 理念下自然课堂的评价进行分析和比较，具体分别见表 3、表 4。

表 3　"电和电路"—"串联电路"评价表

活动要求	等　第　标　准			达成情况
	☆	☆☆	☆☆☆	
工程设计	组内商量，画出草图	根据草图，进行实物连接	根据实验结果，确认或及时修改草图	

活动要求	等　第　标　准			达成情况
	☆	☆☆	☆☆☆	
技术实践	会连接串联电路	会连接串联电路，并成功使所有灯泡亮	会在注意安全的情况下正确连接串联电路，并成功使所有灯泡亮或不亮	
问题解决	能在老师或同学的帮助下连接电路	能自己分析和解决电路中故障，成功连接电路	能帮助他人分析和解决电路故障，并使电路连接成功	

注：串联电路的材料主要为电池、导线、开关和小灯泡

表4　"电和电路"—"电子互动纸贺卡的制作"评价表

过程要素	等　第　标　准		达成情况
产生问题	☆	能提出电子互动纸贺卡为什么能一打开，灯就能亮的疑问	
	☆☆	能对电子互动纸贺卡打开灯就亮的原因进行猜测	
	☆☆☆	能对电子互动纸贺卡内部的构造进行猜测	
	☆☆☆☆	能对电子互动纸贺卡内部构造进行猜测，能说清理由	
收集资料	☆	能在教师引导和家长帮助下，收集和查阅电子互动纸贺卡的资料	
	☆☆	能仔细观察、分析它们的结构	
	☆☆☆	能知道贺卡制作电路中的关键材料：纽扣电池、发光二极管、铜箔胶带、导电墨水	
	☆☆☆☆	能知道电路中每一个配件的使用方法，通过收集材料产生创意设计电路的思路	
制定方案	☆	能向组内同学介绍自己的电子互动纸贺卡的电路设计方案	
	☆☆	能听取他人的建议和评价	
	☆☆☆	能综合他人的建议和自己的设想，从结构和功能上进一步改进电子互动纸贺卡方案	
	☆☆☆☆	能从STEAM中艺术和数学角度，考虑美观程度、材料成本、结构比例等，进一步改进电子互动纸贺卡方案	

续表

过程要素		等 第 标 准	达成情况
实验与制作	☆	能正确做好电子元件在贺卡上的标记，确定纽扣电池、铜箔胶带、发光二极管的位置	
	☆ ☆	能正确连接电路中的电池和发光二极管	
	☆ ☆ ☆	能准确完成电子互动纸贺卡的电路连接	
	☆ ☆ ☆ ☆	能经测试功能正常，能口头介绍设计的思路和制作的方法	
评价与改进	☆	能完成作品的展示	
	☆ ☆	且能介绍活动中发现问题和如何解决问题的过程	
	☆ ☆ ☆	还能认真倾听他人对自己的作品和表现的评价	
	☆ ☆ ☆ ☆	最后能听取他人的建议，思考改进的方法	

注：串联电路的材料主要为纽扣电池、发光二极管、铜箔胶带、导电墨水和纸

根据五个阶段不同能力水平，对学生"简单电路"的学习情况进行过程性评价，有利于学生意识到科学思维如何在过程中产生。

通过比较表3和表4的评价内容，发现STEAM理念下的自然课堂教学内容趣味性更浓，也更贴近生活实际，"分步"评价与"分等第"评价除了对学生各学习阶段评价外，还能引导学生体验实践活动的一般过程。因而，在STEAM理念下的自然课堂教学，真实的情境更易出现，真问题的研究学习更易发生。

四、结语

笔者从教学目标、教学实施流程和评价机制三个方面探讨小学自然科学融合STEAM课程教学的实践，发现跨学科视角下的科学课程活动内容更丰富、实践探究更生动、评价机制更多元，更贴近生活实际，更接近真实情境，更有利于学生在发现问题和解决问题的过程中培养合作与探究精神，提升收集信息、综合运用知识的能力。学生通过表达自己的观点、展示学习成果培养自身科学素养，提升科学思维。

基于自然的 2—3 岁幼儿园本课程构建的实施方案
——以 H 幼儿园为例

肖　敏

【摘　要】随着社会的发展、城市化进程的加快，越来越多的城市幼儿生活在钢筋和混凝土的丛林中，远离了大自然的怀抱，对自然缺乏认知和了解，何谈亲近自然、敬畏自然。针对这一现象，本文试图探索基于自然的 2—3 岁幼儿园本课程构建的实施方案，以 H 幼儿园为课程研究基地，以社区自然资源为载体，让儿童回归自然，让自然赋能儿童。通过带领幼儿走进自然，利用自然元素和自然环境进行游戏、观察、记录、创作等一系列体验式的活动，在活动中建立人与自然、人与人、人与自我的关系。

【关键词】自然；园本课程

大自然是人类赖以生存和发展的基础，人类应该以自然为根，尊重自然、顺应自然、保护自然。随着人类社会的不断发展，大家越来越重视环境，形成人与自然和谐共生的价值观。文化领域中的知识和自然生态系统中的生物一样，都是相互联系和共享共生的。① 这也是教育的新方向——自然生态化课程。

---

① 徐占洋，余嘉云. 生态化课程：一种新型的课程形态［J］. 文教资料，2009（35）：135—137.

随着社会的发展，城市化进程的加快，城市挤占了乡村，"驱赶"了自然，越来越多的城市幼儿远离自然，"自然成了远方"。理查德·洛夫在《林间最后的小孩——拯救自然缺失症儿童》一书中称这种现象为"自然缺失症"。"孩子们更喜欢室内，在自然环境中反而会手足无措、感到无聊，丧失了与自然亲近的本能。远离自然成长的孩子几乎不知道食物是哪里来的，也难理解环保的重要，地球的未来让人担忧"[1]。

2001 年教育部颁布的《幼儿园教育指导纲要（试行）》、2008 年上海市教育委员会印发的《上海市 0—3 岁婴幼儿教养方案》、2016 年教育部颁布的《幼儿园工作规程》中都强调了幼儿在幼儿园阶段亲近自然环境，培养对自然的感知的重要性。

H 园位于上海市嘉定区安亭镇，整个小镇的绿化率达到 70%，其中河流水系、连续绿化空间、行道树连接外部的自然生态与社区内部的公共空间，从而保证了生态的连贯性。同时，幼儿园毗邻上海汽车博览公园和奥林匹克体育公园，两大公园包含山系、水系、岛屿、湿地、绿地、水岸等，组成多样化的结构骨架，这些得天独厚的自然资源对生活在附近的幼儿有着意义深远的教育价值。其次，H 园内有着形态多样且面积广阔的自然户外空间，如南面临近天然湖泊的亲水栈道、真草坪、种植区、沙水池、植被等，为幼儿园构建基于自然的生态化园本课程提供了可能性。

自 2019 年 9 月以来，H 园托班年级组一直提倡幼儿在自然环境中以自然状态主动学习，重视自然教育对幼儿的塑造，树立生态的世界观，以主题探究活动为课程的主要构建方式，从而达到让幼儿亲近自然、了解自然、敬畏自然和爱护自然的目的。正是有了这样的背景，笔者提出了在 H 园开展构建 2—3 岁幼儿基于自然的园本课程研究的设想，以进一步丰富专业理论，积累实践经验，完善托班课程体系。

一、课程目标

让儿童回归自然，让自然赋能儿童。充分利用园所的生态环境和周边社区优质的自然资源，推行"让幼儿亲近自然，在自然状态下成长和游戏，从而促进身心全面发展"的园本课程理念，构建出一套自然化、游戏化、生活化，适合 2—3 岁幼

---

① 理查德·洛夫.林间最后的小孩——拯救自然缺失症儿童［M］.自然之友，译.长沙：
湖南科学技术出版社，2010.

儿发展的基于自然的课程。

让幼儿回归自然，指尽可能地让幼儿接触自然环境和自然材料，与自然元素互动，亲近自然，感受自然，爱护自然。让自然赋能儿童，指幼儿在与自然互动的过程中获得身心的健康发展，塑造健全独立的人格，发展好奇心和求知欲，锻炼自主探索的能力。

二、课程内容

课程内容基于课程目标而定。大自然汇聚万物，四季更替、自然现象、自然风光、丰富的动植物等都可以成为幼儿的课程内容。根据2—3岁幼儿的身心发展特点，我们不要求他们知晓自然元素中蕴含的知识、原理，而是希望他们初步体验、感知、探索周围自然事物和现象，进而萌发出对自然的亲近和热爱之情。故而我们在选择课程内容时充分考虑幼儿发展特点的阶段性、差异性和连续性，贴近幼儿的生活经验，结合园内和社区实际情况、地域特点，甄选出合适的课程内容。综上所述，笔者以自然界四季变化为时间线，分为春华、夏茂、秋实、冬藏四大主题，每个主题下设置以自然现象、植物、动物、"食育"、自然美育为课程内容。

（一）自然现象

1. 气候现象

风、云的运动和变化；晴天、阴天、雨天、下雪天的变化和特征；白天和夜晚的变化和特征；与气候相关的学习和游戏活动。

2. 季节现象

四季的更替；植物的变化；动物的变化；天气的变化；季节对人类生活的影响；与季节相关的学习和游戏活动。

3. 光

光与影的特点和联系；与光有关的学习和游戏活动。

4. 颜色

自然界的色彩；与色彩有关的学习和游戏活动。

5. 声音

自然界中的声音；声音与人类的关系；与声音相关的学习和游戏活动。

（二）植物

1. 植物的特征
2. 常见植物与环境的关系
3. 常见植物与人类生活的关系
4. 与植物相关的学习和游戏

（三）动物

1. 常见动物的特征和习性
2. 常见动物与环境的关系
3. 常见动物与人类生活的关系
4. 与动物相关的学习和游戏

（四）食育

1. 食趣：对食材和食物感兴趣
2. 食知：了解食材的种类，懂得健康饮食
3. 食操：获取食材的能力、制作食物的能力
4. 食礼：认同和习得就餐礼仪

（五）自然美育

美育是幼儿教育的重要组成部分，是培养幼儿认识美、爱好美和创造美的能力的教育。[①]幼儿园自然美育应充分利用大自然环境中蕴藏的各种美育元素，引导幼儿发现、感受、欣赏自然之美。

三、课程实施的原则

（一）安全性

保证活动的安全性是课程实施的前提，自然环境和自然材料是自然课程的场

---

① 曾丽霞. 幼儿园自然美育实践探析［J］. 教育观察，2020，9（08）：54—55.

所、内容和工具，其中既有不可控的不安全因素，如气温、风雨的变化；也有动植物等带来的危险因素，如植物过敏，植物毛刺、植物毒性、蚊虫叮咬、动物攻击等，容易造成幼儿在课程实施过程中生病受伤等情况。故而教师务必要在课程内容的选择和活动实施前做好充分的准备，细致检查，尽可能多地排除安全隐患，确保幼儿在活动中的安全。

（二）适宜性

适宜性指的是教师在制定活动目标、确定活动内容、创设和选择活动环境、课程实施过程等环节中，要充分考虑2—3岁幼儿的年龄特点、身心发展水平、情感需要，综合实际需要开展教育活动。[①] 适宜的内容幼儿容易理解，适宜的方法幼儿能够接受，只有坚持适宜性原则的才是最好的。其次，同一幼儿和同一月龄大小的不同幼儿在动作、认知、语言和社会发展等方面的发展不均衡，教师应在选择活动内容、实施活动的环节中充分考虑幼儿之间的个体差异。

（三）参与性

参与性原则有两层含义，一是指在课程活动设计过程中，要尊重幼儿的学习兴趣，注重活动环节和情境的趣味性，使用多种途径和策略让幼儿参与活动，感受自然、亲近自然和探究自然；二是指在设计教学活动的过程中，要考虑社区和家长资源，鼓励共同参与。

（四）探究性

幼儿的学习是以直接经验为基础，而直接经验的获得则是他们通过"玩"的方式和周围环境相互作用，从而获得感觉知觉的发展和智慧的增长。自然课程实施的探究性原则是指要让儿童用"玩中学"的方式，动手实践，通过视觉、听觉、触觉、嗅觉和味觉充分感知自然环境和自然材料，激发幼儿的好奇心和探索欲，实现幼儿与大自然的有效联结。

---

① 李阳.幼儿基本动作的发展干预研究［D］.北京：北京体育大学，2020.

四、课程实施的路径

根据幼儿的年龄发展特点，课程的实施路径采取预设性和生成性相结合的方式来设计，主要由以下四个方面构成。

1. 生活活动

来园离园、用餐、饮水、盥洗、如厕、午睡、自由活动等生活活动都蕴含着自然教育的契机和价值，幼儿可以通过这些活动获得对自己身体、食物等的一般认识，培养相应的生活自理能力和良好的生活和卫生习惯。

2. 创设自然区域和开展区域活动

一方面根据课程目标和课程内容设置相应的自然区角，另一方面，在环境创设过程中融入相应的自然元素。自然区角活动可以最大程度地实现幼儿对自然事物或者自然现象的认识，可以为幼儿的操作和探究提供充分的机会和条件支持。

3. 集体教学活动或小组教学活动（领域活动）

集体教学活动或小组教学活动依据活动目标有目的、有计划地进行，能够在最短的时间内系统地向幼儿传递关于人、自然以及社会的知识。本课程的教学活动根据《0—3岁儿童观察与评估》为参考依据，侧重儿童的"感知觉、动作、认知、言语、社会性—情绪"领域发展。

各领域中，0—3岁儿童的感觉发展，由于内部感觉（运动觉、平衡觉、机体觉）不易观察，我们主要以外部感觉，视听嗅味触为主；动作发展主要为粗大动作和精细动作；认知发展涵盖儿童感知、记忆、思维、想象和注意等心理活动；言语发展主要为儿童的言语活动和言语作品；情绪与社会性发展包含儿童的自我意识、社会行为和社会适应。[1]

4. 户外活动

户外活动主要开展健康、社会领域和游戏活动，大自然为其提供了更广阔的活动空间，幼儿能更好地亲近阳光和空气，增强儿童抵抗能力，满足孩子好动与探究的本性，提高儿童的社会化发展。

---

① 周念丽.0—3岁儿童观察与评估［M］.上海：华东师范大学出版社，2013.

自然课程的实施始终应坚持幼儿参与的主体性，要根据课程目标的不同层次和课程的实际情况合理地选择课程实践路径。[①]

五、活动方案

1. 活动目标

2—3 岁自然课程目标以《上海市 0—3 岁婴幼儿教养方案》及《0—3 岁婴幼儿观察与评估》为参考，主要为认知、技能、情感三个目标维度。

认知目标：指知识的掌握，认知能力的发展。

技能目标：指技能的获得、动作协调、动作技能的发展等。

情感目标：包括兴趣、态度、习惯、价值观念、社会适应能力的发展等。[②]

2. 活动准备

活动准备包括物质材料准备和幼儿已有的经验准备。物质材料准备是指开展自然课程活动所需要的教学具、媒介、环境等物质材料；幼儿已有的经验准备是指幼儿现阶段已掌握的知识、经验、能力等。充分的活动准备是顺利开展课程的基础和保障，有助于激发幼儿对活动的兴趣和能动性，提高活动质量。

3. 活动过程

活动过程分为导入、体验和总结三部分。首先，活动导入是指教师以兴趣引导幼儿进入主题，可为呈现、谈话、游戏、实验、观察等方法，时间控制在 5 分钟左右；活动体验是活动过程的主体，以幼儿主动实践为目的活动体验，根据活动内容和活动形式的不同，时间在 15—35 分钟不等；活动总结是指教师和幼儿在活动最后对活动内容共同讨论、总结和回顾，时间在 5 分钟左右。

4. 活动延伸

活动延伸主要是对课程内容的拓展和补充，活动可以发生在教室区角、家庭、社区以及其他公共场所。

①　计彩娟.农村幼儿园自然课程的建构［J］.学前教育研究，2021（12）：77—80.
②　张丽.幼小数学教学衔接问题研究［D］.桂林：广西师范大学，2010.

5. 教学反思

在活动完成实施后，教师应对课程实施的情况进行再认识、再思考，调整和完善教学方法，以更好地适应幼儿的需求和发展，不断提高幼儿对活动的参与度，进一步优化活动方案。

六、结语

本实施方案试图探索 2—3 岁幼儿的基于自然的园本课程构建研究课题的可行性、课程目标和内容、课程实施策略、活动方案的设计与实施，为研究提供理论基础和实践框架，以上海 H 幼儿园为课程研究基地，以社区自然资源为载体、让儿童回归自然，让自然赋能儿童为出发点构建园本课程，使得我们更加关注自然生态环境，优化教育课程生态，推动和完善幼儿园 2—3 岁基于自然的课程建设的理论和实践。

幼儿园 STEAM 超学科课程融合 PYP 理念的实践研究

李春阳

【摘　要】本文通过文献研究、调查研究、行动研究和案例研究等方法，设计并实施融合 STEAM 教育与 PYP 理念的超学科课程方案，旨在探索 STEAM 教育与 PYP 理念的融合模式，验证融合课程对幼儿综合素质的影响，以期丰富教育理论体系，促进教育创新，提升幼儿综合素质，推动教师专业发展和幼儿园教育改革。

【关键词】STEAM 教育；PYP 理念；超学科课程；幼儿教育；教育融合

　　近年来，随着教育改革的深入，国内对于幼儿园阶段的教育模式创新给予了越来越多的关注。特别是 STEAM 教育的引入与实践，被视为培养幼儿创新素养的重要途径。实践者们也积极探索将 STEAM 教育与幼儿园课程融合的具体路径。

　　当前的研究和实践都表明，STEAM 教育与幼儿园课程的融合具有巨大的潜力和价值，但同时也面临着一系列挑战和问题。如何将 PYP 理念具体融入 STEAM 课程中，包括教学目标设定、教学内容选择、教学方式方法等方面的详细探讨存在不足。此外，现有的研究更多地停留在理论层面，对实际操作的深入研究较少，特别是在幼儿园环境下的实践研究更为缺乏。因此，本文将重点放在实践操作上，通过实际的课程设计、实施和评估，探索 STEAM 教育与 PYP 理念融合的有效方式。

一、研究的意义与价值

1. 丰富教育理论体系

通过融合 STEAM 教育和 PYP 理念，能够丰富和发展现有的教育理论体系。STEAM 教育强调跨学科学习，注重培养学生的创新思维和问题解决能力；而 PYP 理念则关注学生的全面发展，强调以学生为中心的教学方法。将二者结合起来，可以为幼儿园教育提供更加全面和深入的理论支持。

2. 促进教育创新

该研究有助于推动教育的创新和发展。传统的幼儿园教育往往忽视了学生的主体性和创造性。通过引入 STEAM 教育和 PYP 理念，可以激发幼儿的学习兴趣和主动性，培养他们的创新精神和批判性思维，从而促进教育的创新和发展。

3. 提升幼儿综合素质

通过实施融合 STEAM 教育和 PYP 理念的超学科课程，可以提升幼儿的综合素质。这样的课程设计不仅关注知识的传授，还注重培养幼儿的创新思维、问题解决能力、批判性思维等，有利于幼儿的全面发展。

4. 促进教师专业发展

该研究对于教师的专业发展也有积极的意义。实施融合 STEAM 教育和 PYP 理念的超学科课程，需要教师具备跨学科的知识和技能，以及以学生为中心的教学理念。这将促使教师不断学习和提升自己的专业素养，从而更好地适应当前教育的发展需求。

二、STEAM 教育和 PYP 理念的内涵

STEAM 指的是科学（Science）、技术（Technology）、工程（Engineering）、艺术（Arts）和数学（Mathematics）。STEAM 教育是一种教育理念，强调跨学科的整合性学习，鼓励学生通过项目式学习、问题解决和创新实践来掌握这些领域的知识与技能。在 STEAM 教育中，学生不仅学习知识，更重要的是学习如何应用这些知识来解决现实生活中的问题。

PYP 是国际文凭组织（International Baccalaureate Organization，IBO）为 3—

12 岁学生设计的一个综合性的、跨学科的课程框架。PYP 理念强调以学生为中心的教学方法，注重学生的全面发展，包括知识、技能、态度和价值观的培养。PYP 理念鼓励学生成为积极的学习者、思考者和合作者，培养他们的国际视野和跨文化理解能力。

超学科课程是指跨越多个学科领域的综合性课程。它强调不同学科之间的交叉与融合，鼓励学生从多个视角来探索和理解世界。超学科课程的设计旨在培养学生的跨学科思维、创新能力和综合素质，使他们能够应对复杂多变的现实问题。

三、探索 STEAM 教育与 PYP 理念的融合模式

探索如何将 STEAM 教育的跨学科学习方法和 PYP 理念的以学生为中心的教学方法有效融合，形成一种新的、适应幼儿园教育需求的课程模式。

在将 PYP 课程理念与幼儿园教育相结合时，尊重个体差异（满足不同需求，包容多元文化）这一原则显得尤为重要。在幼儿园阶段，幼儿正处于身心发展的关键时期，他们的兴趣、能力、学习方式以及文化背景都存在较大的差异。因此，将 PYP 课程理念融入幼儿园教育，特别是强调尊重个体差异，对于促进幼儿的全面发展具有重要意义。

实践导向学习，即"做中学"，是一种强调通过实践活动来引导和促进学生学习的教育理念。在幼儿园教育中，这种学习方式尤为重要，因为它不仅符合幼儿好奇、好动、好模仿的天性，而且能有效提升他们的实践能力，帮助他们建立对世界的直观理解和感知。

实践导向学习的核心在于让幼儿通过亲身参与、动手操作来探索和发现知识。在幼儿园教育中，这就要求教育者要设计和组织各种实践活动，如观察实验、角色扮演、手工制作、户外探索等，让幼儿在操作中学习，在体验中成长。

引导自主学习教育者应激发幼儿的学习兴趣。幼儿园阶段的孩子们充满好奇心，对周围的世界充满探索欲望。教育者可以通过设计富有趣味性和启发性的教学活动，如趣味实验、角色扮演、户外探险等，来引发幼儿的好奇心，使他们主动学习。此外，教育者还可以关注幼儿的个性化需求，提供多样化的学习资源，让每个

孩子都能找到自己感兴趣的学习内容，从而更积极地投入学习。

比较 STEAM 教育和 PYP 理念的核心理念，找到两者间的共同点和互补性。例如，STEAM 注重跨学科性和创新思维培养，而 PYP 则强调以学生为中心的学习和全面发展。

教学方法的交融，研究 STEAM 的项目式学习、实验探究等方法与 PYP 中的探究、合作和反思等教学方法的交融可能性，以及如何在实践中应用。

教育目标的对齐，将 STEAM 培养创新思维和实践能力的目标与 PYP 的全面发展目标相对照，确保融合课程的教育目标既全面又具有深度。

四、设计融合 STEAM 与 PYP 的超学科课程方案

1. 课程目标

设定明确的课程目标，包括知识、技能和态度等方面，确保融合课程既体现 STEAM 的跨学科性，又符合 PYP 的学生中心理念。总体目标主要涵盖了对幼儿观察力、思维力和实践能力的培养，同时引导他们主动探索自然，培养科学素养，为未来的学习和生活奠定坚实的基础。

2. 教学内容

围绕主题或项目选择教学内容，涉及科学、技术、工程、艺术和数学等各个领域，并注重知识的整合和实际应用。我们通过以下几个方面展开：自然与环境的探究、生命科学的探究、物质与能量（基本物质组成与能量转换的启蒙）、技术与设计思维、科学实验基本技能、数学逻辑启蒙。

3. 教学方法

采用项目式学习、小组合作、实验探究、直观演示法、游戏化教学法、情境教学等多样化教学方法，鼓励幼儿主动参与和合作学习。

五、评价

制定多元化的评价标准，注重过程评价和结果评价的结合，全面评估幼儿的学习成果和综合素质。我们从以下五个方面出发：

1. 学习评价策略

它是通过对幼儿的学习成果进行全面、客观的分析，为教学提供有力的依据和指导。有效的学习评价不仅能够帮助教师了解幼儿的学习情况和进步程度，还能够促进幼儿自我认知和自我提升，激发他们的学习动力和探究兴趣。

2. 形成性评价

教师通过观察、记录和分析幼儿在实践活动中的行为、态度和成果，及时发现他们的问题和困难，并据此调整教学方法和策略。这种评价方式强调及时反馈和持续改进，有助于提升教学的针对性和实效性。

3. 终结性评价

在实践活动结束后进行，通过收集和分析幼儿的作品、报告、表现等，对他们的学习成果进行量化或质化的评价。

4. 同伴评价

同伴评价是一种鼓励幼儿相互观察、交流和评价的评价方式。在同伴评价中，幼儿可以互相分享经验、提出建议、指出不足，从而增强彼此之间的合作意识和团队精神。

5. 自我评价

引导幼儿反思学习过程、培养自主学习能力的重要途径。在自我评价中，幼儿可以回顾自己的实践活动，总结自己的经验和收获。

六、结语

通过园本超学科教育提升幼儿的科学素养是一个具有重要意义的教育目标。不仅有助于幼儿形成对世界的正确认识，还能激发他们的好奇心和探究精神，为未来的学习和生活奠定坚实基础。因此，我们建议：

一是创设科学实践环境。建立科学实验室或科学角，为幼儿提供一个专门的空间，让他们能够自由地进行科学探索和实验。

二是提供丰富的科学材料，包括各种实验器材、玩具、图书等，以满足幼儿不同的探索需求。

三是设计趣味科学活动。即结合幼儿生活经验的科学活动，例如，通过观察植物生长过程，或者饲养小动物，了解植物、动物习性。开展科学探究游戏，如拼图游戏、寻宝游戏等，让幼儿在游戏中学习科学知识。

四是引导幼儿主动探究。提出问题并鼓励幼儿思考，教师可以提出问题，引导幼儿观察、思考并尝试解决问题。培养幼儿的观察力和实验能力，鼓励幼儿仔细观察实验现象，记录实验结果，并尝试分析原因。

五是加强科学知识的整合与应用。将科学知识与其他领域相结合，例如，将科学与艺术、数学等领域进行融合，提升幼儿的综合素养。

六是组织科学实践活动，如参观科技馆、参加科学竞赛等，让幼儿在实际应用中巩固和拓展科学知识。

七是家园共育，共同提升科学素养。与家长沟通科学教育理念，让家长了解科学实践教育的重要性，鼓励家长在日常生活中引导幼儿进行科学探索。开展家庭科学活动，如亲子科学实验、家庭科学小制作等，让家长和幼儿一起享受科学探索的乐趣。

总之，通过教育提升幼儿的科学素养是一个长期而复杂的过程，需要教师、家长和社会的共同努力。我们幼儿园 STEAM 超学科课程融合 PYP 理念的实践是我们迈出的第一步，虽然只是一个起步，但是我们会坚持不懈，向着习近平总书记指出的"做好科学教育加法，激发青少年好奇心、想象力、探求欲，培育具备科学家潜质、愿意献身科学研究事业的青少年群体"的目标而奋斗。

立足传统
传承文化

华旭双语中华传统文化课程探索

立德树人是教育的根本任务，旨在培养德智体美劳全面发展的社会主义建设者和接班人。新时代随着中国与世界的深度融合，讲好中国文化的故事，传播好中国声音，落实好立德树人的根本任务，并向世界展现真实、立体、全面的中国，是学校教育的重要使命。

中华民族伟大复兴是在全球化的背景下进行的，国际交流日益频繁，世界成为一个休戚相关的命运共同体。在此背景下，华旭双语以"创办一所影响世界的中国学校"为愿景，以"扎根于中华传统文化，成功的学习者和优秀的世界公民"为培养目标，期待我校的学生既有热爱国家和民族文化的中国情怀，也有参与世界发展、为人类未来做贡献的国际视野和能力。我们希望学生通过广泛的文化了解与体验，通过有选择的探究活动，去理解中华优秀传统文化中的重要概念、价值理念、主要特点，培养基于历史发展和文化比较的辩证性思考能力，从而认同、热爱、传承、创新中华优秀传统文化。

为此，我们坚持以国家课程为主，同时自创校之初即着手建设幼儿园至高中一贯的"中华传统文化课程"。作为华旭双语的校本限定选修课程，"中华传统文化课程"的设计与实施已历时五载，经过立项、实践、结实三个阶段的打磨，凝聚了50余名幼、小、初高教师的心血。从2015至2017年，是初期的立项与探索。从2017至2018年，学校开展跨学部的整体性贯通式的实践研究。我们坚持分阶段、有层级地开展教学实践的原则，即幼小学段养艺趣、小低学段修德行、小高学段崇义理、初中学段重智慧、高中学段尚哲思。韶华不负耕耘，该课题历时五年的不懈努力，终于通过校级评审，被评为"优秀课题"。2020年，第二期课题《国际教育视野下的幼儿园至高中中华传统文化校本课程设计与实施探索》入选嘉定区级项目《大中小德育一体化》。

在全球化、信息化背景下，青少年面临的思想挑战日益复杂。华旭双语学校深知，充分发挥思政教育的价值引领作用，培养学生的文化自信和认同感至关重要。因此，学校依托"中华传统文化课程"，进一步开发了"中国故事，中华强音"校本思政一体化课程。该课程致力于挖掘中国传统文化精髓，用一张张中华文化的金名片讲述中国好故事，传递中华强音。经学校申请、区域推荐、市级专家组评审，该课程入选上海市首批中小幼"中国系列"百校百课，华旭双语是上海市双语学校唯一入选单位。"中华传统文化课程"为学校传播中华优秀传统文化提供了丰富资源，"中国故事，中华强音"课程则提供了具体路径。这两项课程的开发与实施，不仅获得了区级、市级专家的认可，也为教师们搭建了一个合作研究和共同发展的专业平台。

中华传统文化主张"立己达人，兼济天下"。学校还通过各类拓展型课程和体验型活动，让学生在实践中加深对中国传统文化的理解和认同，进而培养他们成为能够自信地向世界讲述中国故事的时代新人。如中文学科教研组创立的"中华诗词大会"已经成为学校的品牌活动类课程，广受学生欢迎；幼儿园的"中华民俗周"则体现了文化浸润幼儿心灵的教育价值；初中部数学组的"指尖上的传承"跨学科活动集趣味与文化一体。

历时五年精心打磨，幼儿园至高中《中华传统文化校本课程读本》即将面世，"中国故事，中华强音"作为十二年一贯制民办学校思政一体化的教育实践也在积极探索之中。未来，华旭双语学校将继续与时代同步，培养更多能够讲述中国故事、传播中国文化力量的时代新人，为国家和世界的发展贡献智慧和力量。

基于核心素养设计校本课程
"中国文化探究"

张赫斓

【摘　要】近年信息技术的更新迭代推动不同层级的教育单位加速基于核心素养的教学改革。在这一时代背景下，唯有厘清作为校本课程的"中国文化探究"的课程特性并关注核心素养的培养，我们才能设计出既能适应学习者发展，也有益于中国文化传承与创新的文化探究课程。我们采用钟启泉和崔允漷两位教授所提出的"上通下联"的方法设计"中国文化探究"课程的课程素养和通用素养，在此基础上设计阶梯式的幼儿园至高中中国文化能力发展目标，以此指导学习内容、学习活动与评估方法。

【关键字】核心素养；中国文化探究；校本课程；"上通下联"；表现性评价

目前，世界上已被广泛接受的核心素养框架或系统有经济合作与发展组织（OECD）的"关键能力"框架、美国企业界与教育界共同提出的"21世纪的'学习'与支援系统"、日本国立教育研究所提出的"21世纪型能力"框架等。2014年，《教育部关于全面深化课程改革，落实立德树人根本任务的意见》明确提出，要"深入回答'培养什么人、怎样培养人'的问题"，并计划"组织研究提出各学段学生发展核心素养体系，明确学生应具备的适应终身发展和社会发展需要的必备品格和关键能力，突出强调个人修养、社会关爱、家国情怀，更加注重自主发展、合作参与、创新实践。"①2020年教育部组织修订普通高中课程方案和各学科课程标准，强调精选学科内容，"重视以学科大概念为核心，使课程内容结构化；以主题为引领，使课程内容情境化，促进学科核心素养的落实"②。2022年教育部颁布《义务教育课程方案和课程标准（2022年版）》，基于核心素养要求，明确重要观念、主题内容和基础知识技能，优化课程内容结构。

什么是核心素养？国际教育界关于"核心素养"的界定与设计虽然纷繁复杂，但在以下三个方面达成了共识：（1）作为教育目标明确地界定能够应对社会变化的素养与能力；（2）教育目标必须以诸如"问题解决能力"之类的与"生存能力"直接挂钩的形式，把教育目标结构化；（3）素养与能力的培养必须体现学科本质的教学支撑。③

钟启泉认为，"'核心素养'指的是，同职业上的实力与人生的成功直接相关的，涵盖了社会技能与动机、人格特征在内的能力"④。

如何有机整合学科素养与核心素养？钟启泉和崔允漷提出"上通下联"的方法。"界定各自学科的'学科素养'，发起'上通下联'两个层面的挑战：其一，'上通'从学科的本质出发，发挥学科的独特价值，探讨同学科本质休戚相关却又超越了学科范畴的'认知的、情谊的、社会的'、'通用能力'（诸如问题解决、逻辑思维、沟通技能、元认知）的培育，进而发现学科的新的魅力与命脉。其二，'下联'挖掘不同于现行学科内容的内在逻辑的另一种系统性，亦即从学科的本质出发，并从学科本质逼近'核心素养'的视点，来修正和充实各门学科的内容体系（学科固有的知识与技能），进而发现学科体系改进与改革的可能性。"⑤接下来，我将介绍我们如何运用"上通下联"的方法来设计中国文化探究校本课程的素养与能力培养目标，希望这一校本课程能够帮助学生理解、认同、发展中国文化。

---

① 中华人民共和国教育部.关于全面深化课程改革落实立德树人根本任务的意见［EB/OL］.（2014-04-15）. http://www.moe.gov.cn/srcsite/A26/jcj_kcjcgh/201404/t20140408_167226.html.

② 中华人民共和国教育部.普通高中课程方案（2017年版2020年修订）［M］.北京：人民教育出版社，2020.

③④⑤ 钟启泉，崔允漷.核心素养研究［M］.上海：华东师范大学出版社，2018.

一、厘清中国文化探究校本课程的课程素养

1. 强调文化理解与文化发展的校本课程整体培养目标

20世纪90年代，布鲁姆的学生安德森和克拉斯沃尔将教育认知目标从简单到复杂分为六个层次：记忆、理解、应用、分析、评价和创造。之后，一些教育研究者提出"浅层学习"和"深入学习"的概念，并提出将"理解"作为学习的首要目标。我们一方面注意到"了解和体验"知识、现象等是浅层的学习，理解、分析、评价、创造等是深层的学习；另一方面也认识到思考与理解也是学习中华优秀传统文化的重要一环。

在学习中华传统文化中，对于中华传统文化进行辩证思考、文化比较思考，从而基于时代对传统文化进行理性的认识；而在世界全球化、文化交流日盛的今天，学习传统文化的重要目的在于增强我们对于本民族文化的认同，以及对本民族文化的创新发展。基于以上思考，我们将中华传统文化课程的培养目标设计为：

（1）了解和体验丰富多彩的中华优秀传统文化，包括传统文学艺术、传统技艺、中国历史、中国传统哲学思想等。

（2）理解中华优秀传统文化中重要的价值理念、重要概念、特点及影响因素等。

（3）基于历史发展对中华优秀传统文化进行辩证性思考，增进对于中国优秀传统文化的理解与认同。

（4）辩证性地比较与评判中外文化，增强立足中国、面向世界的民族文化身份认同感及对本民族文化的热爱。

（5）立足时代生活探究中华优秀传统文化的价值，传承、传播、发展本民族优秀文化的自觉意识与能力。

2. 借鉴中外课程设计中国文化探究课程的课程素养

《普通高中语文课程标准（2017年版2020年修订）》指出，语文学科核心素养主要包括语言建构与运用、思维发展与提升、审美鉴赏与创造、文化传承与理解

四个方面。① 语言是文化的载体，文化的探究与创新离不开对现代汉语及古代汉语的理解与运用，因而"语言建构与运用"对于中国文化探究校本课程来说是核心素养之一。中国文化纷繁复杂，良莠兼有，需要基于时代发展对其进行审慎选择，也需要基于文化比较来认识其独特性，从而培育文化认同。因此基于历史发展与文化比较的思考能力、对文化的观察与鉴赏能力、文化探究与创新力理应成为课程的核心素养。

什么是文化？"指的是一个特定社会之生活方式的所有要素，包括语言、价值观、社会规范、信仰、习俗和法律等。"② 对于中华传统文化的界定众说纷纭，大多从内容、时间维度及民族主体的角度来界定。其中，顾冠华强调文化的民族属性和发展属性，认为中华传统文化是"中国几千年文明发展史中在特定的自然环境、经济形式、政治结构、意识形态的作用下形成、积累和流传下来，并且至今影响着当代文化的'活'的中国古代文化"③。在上海一所幼儿园至高中的双语学校开设中华文化校本课程，我们希望通过中国多样的现象文化、物质文化、思想文化来满足不同学段的学生的兴趣与认知能力的需求。同时我们也认识到，要联系现实生活来引导学生了解、理解中国传统文化，即顾冠华所说"'活'的中国古代文化"，它并未成为博物馆的陈列品，而是融入我们的当下生活之中的传统文化。

在界定了"文化"的内涵之后，我们借鉴 IB MYP 中有关影响个人、社会及环境的历史、地理、政治、经济、宗教、技术、文化等因素的个人与社会课程，来选取和设定相关的重要概念。比如，"变化"这一概念关注"从一种形式、状态或价值到另外一种形式、状态或价值的转换、变形或运动"，而"系统"则是"相互作用或相互依赖的一系列元素"④ 等。借助这些概念，我们引导学生去关注中国文化发展、变化的相关因素及影响，并去思考在当代社会如何发展与创新中国文化。

综上，在中国文化探究校本课程中，我们不仅要求对中华传统文化简单地了解

---

① 中华人民共和国教育部.普通高中语文课程标准（2017 年版 2020 年修订）[M].北京：人民教育出版社，2020.

② 安东尼·吉登斯，菲利普·萨顿.社会学基本概念 [M].王修晓，译.北京：北京大学出版社，2019：190.

③ 顾冠华.中国传统文化论略 [J].扬州大学学报（人文社会科学版），1999（06）：34—40.

④ IBO. Individual and Societies Guide [S], Peterson House, 2014（19）.

与体验，也要求理解文化中重要的价值理念、重要概念、特点及影响因素；不仅关注基于历史发展对中国文化进行辩证性思考，也关注中国与其他国家与民族文化的比较；不仅期待学生对中国文化的兴趣、热情与认同，也期待学生在自我兴趣上对中国文化进行研究、创新与传承。因此，我们设定了以下四项作为中华传统文化探究校本课程的课程素养与能力：对中华优秀传统文化的了解与理解，对中国文化的欣赏与鉴赏，对中国文化的文化思考、探究及创新（见表1）。

表1 中国文化探究校本课程素养与能力

校本课程素养与能力	内　　　容
了解与理解	在何种程度上展示出对相关内容或主题的了解与理解？ 理解或观点在何种程度上得到了材料或事例的支持？
欣赏与鉴赏	在何种程度上展示出对于特定文化形式/作品的文化价值的欣赏？ 在何种程度上展示出对于特定文化形式/作品的艺术价值的鉴赏？
文化思考	在何种程度上能够基于历史发展对古今文化进行辩证思考与比较？ 在何种程度上能够基于文化发展对中外文化进行辩证思考与比较？
探究及创新	在何种程度上能够运用创造性思维进行文化创新？ 在何种程度上探究主题是鲜明的、集中的、有价值的？ 在何种程度上探究分析深入、具有信服力、观点明确或成果富有意义？

二、参考多国或多机构的核心素养设计校本课程通用素养

我们从自我发展相关的素养与能力、与人合作与交流的素养与能力两个角度整合一些重要国家及机构所研究设计的核心素养与能力，由此发掘备受重视的并适合中华传统文化校本课程的跨学科素养能力。比较不同国家教育者所研究出的核心素养或关键能力，比如"21世纪的'学习'与支援系统""21世纪型能力""中国学生发展核心素养""终身学习核心素养""关键能力的界定与选择"等，我们发现反复被提及的相关能力有：思考能力、沟通与表达能力、自我学习与管理能力、交际与合作能力及信息素养能力。具体对比见表2。

表 2　不同国家核心素养对比

共同强调的能力	代表性国家或国际组织的核心素养框架/模型	相　关　表　述
思考能力	关键能力的界定与选择	反思性思维
	21 世纪的"学习"与支援系统	学习与改革：批判性思维 学习与改革：创造性
	"21 世纪型能力"	思考力：问题解决力 思考力：发现力 思考力：创造力 思考力：逻辑思维 思考力：批判性思维能力 思考力：元认知
	中国学生发展核心素养	科学精神：理性思维、批判质疑、用于探究
	终身学习核心素养	主动意识与创业精神 文化意识与表达
沟通与表达能力	关键能力的界定与选择	使用工具进行沟通的能力 在异质集体交流的能力
	21 世纪的"学习"与支援系统	学习与改革：沟通能力
	"21 世纪型能力"	实践力：人际关系形成的能力
	中国学生发展核心素养	—
	终身学习核心素养	使用母语交流 使用外语交流
自我管理能力	关键能力的界定与选择	自律地行动的能力
	21 世纪的"学习"与支援系统	生活与生存能力
	"21 世纪型能力"	实践力：自律性活动的能力 实践力：对可持续的未来的责任
	中国学生发展核心素养	身心健康：自我管理 学会学习：勤于反思
	终身学习核心素养	学会学习
交际与合作能力	关键能力的界定与选择	在异质集体交流的能力
	21 世纪的"学习"与支援系统	生活与生存能力 学习与改革：协同
	"21 世纪型能力"	思考力：适应力 实践力：人际关系形成的能力 实践力：社会参与力

共同强调的能力	代表性国家或国际组织的核心素养框架/模型	相 关 表 述
交际与合作能力	中国学生发展核心素养	社会责任 国家认同 国际理解
	终身学习核心素养	社会与公民素养
信息素养能力	关键能力的界定与选择	使用工具进行沟通的能力
	21世纪的"学习"与支援系统	信息、媒体技术的能力
	"21世纪型能力"	基础力：信息力
	中国学生发展核心素养	—
	终身学习核心素养	数字素养

我们从代表性国家或国际组织的核心素养框架/模型中发掘共同强调的素养与能力，以此作为中华传统文化校本课程关注的跨学科通用素养，其中"思考能力"专注于对于文化的辩证思考、比较思考、创新思考，发展为"文化思考能力"，放入校本课程素养中。基于其人文学科的属性，我们对语言理解与应用能力、沟通与表达能力、自我学习与管理能力、交际与合作能力及信息素养能力作以下的限定（见表3）。

表3　相关能力素养评估标准

评估能力与素养	评 估 标 准
语言理解与应用	在何种程度上能够理解与中国文化相关的古文及现代文阅读材料？ 在何种程度上能够选择适当的、准确的、丰富的语词进行表达？
沟通与表达	观点在何种程度上得到清晰的、有逻辑的、有重点的表达？ 表达方式在何种程度上做到了有目的性、有观众意识且有效的？
自我学习与管理	在何种程度上能够有计划、按要求完成学习或探究任务？ 在何种程度上能够管理学习材料或物品，并具有做笔记及整理笔记的习惯？ 在何种程度上能够对学习进行有意识的反思、进而提升自我？
交际与合作	在何种程度上能够与同伴合理分工、有效完成任务？ 在何种程度上能够与同伴有效地沟通、融洽地合作？
信息素养	在何种程度上能够搜集到充分的、高质量的相关信息或资源？ 在何种程度上能够对信息或材料进行思考与评价？ 在何种程度上能够合理、有效地进行学术引用？

课程培养与课程素养能力目标的匹配关系如下（见表4）。

表4　中华传统文化课程培养目标与课程素养能力匹配关系

中华传统文化课程培养目标	中华传统文化课程素养与能力	中华传统文化课程通用素养与能力
了解和体验丰富多彩的中华优秀传统文化，包括传统文学艺术、传统技艺、中国历史、中国传统哲学思想等	对于中华传统文化的了解与理解 对于中华优秀传统文化中美和价值的欣赏与鉴赏	自主学习、自我管理及解决问题的能力 中文语言理解与应用能力 沟通与表达能力 社会交际与团队合作的能力
理解中华传统文化中重要的价值理念、重要概念、特点及影响因素等		
基于历史发展对古今文化进行辩证思考与比较，培养对中华优秀传统文化的理解与认同	对于中华传统文化的辩证思考与评判能力 文化思考与比较能力 文化创新思考能力	
基于民族发展对中外文化进行辩证思考与比较，培养立足中国、面向世界的民族文化身份认同感及对本民族文化的热爱		
立足时代生活探究中华优秀传统文化，培养传承、传播、发展本民族优秀文化的自觉意识与能力	文化探究及创新的能力	

三、中国文化探究校本课程素养与通用素养的落地

1. 采用项目式学习与表现性评价推动文化探究

如何让中国文化探究校本课程"活"起来？如何在课堂上通过富有探究趣味的学习活动使学生生发出对中国文化的深度理解、文化认同、发展与创新？我们相信项目式学习和表现性评价能够让中国文化探究校本课程"活"起来。

项目式学习"是一种教学方式，学生在一段较长的时期内，调查和应对一个真实、有趣而复杂的问题或挑战，从而习得有关的知识和技能"[1]。将项目式学习作为中国文化探究课程的主要学习方法，学"活"文化，这将给予老师们发挥教学创造力和热情、变革教学习惯的良好机会，从"教授学生—挑战学生/测试"转变为

---

① 黛安娜·塔文纳. 准备［M］.屠锋锋，译.北京：中信出版集团，2020.

"挑战学生—引导学生攻克挑战"。

以项目式学习开展文化探究，评测学生的各项素养，我们需要运用表现性评价。在中国文化探究这门课程中，文化知识和文化现象纷繁多样，专注于文化知识的考核并不能帮助我们评测学生对文化的理解及其他重要素养、能力。表现性评价是从质性的角度，以能够生产思维必然性的某种情境的学习者的行为与作品（表现）为线索，对概念理解的深度与知识技能的综合运用进行的评价。目前比较常见的表现性评价包括限制型和拓展型两种："限制型表现任务通常结构性较强，对完成任务所要求的表现容易做出明确描述，相对比较简单，一般集中在专门技能上面；拓展型表现任务则相对复杂，对任务完成的限制也较少，完成任务过程中更多地设计多种技能或能力以及复杂的认知过程，一般包含了对理解能力、问题解决等深层能力的评价"[①]。在中国文化探究中，我们需要运用表现性评价来检测学生对所学文化知识技能的理解、运用，更需要运用拓展型评价来考查学生对重要文化概念的理解及文化创新的能力。

2. 设计幼儿园至高中基于表现的、阶梯式的文化能力发展表

四大中华传统文化课程素养和五大跨学科通用素养的培养贯穿我校幼儿园至高中的中国文化探究课程。我们将信息素养分为 5 个能力水平，其他 8 大素养从幼儿园至高中分为 8 个能力水平，设计阶梯式的中国文化探究校本课程能力发展序列，具体见表5—表13。

表 5　标准 A：对中华传统文化的了解与理解

能力级别	适应年级	能力目标描述
能力说明		a. 在何种程度上展示出对相关内容或主题的了解与理解? b. 理解或观点在何种程度上得到了材料或事例的支持?
8	G9—G10	a. 能对文化现象、文化事物、历史事件背后的中国社会、中国文学艺术、中国技艺、中国思想等抽象的文化主题进行具体、细致的理解和分析 b. 能基于历史比较和文化比较对一些中国社会、文学艺术、技艺、思想等主题进行比较分析和辩证分析

---

① 项纯. 表现性评价 [J]. 素质教育大参考, 2012（22）: 51.

能力级别	适应年级	能力目标描述
7	G8—G9	a. 能展示对所学历史时期的一些文学、艺术、技艺、哲学思想的基本内容深入的了解与理解，发表一些个人的观点 b. 能将对所学历史时期的一些文学、艺术、技艺、哲学思想的理解与相关的文化现象、文化事物或历史现象合理地联系起来，具体分析其背后的文化价值理念
6	G6—G7	a. 能展示对所学历史时期的一些文学、艺术、技艺、哲学思想的基本内容有一定的了解与理解 b. 能将对所学历史时期的一些文学、艺术、技艺、哲学思想的理解与同时期的文化现象、文化事物或历史现象简单地联系起来，识别其背后的文化价值理念
5	G4—G5	a. 能通过演讲或创作展示出对所学文化主题的了解和理解 b. 能结合现实中具体的现象或行为简单分析其背后的文化价值理念
4	G2—G3	a. 能通过简单的语句展示对所学的文化主题的了解 b. 能在现实生活或诗歌语言中识别出哪些现象或行为体现出所学文化主题的特点等
3	G1—G2	a. 能通过关键词句或信息展示对所学文化主题的理解 b. 喜爱中国文化，能将所学的文化主题与自己的生活与学习联系起来，能结合具体语言文字例子来识别其中的形象性或韵律感
2	K2—K3	a. 能对中国文化产生兴趣，了解一些常见的中国文化活动或习俗，用简单的语句介绍一些重要中国文化活动或习俗的基本特点、应用场合 b. 能识别、列举生活中一些重要中国文化活动、习俗或事物，用一些关键词介绍其具体事物或现象的特点、场合等
1	Pre-K—K1	a. 能有兴趣体验和了解中国文化活动或习俗，了解其名称和基本的特点 b. 能识别生活中的一些中国文化现象或事物，了解其出现的场合、适用的人群等

表6　标准B：对中华传统文化的欣赏与鉴赏（适用于传统技艺或艺术）

能力级别	适应年级	能　力　描　述
能力说明		a. 在何种程度上展示出对于特定文化形式/作品的文化价值的理解？ b. 在何种程度上展示出对于特定文化形式/作品的艺术价值的鉴赏？

能力级别	适应年级	能　力　描　述
8	G9—G10	a. 能够联系历史上或世界上相关文化形式或作品，用相关的专业术语对特定的文化形式 / 作品的文化价值进行比较分析，并表达一些自己的见解 b. 能够联系历史上或世界上相关文化形式或作品，用相关的专业术语对特定的文化形式 / 作品的艺术价值进行比较鉴赏
7	G8—G9	a. 能够联系历史上或世界上相关文化形式或作品，用相关的专业术语对特定的文化形式 / 作品的文化价值进行比较分析 b. 能够联系历史上或世界上相关文化形式或作品，用相关的专业术语对特定的文化形式 / 作品的艺术价值进行比较分析
6	G6—G7	a. 能结合相关的历史背景，对特定的文化形式或作品的文化价值进行简单的分析或评价 b. 能运用一些相关的专业术语对特定的文化形式 / 作品的艺术价值进行一般性的分析
5	G4—G5	a. 能够说明特定的文化形式 / 作品在中国历史上的作用或评价，比如苏州园林或中国昆曲在当时所获得的评价及沟通中外文化的作用 b. 能结合相关的科目或艺术形式，对于特定的文化形式 / 作品进行艺术形式的一般性介绍，比如用美术相关的知识来介绍园林的特色，用音乐相关的知识介绍昆曲作品的特色
4	G2—G3	a. 能识别中国发展史上的一些重要文化形式 / 作品，知道其发展相关的历史环境等，比如能说明古琴或象棋产生的历史环境 b. 能够识别特定的文化形式 / 作品在民族发展史乃至世界发展史上的发展与特点，比如识别围棋或象棋的特点和差异
3	G1—G2	a. 能通过简单的词句概括使用特定的文化事物或开展特定的文化活动的原因等，比如用几句语句概括春联创作的原因 b. 能通过简单的词句概括特定的文化事物或文化活动的材质特点或形式特点，比如用几句语句概括春联创作与内容的特点
2	K2—K3	a. 能通过关键词句说明特定的文化事物或文化活动适用的场景（文化价值），比如能说明春联适用的场景 b. 能通过关键词句说明特定的文化事物或文化活动的材质特点或形式特点（艺术价值），比如关键词句说明春联创作所需要的纸和笔的特点、内容的特点
1	Pre-K—K1	a. 能通过体验初步知道一些重要的中国文化习俗或事物的名称，培养对于中国文化的兴趣 b. 能通过体验了解一些重要的中国文化习俗或事物的基本特点

表 7　标准 C：对中华传统文化的文化思考

能力级别	适应年级	能　力　描　述
能力说明		a. 在何种程度上能够基于历史发展对古今文化进行辩证思考与比较？ b. 在何种程度上能够基于文化发展对中外文化进行辩证思考与比较？ c. 在何种程度上能够运用创造性思维进行文化创新？
8	G9—G10	a. 在古今文化比较时，能结合历史背景与发展对所关注的文化现象或主题进行综合性的比较分析，提出个人的观点 b. 在中外文化比较时，能结合文化背景与发展对所关注的文化现象或主题进行综合性的比较分析，提出个人的观点 c. 对于所关注的文化如何传承或创新具有一些基于生活的提议或观点，并作合理且有逻辑的论述
7	G8—G9	a. 在古今文化比较时，能结合历史背景对所关注的文化现象或主题进行系统的比较分析 b. 在中外文化比较时，能结合文化背景对所关注的中外文化进行进行系统的比较分析 c. 对于所关注的文化如何传承或创新具有一些基于生活的提议或观点，并作合理的论述
6	G6—G7	a. 在古今文化比较时，能从某些方面具体地比较所关注的文化现象或主题古今的异同 b. 在中外文化比较时，能从某些方面具体地比较所关注的文化现象或主题中外的异同 c. 对于所关注的文化如何传承或创新提出简单的提议或观点，并作完整的论述
5	G4—G5	a. 在古今文化比较时，能从某些方面介绍所关注的文化现象或主题古今的异同 b. 在中外文化比较时，能从某些方面介绍所关注的文化现象或主题中外的异同 c. 对于所关注的文化如何传承或创新具有大致的观点，作大致的论述
4	G2—G3	a. 在古今文化比较时，能从某个方面介绍所关注的文化现象或主题古今的异同 b. 在中外文化比较时，能从某个方面介绍所关注的文化现象或主题中外的异同 c. 对于所关注的文化如何传承或创新具有大致的设想，作简单的论述
3	G1—G2	a. 在古今文化比较时，能够用简单的语句说明所关注的文化现象或主题的产生与发展，比如汉字书写工具的产生和变化 b. 在中外文化比较时，能够用简单的语句说明所关注的文化现象或主题在国内外的产生与发展 c. 对于所关注的文化如何传承或创新具有大致的设想，作简单的论述

能力级别	适应年级	能　力　描　述
2	K2—K3	a. 在古今文化比较时，能够用关键词句介绍所关注的文化现象或主题在形式上的异同，比如春节节日习俗或物品的变迁 b. 在中外文化比较时，能够用关键词句介绍所关注的文化现象或主题在形式上的异同 c. 积极体验所关注的文化现象或主题
1	Pre-K—K1	a. 在文化学习与体验中，能够通过关键事物或词语介绍所关注的文化现象或主题的相关特点

表 8　标准 D：对中华传统文化的探究及创新

能力级别	适应年级	能　力　描　述
能力说明		a. 在何种程度上探究主题是鲜明的、集中的、有价值的？ b. 在何种程度上探究内容完整、分析深入、具有信服力，观点明确或成果富有意义？
8	G9—G10	a. 能基于时代发展或现实需要，从具体的问题或现象提出与所学主题相关的、明确的、有一定价值的问题 b. 通过设计细致、有效的计划或方法，获得一些有一定价值的发现或观点，对探究过程与结果进行分析、评价和反思，或者创作出具有一定的文化意义或现实意义的作品
7	G8—G9	a. 基于时代发展或现实需要，从具体的问题或现象提出与所学主题相关的、有一定价值的探究问题 b. 通过设计具体、可行的计划或方法，获得一些有一定价值的发现或观点，对探究过程与结果进行完整的分析、评价，或进行完整的设计创新
6	G6—G7	a. 能基于兴趣和生活体验，从某一个角度提出与所学主题相关的、具体的探究问题 b. 通过设计完整的、具体的计划或方法，获得一些大致的发现或观点，对探究过程或结果作具体的介绍
5	G4—G5	a. 能基于兴趣和生活体验，提出与所学内容相关的、比较具体的探究问题 b. 通过设计完整的计划或方法，获得一些简单的发现或观点，对探究过程和结果作完整的介绍
4	G2—G3	a. 能基于兴趣和生活体验，提出与所学主题相关的探究问题 b. 通过设计简单的计划或方法进行探究，对探究过程和结果作简单的介绍

能力级别	适应年级	能 力 描 述
3	G1—G2	a. 能基于兴趣和生活体验，从学习或探究中主动地提出相关的问题 b. 通过观察生活、资料搜索或者探究获取信息，大致地描述现象、过程或说明原因
2	K2—K3	a. 能基于兴趣和生活体验，从学习或者生活中获得启发，提出相关的问题 b. 通过观察生活、阅读图画书或询问获得信息，用关键词句简单地描述现象或说明原因
1	Pre-K—K1	a. 能从生活或学习中提出一些自己感兴趣的问题 b. 通过询问、观察生活或阅读图画书，能用关键的词语或语句说明自己的问题或回应问题

表 9 标准 E：对中文语言的理解与应用

能力级别	适应年级	能 力 描 述
能力说明		a. 在何种程度上能够理解与中国文化相关的古文及现代文阅读材料？ b. 在何种程度上能够选择适当的、准确的、丰富的语词进行书面或口头表达？
8	G9—G10	a. 能对内容深入的、专业性的阅读材料进行准确、充分的理解，进行合理的综合分析，作一些评价 b. 使用的语体合适，语法准确，选词丰富、精准，句式富有变化和逻辑性
7	G8—G9	a. 能对内容深入的、有一定专业知识的阅读材料进行比较准确的理解，进行比较合理的综合分析，并尝试作一些评价 b. 使用的语体整体上合适，语法和词汇的准确性较好，词汇和句式比较丰富、逻辑性较强
6	G6—G7	a. 能对语言较为复杂的、有一定专业知识的材料有大体正确的理解，能够从一些角度进行比较合理的分析 b. 使用的语体大体上比较合适，语法和用词的准确性尚可，词汇和句式具有一定的丰富性
5	G4—G5	a. 对话题丰富的、语言较为复杂的材料能理解其中的主要观点，准确概括主要内容，能够尝试作一些分析 b. 能比较规范地进行表达，语句比较通顺，用词比较丰富、准确，结构有一定的逻辑性
4	G2—G3	a. 能从不同类型的、语言比较简单的短篇材料中准确地提取信息、概括内容要义，并作合理的推断 b. 能完整地介绍熟悉的话题，能简单地陈述个人观点，表述比较集中、清楚、连贯

能力级别	适应年级	能 力 描 述
3	G1—G2	a. 能从不同类型的、语言比较简单的短篇材料中提取重要的信息、概括主要内容，并作比较合理的推断 b. 在口头上，能比较完整地介绍熟悉的话题，或能用简单的句子来叙述、描写，能简单地表达个人观点，表述比较集中
2	K2—K3	a. 能从语言比较简单的、生活化或故事性的话语中提取信息，理解一些内容，作简单的推断 b. 在口头上，能简单地介绍熟悉的话题，能比较简单地表达个人观点
1	Pre-K—K1	a. 能从语言比较简单的、生活化或故事性的短材料中识别一些基本信息 b. 能口头简短地介绍熟悉的话题，叙述、描述、询问一些基本信息，能简单地表达自己的情绪和需求

表 10　标准 F：沟通与表达

能力级别	适应年级	能 力 描 述
能力说明		a. 观点在何种程度上得到清晰的、有逻辑的、有重点的表达？ b. 表达方式在何种程度上做到了有目的性、有观众意识且有效？
8	G9—G10	a. 能围绕特定的主题或事物安排结构，整体结构非常清晰，部分与部分之间联系紧密、具有很好的逻辑性，各部分阐述集中、充分、有条理 b. 表现出非常好的观众意识，表达方式有很强的设计性，非常适合表达的主题和内容，具有很好的表达效果
7	G8—G9	a. 能围绕特定的主题或事物安排结构，整体结构具有很好的清晰性，部分与部分之间的逻辑安排恰当、合理，大部分阐述集中、充分 b. 表现出很好的观众意识，表达方式设计感比较强，整体上适合所表达的主题或者内容，具有比较好的表达效果
6	G6—G7	a. 能围绕特定的主题或事物安排结构，具有比较好的结构安排意识，结构完整、清晰，且部分与部分之间具有一定的联系 b. 表现出很好的观众意识，能够采用适合所表达主题或者内容的表达方式，其中一些表达方式获得良好的表达效果
5	G4—G5	a. 能围绕特定的主题或事物，具有一些结构安排意识，结构完整、清晰 b. 表现出比较好的观众意识，能够采用一些适合所表达主题或者内容的表达方式，比如肢体语言或 PPT、海报等

223

能力级别	适应年级	能 力 描 述
4	G2—G3	a. 能围绕特定的主题或事物，具有微弱的结构安排意识，表述完整 b. 表现出有一些观众意识，表达流畅，有意识地采用一些辅助性的表达方式，比如肢体语言或图片等
3	G1—G2	a. 能够围绕特定的主题或事物，用几个句子表述观点或者想法，表述比较完整 b. 表现出微弱的观众意识，能够给予听众关注或眼神，偶尔采用一些辅助性的表达方式，比如肢体语言或图片
2	K2—K3	a. 能够围绕特定的主题或事物，用一些关键词语或句子表达观点或者想法 b. 具有对话的意识，同时表现出模糊的观众意识
1	Pre-K—K1	a. 能围绕特定的主题或事物联系一些相关的词语 b. 具有一些对话的意识，能够给予回应

表 11　标准 G：自我学习与管理

能力级别	适应年级	能 力 描 述
能力说明		a. 在何种程度上能够有计划、按要求完成学习或探究任务？ b. 在何种程度上能够管理学习材料或物品，并具有做笔记及整理笔记的习惯？ c. 在何种程度上能够对学习进行有意识的反思、进而提升自我？
8	G9—G10	a. 具有很好的自主学习能力，能有效地安排学习计划，能独立地按时完成学习任务 b. 能够非常好地管理学习资料和整理笔记，学习资料整齐、有序，笔记清晰、有效，有一些做笔记的技巧和方法 c. 具有非常强的反思意识，能全面表述自己的具体学习任务或期间的大部分收获、不足和进步，还能提出有针对性的改进方法，持续进步
7	G8—G9	a. 具有很好的自主学习能力，能有效地安排学习计划，能独立地按时完成学习任务 b. 能很好地管理学习资料和整理笔记，资料管理比较有序，笔记比较清晰、有效 c. 具有很好的反思意识，能全面地表述自己的具体学习任务或期间的大部分收获、不足和进步，还能提出一些改进的方法

能力级别	适应年级	能 力 描 述
6	G6—G7	a. 具有比较好的自主学习能力，能比较好地安排学习任务与时间，基本上能独立地按时完成学习任务 b. 具有比较好的学习资料的分类管理能力及比较好的做笔记习惯 c. 能主动地总结自己所完成的学习内容或任务，能用简短的语段进行反思，比如成就、不足以及进步
5	G4—G5	a. 具有比较好的自主学习意识，能清楚学习任务的具体要求，基本上能独立完成学习任务 b. 具有很强的物品管理意识，具有比较好的物品归类管理能力，具有初步的做笔记的习惯 c. 能比较主动地总结自己所完成的学习内容或任务，能用简单的语句进行反思，比如成就、不足以及进步
4	G2—G3	a. 具有一些自主学习意识，能基本清楚学习任务的要求，在老师或家长的提醒与指导下能初步自主完成学习任务 b. 具有很好的物品管理意识，能基本上保管好个人物品，能够进行基本的分类 c. 经过引导能比较完整地讲述自己所完成的学习内容或任务，大致地评价自己的作品、成就以及可提高的地方
3	G1—G2	a. 形成初步的自主学习意识，能大概清楚学习任务的要求，在老师或家长的督促与指导能按要求完成学习任务 b. 具有比较好的物品管理意识，区分他人与自己的物品，有意识地将自己的物品作简单的归置 c. 经过引导能讲述自己所完成的学习内容或任务，简单地评价自己的作品或成就
2	K2—K3	a. 形成初步的学习意识，能用简单的语句表述学习任务的要求，在老师或家长的督促与指导下能完成学习任务 b. 形成初步的物品管理意识，经提醒能归置好物品、爱护物品，能有礼貌地借用和分享物品 c. 经过引导能用简单的语句表述自己所完成的学习内容或任务，比较简单地评价自己的作品或成就
1	Pre-K—K1	a. 形成初步的学习意识，能用简单的词语表述学习任务的要求，在老师或家长的督促与指导下能完成学习任务 b. 形成初步的物品管理意识，经指导和提醒能简单地归置和爱护物品，在引导下能合理借用物品，并愿意分享 c. 经过引导能用简单的词语表述自己所完成的学习内容或任务

表 12 标准 H：交际与合作

能力级别	适应年级	能 力 描 述
能力说明		a. 在何种程度上能够与同伴合理分工、有效完成任务？ b. 在何种程度上能够与同伴有效地沟通、融洽地合作？
8	G9—G10	a. 小组成员能充分地依照彼此的兴趣和能力来分工，制订具体的、有效的计划，有效率地按时完成任务 b. 小组成员具有很好的团队意识，沟通顺畅、充分，能够快速发现问题、有效地分析问题，并寻找解决方法
7	G8—G9	a. 小组组员能积极与同伴制订具体的、合理的分工和计划，并能照顾成员的兴趣和能力，能按时完成任务 b. 小组成员具有很好的团队意识，沟通基本上顺畅、充分，能够及时地发现问题、分析问题、寻找解决方法
6	G6—G7	a. 小组组员能够进行比较合理的分工，制订比较具体的计划，能基本上按时完成任务 b. 小组组员具有比较好的团队意识，能够比较积极地进行合作或分享，能比较具体地表达自己的观点，能尊重他人的观点，遇到困难和挑战时能主动地沟通和解决问题
5	G4—G5	a. 小组组员能进行比较清楚的计划和分工，能清楚具体的任务安排，能基本按时完成任务 b. 小组组员具有初步的团队意识，能够比较积极地合作或分享，能够比较积极地表达观点并认真聆听他人发言，遇到争执或冲突时能够比较主动地沟通和解决问题
4	G2—G3	a. 小组成员能进行简单的计划和分工，大部分成员能比较清楚任务，能基本完成任务 b. 在老师的指导下，小组组员能与他人比较好地合作或分享，能够简单地表达观点、大部分时间能够等待和聆听他人发言，遇到争执或冲突时能够尝试调整情绪、沟通和解决问题
3	G1—G2	a. 小组成员能够进行简单的分工，大部分成员能基本清楚任务，能基本完成小组任务 b. 在老师的指导下，小组成员能与他人简单地合作或分享，能初步具有表达自己的想法、倾听他人的观点的意识
2	K2—K3	a. 能积极参加集体活动，基本遵守活动规则，尝试分组活动 b. 在老师的指导下，具有初步的合作意识，愿意与同伴共同完成任务或分享
1	Pre-K—K1	a. 对集体活动产生兴趣，在老师指导和提醒下，愿意参加群体活动，并愿意尝试完成任务 b. 在老师的指导下，能遵守集体活动的指令，愿意和同伴交往

表 13　标准 I：信息素养

能力级别	适应年级	能　力　描　述
能力说明		a. 在何种程度上能够搜集到充分的、高质量的相关信息或资源？ b. 在何种程度上能够对信息或材料进行思考与评价？ c. 在何种程度上能够合理、有效地进行学术引用？
4	G9—G10	a. 能根据学习主题或内容搜集到丰富的、相关的信息或资源，所搜集的信息或资源具有比较高的可信度和学术参考价值 b. 对所搜集的资源表现出熟练的删选、概括能力和一定的评价能力 c. 具有非常好的知识版权意识，能规范地标注或说明所引用的资源或观点的出处
3	G8—G9	a. 能根据学习主题或内容搜集到丰富的、相关的信息或资源，所搜集的信息或资源具有比较高的可信度和一定的学术参考价值 b. 对所搜集的资源表现出比较熟练的删选、概括能力和一定的评价能力 c. 具有很好的知识版权意识，能比较规范地标注或说明所引用的资源或观点的出处
2	G6—G7	a. 能根据学习主题或内容搜集相关的信息或资源 b. 对所搜集的资料表现出一定的删选、概括能力 c. 能比较简单地标注或说明所引用的资源或观点的出处
1	G3—G5	a. 能根据关键词进行简单的、比较相关的信息搜索 b. 对所搜集的资料具有比较微弱的概括能力 c. 能有意识地标注或说明所引用资源的大概出处

体会圆形人物性格的丰富性与复杂性
——以《红楼梦》中薛宝钗为例

姚　迪

【摘　要】《红楼梦》对人物进行了多角度的描写刻画，人物塑造手法多样，既关注了人物的成长环境又多方面刻画了人物的性格发展过程；既运用了人物对比法，又侧面用他人的视角补充了小说人物的丰富性格，在此基础上成功塑造出了像薛宝钗这样性格丰富复杂的经典圆形人物。本文着重从三方面分析薛宝钗的性格特征：懂人情知世故；轻生死重现实；明事理辨是非。

【关键词】薛宝钗；圆形人物；《红楼梦》

有人统计，《红楼梦》一书大大小小人物有四百多人，其中性格鲜明的就有四五十人，而贾宝玉、林黛玉、薛宝钗等人已经成为经典文学形象活在历代读者的心中。

曹雪芹擅长对人物进行多角度、多方面的描写，塑造的人物有着丰富复杂且富有变化的性格特征，这实际上就是文学理论上所说的"圆形人物"。圆形人物主要有两大特征：性格特征多层次，性格具有发展性。随着情节的发展，人物性格的各个侧面、各个层次逐渐显现出丰富性，而人物性格也不断处于发展变化之中，常常是到故事结束时人物性格才得到最终展示。

圆形人物性格的复杂性大都通过复杂的人际关系表现出来，人物的成长环境、打交道的人无不影响着人物的性格。本文将简要分析一下薛宝钗这个圆形人物身上的丰富性与复杂性。

我们先来看一下小说中对薛宝钗家世、长相的介绍。小说描述道："本是书香继世之家……皇商……生的肌骨莹润，举止娴雅"（第四回）；"容貌丰美"（第五回）；"唇不点而红，眉不画而翠，脸若银盆，眼如水杏"（第八回）；"肌肤丰泽"（第二十八回）。可见薛宝钗出生在皇商兼书香继世的簪缨之族，容貌风雅美丽。

书上对她性格的概括有："品格端方……行为豁达，随分从时"（第五回）；"罕言寡语，人谓藏愚；安分随时，自云守拙"（第八回）。王熙凤评论宝钗"不干己事不张口，一问摇头三不知"（第五十五回）。那么通过书中宝钗的言行举止以及别人的评论，我们还能看出她是一个怎样的女子呢？

一、懂人情知世故

薛宝钗从来都能做到"随分从时"。她能根据自己的身份地位和所处的环境做出相应的合理反应，她是适应世俗社会规矩的成功者，同时也是对儒家伦理纲常最好的践行者。

（一）谨守人际仪节

第十八回，贾元春省亲时宝钗写的诗《凝晖钟瑞》："芳园筑向帝城西，华日祥云笼罩奇。高柳喜迁莺出谷，修篁时待凤来仪。文风已著宸游夕，孝化应隆归省时。睿藻仙才瞻仰处，自惭何敢再为辞。"一共八句，七句全都变相夸奖贾元春，最后一句写自己哪里敢写诗。宝钗知道这种场合主角是元春，所以她做的诗都是歌颂元春的。这是宝钗一贯的做事风格：考虑周全、不表现自己、低调不张扬。

第二十二回，宝钗看到元春的灯谜，"其实一见早猜着了"，可是"口中少不得称赞"故意说难猜。

贾母替宝钗过十五岁生日，特意问她喜欢看什么戏，爱吃何物。其实是说给凤姐听的，好让王熙凤办事让当事人喜欢。如果是黛玉，她想吃什么就点什么，想看什么戏就点什么戏。可是宝钗就懂得人情世故，懂得讨贾母开心，特意点贾母看听的戏，爱吃的食物。"宝钗深知贾母老年人，喜热闹戏文，爱甜烂之食，便总依贾母往日所喜者说了出来。"

这里可以看出宝钗有着与她年龄不相称的成熟，她所做的事情都是理性权衡利弊之后，经过认真思考做出的选择。这对尊重君臣之论、谨守人际仪节的性格而言，都是顺理成章的自然表现。①所以她的人缘极好，贾府上上下下的人都喜欢她。

（二）懂得理解别人

第三十七回，宝钗帮助史湘云筹备螃蟹宴，还特意强调说："我是一片真心为你的话。你可别多心，想着我小看了你，咱们两个就白好了。你要不多心，我就好叫他们办去。"史湘云是一时兴起主动要求做一次东，可是忽略了自己的经济实力，而宝钗却是经过"瞻前顾后"作出的决定，她的建议可能给对方带来多心的后果也想到了，这样坦诚相待、推心置腹地为对方考虑，怎能不令湘云感动呢？所以湘云说把宝钗当作自己的亲姐姐一样看。

第六十七回，宝钗分配哥哥带的礼物，能想到的人都分配到了，连贾环都得到了东西，以至于赵姨娘心里想她"会做人，很大方"。

宝钗的处事风格讲求事事周详，处处全备。同时还能设身处地考虑到对方感受，善解人意，能谨守人际仪节，懂得人情世故，因此赢得贾府上下一致称赞。

二、轻生死重现实

薛宝钗带的金锁，意味着她要担负起很大的重担，而常吃的"冷香丸"，又暗示了她性情中有一种"冷"的成分。在待人接物方面，她往往以局外人的视角去审视事件本身，能用更为冷静的态度去处理事情。第六十三回宝钗掣得的花签是"艳冠群芳"的牡丹花，上面诗云"任是无情也动人"。可见宝钗是"无情"与"动人"的联合体。

（一）坦然面对生死

她的"无情"主要体现在面对他人生命的陨落所表现出来的态度上。

① 欧丽娟.大观红楼 3：欧丽娟讲红楼梦［M］.北京：北京大学出版社，2018：283.

第三十二回，宝钗在听到王夫人的丫鬟金钏跳井之后，为了安慰王夫人，直接把金钏的跳井归因于贪玩，不小心掉入井中的，说金钏儿是个"糊涂人，也不为可惜。"当王夫人说没衣服给金钏做装裹时，她主动提议要用自己的衣服，当宝钗取了衣服回来，见宝玉在王夫人旁边垂泪，她见此情景"察言观色，早知觉了八分。于是将衣服交明王夫人。"

宝钗做事情从来都是察言观色，知道什么场合说什么话，做什么事情，处理事情不拖泥带水，不像黛玉总是那么纠结，她总是理性冷静地处理问题。对这件事的圆融处理，让人感觉到她对生命的无情漠然。当然也可以理解为她懂人情世故、不计较、很大度。

第六十七回，柳湘莲因尤三姐自刎选择出家，薛姨妈感伤、但宝钗的态度却是"并不在意"，认为他们"是前生命定活该不是夫妻。"对他人的不幸如此无动于衷，冷漠以对，可以称之为"无情"了。

从金钏儿事件和尤柳事件，我们也可以看出宝钗持有的生命哲学观是以"生者为优先的价值排序，属于世俗人文主义的儒家思想"[1]。面对生命的陨落，她有一种超乎常人的坦然漠然，她更加关注的是现实中人事的处理。因此，在对尤三姐自刎和柳湘莲出家并不在意的同时，却提醒薛姨妈好好酬谢招待那些随薛蟠奔走的伙计。而这也应该算作"动人"之处吧。

（二）灵活处理困境

宝钗一向以儒家修身理念规范自己的言行，她稳重成熟，做事瞻前顾后，思虑周全，在人前总是"罕言寡语"。一向以端庄娴雅的淑女形象出现在众人面前，其实她的性格中还有可爱动人、灵活机智的一面。

第二十七回，宝钗想叫黛玉出来玩，结果发现宝玉进去了，想到他们自有体己话要讲，自己不便进去，选择离开，可见她很懂事。路上她看到一双大如团扇的蝴蝶"迎风翩跹"，就想扑下来玩耍，忍不住"蹑手蹑足"地跟随。扑蝶呈现了宝钗富有童心童趣、可爱动人的一面。她在滴翠亭偷听小红和坠儿的对话，为了脱身，用了金蝉脱壳之计，"犹未想完，只听'咯吱'一声，宝钗便故意放重了脚步，笑

---

① 欧丽娟.大观红楼 3：欧丽娟讲红楼梦［M］.北京：北京大学出版社，2018：382.

着叫道：'颦儿，我看你往那里藏！'一面说一面故意往前赶"。

不少读者认为这是宝钗潜意识里想嫁祸于林黛玉，对这段描述，何其芳认为："水亭扑蝶，自然可以看出她有机心。但这种机心是用在想使小红坠儿以为她没有听见那些私情话，似乎还并不能确定她是有意嫁祸黛玉。"① 千云从不同的角度指出："原作写得很明白：当宝钗看到宝玉去了潇湘馆的时候，她除了避嫌而外，丝毫没有什么嫉妒之心。至于扑蝶那一节，更是一段很美的抒情文字，是用以表现薛宝钗的乐趣的。以后，薛宝钗也只是为了避嫌，才来了个'金蝉脱壳'之计。如果说薛宝钗是有意识地嫁祸于人，这不仅在整个作品里，没有任何思想上和感情上的线索可寻，从作者的心情上来说，也是难以理解的：曹雪芹为什么对于一个卑劣奸诈之徒，在揭发她之前，先为她写一段美丽的抒情文字来美化她？……如果作家不是疯子，他能够这样去刻画他笔下的人物吗？"②

笔者也认为嫁祸论不符合作者对宝钗形象的刻画。第五回判词是钗黛合一，"可叹停机德"是赞扬宝钗的德，"堪怜咏絮才"是欣赏黛玉的才，这两个女性是作者最钟爱的女性，对作者来讲，她们一直是一个人。也有人认为，有可能是作者所钟爱的女性兼具两种完全不同的个性。③ 而脂砚斋对宝钗的"金蝉脱壳"之举也没看作是嫁祸，反而在宝钗故意放重脚步，笑问"你们把林姑娘藏在那里"的这段描写中，评点道："闺中弱女机变如此之便，如此之急。……像极，好煞，妙煞，焉得不拍案叫绝。"（第二十七回脂砚斋批语）在回末总评中又指出："池边戏蝶，偶而适兴；亭外（金蝉），急智脱壳。明写宝钗非拘拘然一迂女夫子。"可见脂砚斋在宝钗身上看到的是机智、灵活、聪慧而不是工于心计。

而从她对小红的评价"素昔眼空心大，是个头等刁钻古怪东西。"对比小说第二十四回，小红是宝玉屋里的下等丫鬟，可是宝玉却不认识她，"既是这屋里的，我怎么不认得？"可宝钗却能隔着门窗就能做出准确判断，并且还能对她的性格了如指掌，这不能不让人惊讶她的心机城府之深。

---

① 何其芳. 何其芳集［M］. 北京：中国社会科学出版社，2004：133.

② 千云. 关于薛宝钗的典型分析问题［C］//人民文学出版社编辑部. 红楼梦研究论文集. 北京：人民文学出版社，1959：137—138.

③ 蒋勋. 蒋勋说红楼梦第1辑［M］. 北京：中信出版社，2017：166.

宝钗是现实主义者，她对生死有一种超脱的态度，注重关注现实。做事情能做到众人一致称赞的地步，与她平时善于观察、机智灵活不乏心机、洞悉人性密不可分。

三、明事理辨是非

宝钗广博的学识，良好的人格修养，培养了她遇事不慌不忙、有条有理处理问题、明事理辨是非的能力，她总能在别人需要的时候及时给出合理的应对方案。

（一）克制理性

林黛玉如果是代表性灵，代表情感，薛宝钗就代表了理性，代表了冷静。[1]宝钗待人接物，一贯冷静理性，从来不会凭感情做事。薛宝钗出身簪缨之族，她的言行举止遵守儒家对女性的要求，从不轻易发火，从不率性而为，她总能克制自己的脾气，理性地处理事情。

第八回，写到宝玉听了宝钗的话要吃热酒，丫鬟雪雁恰好给黛玉送手炉，特意说是紫鹃让送的，黛玉便说雪雁只听紫鹃的话，不听她的话，趁机暗讽宝玉。其实也是说给薛宝钗听的，而薛宝钗只是装作听不懂，笑而不闻，未回应。

第三十回，宝钗不去看戏嫌热，贾宝玉搭讪笑道"怪不得他们拿姐姐比做杨妃，原来也体丰怯热"。"宝钗听说不由得大怒，待要发作，又不好怎样"。只好把怒气撒在找扇子的靛儿身上以及用"负荆请罪"暗讽宝黛吵了又和。即便在生气中，她也保持着理性克制，这是她的家教和修养决定的。

（二）明理冷静

薛宝钗能在贾府得到众人的一致喜欢，与她处理事情不凭感情用事，能明事理、冷静处理是非密不可分。

第四十七回，薛蟠想调情柳湘莲反被柳湘莲狠狠打了一顿，薛姨妈心疼儿子，要借贾府力量去抓柳湘莲，宝钗讲："这不是什么大事，不过他们一处吃酒，酒后

① 白先勇.白先勇细说红楼梦［M］.桂林：广西师范大学出版社，2017：97.

反脸常情。谁醉了，多挨几下子打，也是有的。况且咱们家的无法无天的人，也是人所共知的。妈妈不过是心疼的缘故。要出气也容易：等三五天，哥哥好了，出得去的时候，那边珍大爷琏二爷这干人，也未必白丢开手，自然备个东道，叫了那个人来，当着众人替哥哥赔不是认罪就是了。如今妈妈先当件大事，告诉众人，倒显得妈妈偏心溺爱，纵容他生事招人，今儿偶然吃了一次亏，妈妈就这样兴师动众，倚着亲戚之势，欺压常人。"可见宝钗是很识大体的一个人，一番话说得合情合理，把她妈妈也说服了。这就是宝钗，很明理懂事、冷静的一个人。

第八十回，薛姨妈被夏金桂隔着窗子拌嘴气昏头了，真的要把香菱卖掉，这时宝钗出来劝说道："咱们家只知买人，并不知卖人之说。妈妈可是气糊涂了，倘或叫人听见，岂不笑话？哥哥嫂子嫌他不好，留着我使唤，我正也没人呢。"可见宝钗是个最明事理的人，在很多时候总能冷冷静静地处理问题。

明事理是宝钗身上可贵的品质，她明理的行事规则背后践行的是儒家的伦理规矩，她是才、德、貌兼备的"艳冠群芳"的真正佳人。

除了上述人格特点，宝钗还博学多才：或是教宝玉作诗谈论用典出处，或是与湘云谈论拟菊花题，或为惜春画园子拿主意，或是和他人谈论医药，或是帮助探春出主意治理贾府……都可以看出她的博学多才。

总的来说，小说将薛宝钗刻画成一个懂人情世故、冷静理性、明事理又机智灵活不乏心机、博学多才的这么一个性格丰富复杂的女子。塑造这个圆形人物形象是小说将它放在复杂的人物关系中，通过她成长的环境、别人的视角来刻画，通过和其他人物形象对比来突出，使薛宝钗的人物形象复杂丰富，成为文学经典形象。

中国故事，中华强音
——大思政教育的课程实践

高艳芳

【摘　要】华旭双语学校在习近平总书记对学校思政课建设重要指示精神的指引下，结合学校培养目标，开发"中国故事，中华强音"课程作为大思政教育实践的重要载体。课程以"铸造中国魂，践行中国路，追逐中国梦"为核心和主线，充分挖掘和整合优质资源，通过"引进来"和"走出去"相结合的方式，将思政小课堂与社会大课堂紧密结合，培养既有深厚中华文化底蕴，又能适应全球竞争、具备民族复兴使命感的时代新人。

【关键词】大思政；立德树人；中国故事

一、引言

1. 课程实施的政策与理论背景

党的十八大以来，习近平总书记多次就思想政治课的建设发表重要讲话，为新时代推进思政课改革创新、构建"大思政"格局指明前进方向。2021 年 3 月 6 日，习近平总书记在看望参加全国政协十三届四次会议的医药卫生界、教育界委员时，首次提出了"大思政课"理念。2022 年 8 月，教育部等十部门印发《全面推进"大思政课"建设的工作方案》指出，全面推进"大思政课"建设，要坚持以习近平新时代中国特色社会主义思想为指导，聚焦立德树人根本任务，推动用党的创

235

新理论铸魂育人，不断增强针对性、提高有效性，实现入脑入心。自 2013 年以来，习近平总书记多次在不同场合强调要讲好中国故事，特别是在全国宣传思想工作会议上，习近平总书记围绕讲什么中国故事、如何讲好中国故事、怎样展现好中国形象做出深刻论述，提出明确要求。基于此，华旭双语学校，积极探索大思政教育的课程实践，开发"中国故事，中华强音"课程，作为我校大思政课程建设的重要载体，通过"走出去"和"引进来"相结合的形式，充分挖掘育人资源，推动思政小课堂与社会大课堂相结合。

2. 课程实施的现实需求

在全球化、信息化背景下，社会价值观念多元多样，青少年面临的思想挑战日益严峻。充分发挥思政教育对于青少年的价值引领，培养文化自信和认同感显得尤为重要。然而，思政课在中小学当下的教育中面临一些困惑和挑战，部分学生可能认为思政课授课形式单一、理论性强、抽象枯燥，与现实生活联系不够紧密，导致学习兴趣不高，课堂参与度较低。作为一线思政课教师，尤其深有体会。如何创新思政课的教育方式方法，将理论知识与实际生活相结合，充分挖掘优秀的教育资源，提升课程的趣味性和吸引力，是亟待解决的问题。

"中国故事，中华强音"作为华旭双语学校大思政教育的重要课程实践，积极践行现代化教育模式，通过深度整合教育资源，创新教育方式，强化教育实效，旨在培养既有深厚中华文化底蕴，又能适应全球竞争，且具备民族复兴使命感的时代新人。

二、课程设计与实施

1. 课程目标

"中国故事，中华强音"作为我校大思政课程建设的重要载体，课程体系自 2018 年 9 月实施之日起，就明确了该课程的目标：以"铸造中国魂，践行中国路，追逐中国梦"为核心和主线，以"引进来"和"走出去"相结合为课程实践形式，充分利用校内外思政教育优质资源，将学校小课堂和社会大课堂有机结合，致力于挖掘中国优秀传统文化精髓，用一张张中华文化的"金名片"讲述中国故事，传递中华强音。具体如下：

- 掌握中华优秀传统文化的核心理念与价值观念，如天下为公、自强不息、仁爱立德等，理解其对解决当代问题的启示意义。
- 提炼并展示中华文化的精髓与软实力，启发学生深入领悟并有效传播中国理念，推动文明交流互鉴。
- 创新教学方式与方法，通过"引进来"和"走出去"相结合的课程实践形式，以访谈、工作坊、体验活动等互动形式，激发学生主动参与和思考，提升学生对中国故事的认知、理解和讲述能力。
- 以习近平新时代中国特色社会主义思想为引领，通过中国故事增进学生对中国国情、发展道路的认同，坚定"四个自信"，厚植爱国情感。

2. 课程内容

本课程以"中国魂""中国路"和"中国梦"为主要章节，包含"修身、立德、信念、笃行、治理、法治、强国、爱民、天下"9个篇目，共18讲，36节（课程架构见图1），课程分两个学期，用"华双大讲堂"这一专属时段进行授课，旨在打造一个系统、连贯且富于启发性的学习体验过程（课程大纲见表1）。课程内容的选择主要依据所在地区的特点、所在学校的培养目标及学生群体的特点等，参考优秀传统文化和习近平新时代中国特色社会主义思想，以主题为纲进行设计。在课程内容设计过程中，也会预留空间，关注国家重大事件，不断丰富课程资源，保证思政课与时俱进，如中华人民共和国成立70周年、建党100周年、党的二十大

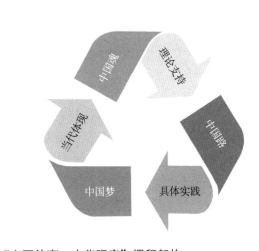

图1 "中国故事，中华强音"课程架构

等。作为一所十二年一贯制学校，课程授课对象以中高年级学生为主，以多样化的活动形式不断扩大课程的影响力和感召力，辐射带动其他学段的更多学生积极参与其中。

表 1　课程大纲

课程内容	章节	中国故事，中华强音	课时	篇目内容概述
第一章 中国魂	第一节 修身篇	第 1 讲　儒家思想	2	了解儒家思想的核心价值和"知行合一"的思想，感受传统文化的现实意义，提高人文素养，坚定文化自信
		第 2 讲　知行合一	2	
	第二节 立德篇	第 3 讲　民族精神	2	了解民族精神的内涵，了解书写不平凡人生的普通人的故事，自觉弘扬民族精神，乐于创造生命的伟大
		第 4 讲　平凡至伟	2	
	第三节 信念篇	第 5 讲　民族英雄	2	了解历史上的民族英雄和时代楷模的先进事迹，激发新时代中国青年的家国情怀和责任担当
		第 6 讲　赤子之心	2	
第二章 中国路	第四节 笃行篇	第 7 讲　改革开放	2	了解改革开放以来取得的辉煌成就，认同改革开放的重要作用，感受改革开放以来的工匠精神，自觉成为改革开放的拥护者和支持者
		第 8 讲　工匠精神	2	
	第五节 治理篇	第 9 讲　"平"语近人	2	了解习近平总书记重要讲话中引用的古代典籍和经典名句，了解美丽中国理念，认同我国生态文明建设思想，并身体力行成为美丽中国的积极践行者
		第 10 讲　美丽中国	2	
	第六节 法治篇	第 11 讲　法治体系	2	了解中国特色社会主义法治体系的形成与发展，自觉增强宪法意识，维护宪法权威，努力成为社会主义法治的忠实崇尚者、自觉遵守者、坚定捍卫者
		第 12 讲　依法治国	2	
第三章 中国梦	第七节 强国篇	第 13 讲　人才强国	2	了解我国人才发展现状和中国传统科技，培养学生的民族自豪感，增强文化认同，增强文化自信
		第 14 讲　文化自信	2	
	第八节 爱民篇	第 15 讲　执政为民	2	了解中国共产党领导地位确立的原因，感受党为人民奋斗的美好生活，坚决拥护中国共产党的领导
		第 16 讲　美好生活	2	
	第九节 天下篇	第 17 讲　民族振兴	2	认识梦想和时代的关系，树立中国梦的远大理想，理解并认同人类命运共同体的理念，把为世界和平与发展做贡献的愿望落实到具体行动中
		第 18 讲　人类命运共同体	2	

3. 课程实践案例

采用"引进来"和"走出去"相结合的主要教学形式，充分挖掘育人资源，推动思政小课堂与社会大课堂相结合。我们以第三章"中国梦"第七节治理篇第 14 讲"文化自信"为例。

首先，将优质资源"引进来"。我们以"扎根于中华传统文化"为育人目标，立足所在安亭地区的特点，积极引入整合优质社会资源，以"华双大讲堂"的形式实现"引进来"。安亭药斑布是蓝印花布之源，距今有 800 多年的历史，2009 年被列为"第二批非物质文化遗产名录"。我校将上百件展品引入校园，陈列在学校大厅，将展览的原料生成课程的养分。我们同时邀请药斑布的传承人王元昌老先生，他是土生土长的安亭人，作为此次展览的学术支持。九十岁高龄的他站上"华双大讲堂"的讲台，如数家珍般向同学们讲述安亭药斑布的历史和故事。同学们沉浸式体验了传统文化。

其次，带领学生"走出去"。在具备一定的知识积累和文化熏陶基础上，我校历史老师带领学生走进安亭药斑布展馆，让同学们体验药斑布印染技艺，认识药斑布发展中的变与不变，体会药斑布匠人坚守传统工艺的匠心。学生们要基于参观体验活动，对非遗传承的现状及未来发展进行思考，并形成具体的措施，为非遗传承建言献策。让同学们认识到文化是一个国家、一个民族的灵魂，没有高度的文化自信，没有文化的繁荣兴盛，就没有中华民族伟大复兴。于非遗而言，传承便是最好的保护。以此让同学们进一步增强中国文化认同感，增强文化自信。

最后，固化资源，辐射带动更多学生，扩大影响力。我校把药斑布这一传统特色文化与学校的艺术教学有机结合，创生了"药斑布阳光下一小时"选修课程，向学校各个学段学生开放。学生在专用教室里进一步学习，并自己动手学习设计图案、制版、烤花及印染，还可以将作品在校园里展出。学生能更好地探索中华文化的活态传承之路，以自己的方式传播中国文化的故事。

4. 课程评价

"中国故事，中华强音"的教学目标在于让学生掌握中华民族的根与魂、培养学生的国家认同与家国情怀、认同中国的发展模式和道路，最终将个人梦融入中国梦之中，以实际行动肩负起青少年的责任担当。"中国故事，中华强音"是校本课程，校本课程开发的价值追求有三：学生个性发展、教师专业发展、学校特色形成。首先，促进学生个性发展。本课程的评价将回归育人本位，转变关注点，从关注课程与学业成绩到落实育人目标转变，弱化筛选评定功能，强化促进功能，培养学生学会反思的核心素养（学生评价量表见表2）。其次，通过每一讲的教师自评报告，促进教学。引导教师转变教育观念，改变教育方法，与时俱进调整教学内容，不断提高个人的教学能力（教师评价量表见表3）。最后，通过系统的评价体系（见表4），综合课程的各要素，形成特色的校本课程，进一步实现立德树人的根本目标。

表2　学生自评互评量表

小组成员	个人自评10分			个人自评得分	小组内互评20分				小组内互评得分
	学习态度3分	团队合作3分	学习收获4分		学习态度5分	团队合作5分	发挥作用5分	能力提升5分	

表3　教师自评报告

课题	课时数		认知要求（期望）					
儒家思想	≤2	>2	识记	理解	掌握	认同	运用	解决问题
民族精神	≤2	>2	①②③④	①②③④	①②③④	①②③④	①②③④	①②③④
知行合一	≤2	>2	①②③④	①②③④	①②③④	①②③④	①②③④	①②③④
平凡至伟	≤2	>2	①②③④	①②③④	①②③④	①②③④	①②③④	①②③④
民族英雄	≤2	>2	①②③④	①②③④	①②③④	①②③④	①②③④	①②③④
赤子之心	≤2	>2	①②③④	①②③④	①②③④	①②③④	①②③④	①②③④
改革开放	≤2	>2	①②③④	①②③④	①②③④	①②③④	①②③④	①②③④
工匠精神	≤2	>2	①②③④	①②③④	①②③④	①②③④	①②③④	①②③④
"平"语近人	≤2	>2	①②③④	①②③④	①②③④	①②③④	①②③④	①②③④
美丽中国	≤2	>2	①②③④	①②③④	①②③④	①②③④	①②③④	①②③④
法治体系	≤2	>2	①②③④	①②③④	①②③④	①②③④	①②③④	①②③④
依法治国	≤2	>2	①②③④	①②③④	①②③④	①②③④	①②③④	①②③④
人才强国	≤2	>2	①②③④	①②③④	①②③④	①②③④	①②③④	①②③④
文化自信	≤2	>2	①②③④	①②③④	①②③④	①②③④	①②③④	①②③④
执政为民	≤2	>2	①②③④	①②③④	①②③④	①②③④	①②③④	①②③④
美好生活	≤2	>2	①②③④	①②③④	①②③④	①②③④	①②③④	①②③④
民族振兴	≤2	>2	①②③④	①②③④	①②③④	①②③④	①②③④	①②③④
人类命运共同体	≤2	>2	①②③④	①②③④	①②③④	①②③④	①②③④	①②③④

表4　"中国故事，中华强音"课程评价体系

评价模块	指　　标	参与群体
目标	改进教学质量，促进学生核心素养发展，形成特色校本课程。	学校管理者、校内外德育专家、教师、校本课程开发人员、学生
内容	课程：课程内容设置与更新，课程是否结合当代内容与当代语境，是否符合中小学德育课程实施纲要等 学生：包括学生知识构建、技能交流、国家认同、自我调节、现实世界中的问题解决、学习中使用的技术等 教师：学生参与度、学习结果、教师行为以及课程教学活动	
方法	坚持质性与量性评价相结合、过程性与终结性评价相结合。 1. 日常学习反馈：师生对话沟通机制；高质量标准化测试以及有效的课程形成性评估（学生自评互评表）；教师自我报告 2. 终结性评估：成果展示	
原则	发展性、科学性、适切性	

三、课程成效与思考

1. 课程成效

经历了摸索初探，作为校内思政必修课程的有益补充，"中国故事，中华强音"课程在华旭双语学校的大思政教育实践中取得了显著成效。

（1）形成课程体系，革新课程内容。积极挖掘和整合校内外优质教育资源，不仅成功构建了内容丰富、结构严谨的课程体系，而且课程内容紧密结合中华优秀传统文化与习近平新时代中国特色社会主义思想，按主题设计安排，既涵盖儒家思想、民族精神、改革开放等宏观主题，又包括药斑布等地方特色文化，确保课程内容既体现传统文化精髓，又紧贴时代脉搏、与时俱进。将传统文化与现代教育有机结合，拓宽了学生的学习视野，深化了他们对中华文化的理解和认同。

（2）创新教学方式。通过"引进来"（如引入社会资源、专家讲座）和"走出去"（如实地考察、实践体验）相结合的教学策略，突破传统思政课的单一封闭模式，实现思政小课堂与社会大课堂的深度融合，增强了课程的实践性、互动性和趣

味性，有效激发学生的学习兴趣与参与度。另外，在课程实践过程中也积极探索了跨学科学习、项目化学习及体验式学习等多样化形式。

（3）课程评价体系。建立了包括学生自评互评、教师自评报告以及综合评价在内的多元化评价体系，旨在促进学生个性化发展、教师专业成长及学校特色形成，确保课程目标的达成，推动思政教育从知识传授向价值塑造与能力培养深度转型。

（4）课程影响与辐射。课程不仅在校内产生了显著效果，特色活动和选修课程的形成，辐射带动全校各学段学生积极参与。还通过各类评价活动、论文撰写、校本教材编写等方式，促进了教师的专业发展，形成了具有华旭双语特色的品牌课程，对社区乃至更大范围产生了积极影响。

2. 课程反思

尽管"中国故事，中华强音"课程在华旭双语学校的大思政教育实践中取得了一系列成效，但仍存在不足，主要包括以下几个方面：

（1）课程目标细化不足。尽管课程设定了总体目标，但在实际教学中，针对十二年一贯制不同学段学生的年龄特点、认知水平和对国情党史理解程度的差异，课程目标还需进一步细化，以确保每个学生都能在课程中找到适合自己的学习内容，实现个性化发展。

（2）课程内容更新有待加强。虽然课程内容已涵盖多个维度并适时融入了新时代元素，但面对不断发展的社会现实和不断深化的理论认识，课程内容需持续更新，以保持其时效性和时代感，更好地服务于思政教育目标。

（3）课程评价体系需优化。尽管已建立多元评价体系，但总结性评价方式尚待创新。可通过举办分享交流会、优秀笔记展示、征文比赛等活动，以及将课程参与纳入德育考评体系等，进一步激发学生的学习积极性，使评价体系更全面、立体地反映学生的学习成果。

总体而言，"中国故事，中华强音"作为十二年一贯制民办学校大思政教育的重要尝试，有其积极意义，也需要持续改进和完善，不断提升课程的针对性、实效性和影响力，更好地服务立德树人的教育目标。

悠悠药草香
——中草药课程进校园的实践思考

曹　婷

【摘　要】中医药文化深深植根于中华民族的悠久历史和灿烂文明之中，是中华民族智慧和文明的结晶，也是人类医学宝库中的重要组成部分。将中草药课程作为拓展课程引进校园，有助于促进学生的全面发展。本文将从课程价值、课程实施等角度，思考如何通过对于中医药课程的引进，增强学生的文化自信与民族自豪感。

【关键词】中草药课程；课外拓展课程；中国传统文化

中医药文化深深植根于中华民族的悠久历史和灿烂文明之中，是中华民族智慧和文明的结晶，也是人类医学宝库中的重要组成部分。随着人们对健康的重视程度不断加深，中医药文化也慢慢焕发出了新的生机。基于此，秉持"传承中华优秀传统文化"的宗旨，我们将中草药课程作为拓展课程引进校园，让我校学生近距离接触中医药文化，了解散落在中华文明千年历史长河中的瑰宝，增强文化自信与民族自豪感。

一、中草药课程的课程价值

中草药课程进校园不仅弘扬了中华优秀传统文化，还能够对文化类课程和实践类课程作有效的理论探索及实践补充，是有助于推动学生全面发展的拓展课程。

1. 中草药课程是弘扬传统文化的重要途径

中医药文化作为中华民族传统文化的瑰宝，蕴含着丰富的哲学思想和人文精神。例如《内经》中详细阐述了阴阳五行、脏腑经络、病因病机等中医基础理论，其中蕴含的哲学思想，如天人合一、阴阳平衡等，都是中医药文化的重要组成部分。[①]因此通过中草药课程，学生们能够深入了解中医药文化的历史渊源、理论体系和实践应用，了解中国古人的天人观，从而增强对传统文化的认同和自豪。

2. 中草药课程有助于推动跨学科学习

中草药课程进校园可以推动中草药知识与其他学科相融合，形成跨学科的综合性学习体验。中医药文化是中华文明瑰宝，是古人智慧的结晶。对于中草药知识的学习也是带领学生了解中医药历史、了解中国古代文明成果的过程。与此同时，中草药课程也与生物、物理等学科紧密相关。学生可以通过研究中草药炮制过程中的物理变化，了解不同炮制方法对中草药药效的影响。同时，也可以观察中草药在光照、温度等条件下的生长变化，探究中草药生物学知识。这样的学习方式可以让学生从多学科视角认识和理解中草药，培养跨学科的综合素养。

3. 中草药课程进校园是对劳动课程的有效补充

中草药课程为学生提供了更为复杂和精细的劳动机会，如种植中草药、炮制药材等。这些活动不仅要求学生掌握一定的技能，还需要他们具备耐心、细致和责任感等品质，从而进一步提升劳动教育的深度和广度。与此同时中草药课程有助于培养学生的劳动习惯和劳动精神。在课程中，学生参与中草药的种植、采摘、炮制等过程，这些活动要求他们付出辛勤的劳动和汗水。通过亲身体验，学生能够更加深刻地理解劳动的价值和意义，养成勤劳、节俭、尊重劳动的良好习惯。同时，中草药课程的实践性也让学生能够在劳动中体验到成就感，进一步激发他们对劳动的热爱和尊重。此外，中草药课程与劳动课程的结合，有助于形成完整的劳动教育体系。这种结合使得劳动教育更加全面、系统，能够更好地促进学生的全面发展。

① 陈可呤，纪春娥.《内经》哲学思想初探［J］.河南职工医学院学报，2007（01）：45—47.

二、中草药课程进校园的课程规划

1. 中草药课程依托学生社团展开

中草药课程的实施依托学生社团——杏禾社展开。杏禾社是由目前就读于我校的秦氏中医第九代传承人——秦培匀同学发起成立的中医药社团。秦培匀同学自幼跟随家族长辈学习中医药知识，对中草药有着深厚的感情和独特的见解。她希望通过自己的努力和社团的力量，将中医药文化传承下去，让更多的同学了解并热爱中医药文化。

在杏禾社的组织下，中草药课程将通过课堂讲解、中草药种植、亲手制作等多种方式，让学生全面了解中草药的起源、分类、功效及应用。课程将注重培养学生的实践能力和创新精神，鼓励他们在实际操作中发现问题、解决问题，不断丰富中医药知识，掌握一些中医技能。

此外，杏禾社还积极与校外中医药机构合作，邀请中医药专家来校授课，为学生提供更广阔的学习平台。同时，社团还组织各类中医药文化活动，如缝制艾草香囊、制作凉茶等，让学生在轻松愉快的氛围中感受中医药文化的魅力。

依托杏禾社开展中草药课程进校园活动，不仅有助于提高学生的中医药文化素养和实践能力，还有助于推动中医药文化的传承和发展。丰富学生课余生活的同时，引导学生了解中国传统文化、喜欢中国传统文化并为中国传统文化的传承贡献自己的一份力量。

2. 理论与实践相结合

中草药课程的开展秉持"实践与理论相结合"的教育原则。这一原则不仅体现在课程内容的设置上，更贯穿于整个教学过程的始终。在我校沁园劳动实践基地中，学生们有机会亲自参与中草药苗的培育、种植，以及采摘工作。他们在专业工作者的指导下，学习如何根据不同的中草药特性进行种植和养护，确保中草药的生长质量和药效。同时，他们还亲手采摘成熟的中草药，体验收获的喜悦。采摘完的中草药在专业人员的指导下进行炮制。学生们学习各种炮制方法，如晾晒、切片、炒制等，通过亲手操作，他们能够更加深入地了解中草药的炮制过程及其对药效的影响。最终，这些经过精心炮制的中草药将被制成中药制品，供同学们在日常学习生活中使用。

除了实践操作外，我们还注重理论知识的传授。在秦氏中医的大力支持下，我们每月都会邀请中医学方面的专家前来作专题讲座。这些讲座内容涵盖了中医的经络理论、针灸疗法等多个方面，旨在帮助同学们全面、深入地了解中医药文化的精髓和内涵。

通过实践与理论的有机结合，同学们不仅能够掌握中草药种植、炮制和使用的基本技能，还能够深入理解中医药文化的哲学思想和人文精神。

3. 课程评价

作为课外拓展课程，中草药课程的评价方式将力求多元且富有创意，通过多种途径全面展现学生的学习成果。

首先，我们计划通过一系列活动来展示学生的实践成果。在校庆中，我们将设立一个特别的中草药饮品摊位，售卖由学生亲手制作的中草药饮品。这不仅能让全校师生品尝到社团学生们的劳动成果，还能让他们亲身体验到中草药的独特魅力。同时，在夏季来临之际，课程的学生们还会利用所学的中草药知识，制作出驱蚊的香囊、青草膏等夏季必备物品，发放给全校师生。这些物品不仅具有实用性，也能让大家在日常生活中感受到中医药文化的深厚底蕴。

除了实物展示外，我们还将通过艺术创作的形式来展现学生的学习成果。受到明代中草药巨著《本草纲目》的启发，在艺术课程中引导学生以中草药苗为原型，进行水墨画、木版画的创作。学生们将在画布上尽情挥洒自己的想象与创意，用画笔勾勒出各种中草药的形态与特征。这些作品不仅是对学生艺术才能的展示，更是对中医药文化的一种传承与发扬。通过这些作品，我们希望能够让更多的人了解并喜爱上中医药文化，进一步推动其在校园内外的普及与发展。

总之，中草药课程的评价方式将注重实践性与创新性，通过多种途径展示学生的学习成果。我们相信，在这样的评价方式下，学生们不仅能够全面深入地了解中医药文化，还能够在实践中锻炼自己的动手能力、创新能力和团队协作能力，为未来的成长与发展奠定坚实的基础。

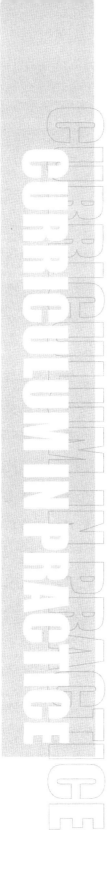

彰显美育
平衡发展

华旭双语艺体课程探索

在新时代的征程上，教育的使命不仅仅是知识的传授，更在于培养学生的全面素质，以适应社会发展的需求，"更加注重全面发展"和"更加注重以德为先"尤为重要。《中国教育现代化2035》提出"更注重学生全面发展，大力发展素质教育，促进德育、智育、体育、美育和劳动教育的有机融合"是中国教育现代化中的重要部分。这要求我们在教育实践中，不仅要重视学生智力的发展，也要注重学生身体、心理、审美和劳动等多方面能力的培养。艺体教育作为实现这一目标的重要方面，其价值和意义愈发凸显。艺术教育能够提升学生的审美素养，体育教育则有助于锻炼学生的身体素质和团队协作能力。两者的结合，旨在构建一个多元、协调、包容的教育环境，促进学生在德、智、体、美、劳等方面的和谐发展，为其未来的幸福生活奠定坚实的基础。

华旭双语自2015年建校之初就提出以艺术体育作为学校的主课程，为学生打造以"一生一乐器、一生一技能"为目标的艺体平衡综合素养课程。学校通过建立十二年一贯制的艺体课程为学生提供系统专业的课程学习条件。同时，除常规艺体课程外，各学部还融入了丰富的艺术与体育阳光兴趣课程，如汽车设计、室内乐团、动漫画设计、足球、篮球、羽毛球、橄榄球队等。多年来学校通过持续的努力，创新实践全人、全纳、全程式的现代化教育，设计并实施了培养学生幸福生活能力，基于艺体平衡发展的综合素养课程。以丰富多样、系统化的艺术与体育课程，培养学生的综合素养，为学生的持续发展助力。

基于艺体平衡发展的综合素养课程是华旭双语以托举每一位孩子的幸福生活为起点而精心设计的学校重点特色课程。在教学目标上，华旭双语希望能够通过艺体课程学习掌握技能与技法，在独立或项目化课程中增强学生的沟通能力、团队协作能力、社会责任感，激发学生的创造性思维和解决问题的能力，以此促进学生身心全面发展进而提升生活质量和幸福感。课程旨在填补传统教育艺体平衡发展的空白，通过项目化、跨学科的课程设计，为学生提供一个全面发展的平台。不仅关注技能的培养，更重视学生内在素养的提升和生活幸福感的增强。学校的艺体课程设计坚持以下原则。艺术课程：一、适应学生发展，分段设计课程；二、聚焦核心素养，组织课程内容；三、体现艺术学习特点，优化评价机制。体育课程：一、坚持"健康第一"；二、落实"教会、勤练、常赛"；三、加强课程内容整体设计；四、注重教学方式改革；五、重视综合性学习评价；六、关注学生个体差异。

上海华旭双语学校基于艺体平衡发展的综合素养课程经过教育教学实践正在不断完善，它们为学生的成长提供了丰富多样的活动型课程，让孩子们在实践中切实掌握技能促进其全面发展。在十二年一贯制教育体系下，艺体课程以学生为主体的项目化跨学科学习为学生提供了多元的、交互式的学习体验，并在教学中结合真实的生活情境将所学所思作知识迁移与运用，实现素养的提升。未来我们将继续探索，在教学中实践自己的理念，在研究中优化课程体系。

随着科学技术的发展与人工智能的不断优化，未来 AI 将介入我们的生活，在创造力和创新思维方面，人类仍然具有不可替代的优势。艺术能够激发个人的想象力与批判性思维能力，有助于个人情感的发展和审美能力的培养，这是 AI 所不具有的对美的深层次的感知。艺术与体育活动能够丰富个人的精神世界，这样的综合性课程在当下显得尤为重要。

　　本章基于十年来华旭双语的有效实践，展现学校艺体课程建设的丰硕成果，包括从小学到高中的校本课程设计、具体 PBL 项目、跨学科课程等，并针对当下艺术教育发展的瓶颈提出了建设性的意见和对策，对未来艺体教育的发展和推广具有参考意义，华旭双语也将不断完善课程体系，开创"十二年一贯制艺体课程"的新格局。

多元文化视域下的高中音乐教育的多元性教学及审美探究

任康超

【摘　要】音乐课程作为高中教育阶段较为重要的一门课程，其对于学生鉴赏、审美能力的培养有着重要的作用。随着人们生活水平的不断提高，传统音乐教学方法已无法满足当代高中学生的学习需求，在多元文化视域下高中音乐教育应当向多元性教学发展，才能带给学生更好的学习体验，从而培养学生的音乐审美能力。本文对多元性教学对高中音乐教学的影响、多元文化视域下高中音乐教育的多元性教学现状作研究分析，并就加强高中音乐多元性教学，提高审美能力的具体措施提出建议。

【关键字】多元文化；高中音乐教育；多元性教学；审美

音乐课程作为高中教育课程中的一种，能有效地培养学生的鉴赏能力、审美能力。传统高中教学中对音乐课程往往不够重视，教学方法也比较单调。而在多元文化视域下，高中音乐课程展开多元性教学，能够挖掘出高中音乐教学的深厚内涵，发挥音乐课程的社会性价值来促进学生全方面成长。

一、多元性教学对高中音乐教学的影响

1. 拓展学生音乐欣赏范围

高中音乐课程多元性教学能够显著拓展学生的音乐欣赏范围。全世界各地的音乐存在着较大差异，教师在进行音乐课程教学时不应局限于国内传统音乐，应结合古典音乐、现代音乐和西方音乐一起进行教学，这样才能够使得学生接受到更多音乐文化的熏陶，让学生感受到不同风格音乐的魅力，以此来达到拓展学生音乐欣赏范围的目的。

2. 提高学生音乐审美水平

现实中大多数学生都会接触到音乐，但往往只是单纯聆听音乐作品。而高中音乐课程多元性教学课程中则能够将音乐的教育意义进一步地深化，在音乐作品教学时不仅能够让学生学习到简单的乐理知识，而且还能让学生了解音乐作品背后的创作故事等。这样会激发学生对于音乐课程的学习热情，同时也有利于更好地提高学生的音乐审美水平，促进学生全面成长。

3. 培养学生对音乐文化的认同感

音乐文化在我国文化领域占据着较为重要的地位，我国音乐历史较长，音乐知识更是深厚多样，通过音乐课程的多元性教学能够使学生对中国音乐文化产生认同感。尤其通过传统音乐文化的教学能使学生更加了解我国传统文化知识，让学生在学习音乐文化的同时与民族音乐文化的传承发展产生共鸣，以此达到激发学生文化自信的目的。

二、多元文化视域下高中音乐教育的多元性教学现状

1. 对音乐理论的研究不够深入

在多元文化视域下，高中音乐教育能够对学生未来的成长产生重要的影响，音乐课程不仅能培养学生的审美能力，而且还能促进学生个性化成长。但是现阶段的高中音乐多元性教学存在着音乐理论研究不够深入的问题。这主要是因为大多数教师对音乐课程不够重视，不能深入感受音乐教育的内涵，在课程教学的时候也比较简单，只让学生聆听音乐作品即可，在音乐理论方面只会讲解一些较为简单的知

识，更多的是让学生一句一句跟着音乐作品学习。这种教学方法改变了音乐课程多元性教学的初衷，没有提供充分的音乐理论来理解音乐作品。音乐课程教学只是徒有其表，内在的价值意义无法体现出来。

2. 音乐专业课程与文化课程连接不够紧密

大多数高中在进行音乐专业课程教学的时候都是比较独立单一的，不管是教学内容还是教学方法都缺乏多元性，很多音乐教师在课堂上只是向学生传授一些较为简单的音乐知识，没有对音乐作品背后的故事和意义作引导，这就使音乐课程的教学效果大打折扣，无法通过音乐作品激起学生的共鸣。音乐专业课程与文化课程连接不够紧密，使得学生不能深入了解音乐作品的文化内涵，久而久之便会使学生对于音乐课程的学习热情减退，且在学习完之后很快就忘记，最终导致音乐课程失去教育意义，也无法起到培养学生审美能力的作用，音乐课程在高中教育阶段的教学地位越来越低。

3. 音乐教育缺乏文化的熏陶

音乐教育应注重传统文化的熏陶，不管是中国传统音乐作品，还是西方音乐作品等，都具有深厚的文化意义。作家在进行音乐作品创作的时候都会将各自的思想感情代入进去，使得音乐作品具有不同的风格，能够引发不同人群的共鸣。而在高中音乐多元化教学过程中存在缺乏文化熏陶的问题，很多教师在教学的时候不能深入挖掘不同风格音乐的内涵，这不利于培养学生文化自信，音乐课程教学的意义被遮蔽。因此在高中音乐课程教学时，教师要将我国传统音乐与现代音乐、西方音乐相结合，让学生感受不同风格音乐的不同美感，以此达到提高学生创新力、增进文化自信的目的。

三、多元文化视域下加强高中音乐多元性教学与审美的具体措施

1. 丰富多元化音乐课程内容

在多元文化视域下开展高中音乐多元性教学时要先丰富音乐课程教学内容，利用互联网等来拓展音乐课程的教学资源，使学生在音乐课程学习过程中能够接触到更多类型的音乐作品。依靠多元化的教学内容来吸引学生的学习兴趣，从而促进学生鉴赏、审美能力的提升。

（1）传统民族音乐学习

高中音乐教学中的大多数音乐作品的创作多是来源于生活，同样也能应用于生活。书本内的知识终归是有限的，教师只讲书本内的内容教学效果比较有限。而如使用多元化教学方式，则可以根据实际情况将生活中的一些音乐作品结合书本内容引入课件，这样不仅可以借助新颖现实的音乐作品激发学生的兴趣，还可以拓展学生们的音乐知识面，让学生发现其中的妙处，引导学生在生活中发现艺术气息，培养学生的审美观和创新意识。我国是多民族国家，音乐种类多种多样，因此教师在进行音乐多元性教学的时候也需要突出传统民族音乐，一方面能够拓宽学生的音乐知识面，另一方面则能够借助民族音乐的多元化来增进学生的文化自信。

（2）多元化音乐作品学习

让学生聆听学习本土音乐是为了激发学生对于音乐的热爱、增进文化自信，不断加深学生爱国之情。除了本土音乐之外，还需要重视多元化音乐作品的教学。我国本土音乐与西方音乐之间的差异是比较大的，一方面乐器不同，另一方面乐谱不同。教师利用多元音乐作品进行教学能使学生接受到多元音乐知识的熏陶，不同音乐作品之间的差异有利于培养学生全面的审美能力。宽广的音乐知识面也有利于提高学生的自信心，从而推动学生整体素质的成长进步。[①]

2. 开展多元化音乐教学方法

在多元文化视域下开展高中音乐多元性教学，最关键的便是需要实现教学方法的多元化，教师要将教学重心放到培养学生的审美能力方面，通过感悟式教学、比较式教学以及传播式教学等多种多样的教学方法来激发学生对于音乐课程的学习兴趣，以此来达到深化音乐课程教学效果的目的。[②]

（1）感悟式音乐体验教学

感悟式音乐体验教学方法的核心便是让学生在学习音乐的过程中感受到不同音乐的情感和内涵，引起学生与音乐作品的共鸣，让学生更深层次地对音乐作品作剖析，从而达到提升学生音乐鉴赏水平的目的。高中教师在使用感悟式音乐体验教学法进行音乐教学的时候，首先要引导学生对音乐作品初次聆听，相互之间交谈聆听

---

① 黄梦珂.音乐教育的多元性及其审美研究［J］.当代音乐，2020（03）：144—145.
② 欧阳永平.多元文化视野下的音乐教育研究探讨［J］.锋绘，2019（02）：1.

后的感悟；而后教师讲解音乐作品的背景故事，让学生在了解创作背景之后再次聆听。第一次聆听时学生是不带有任何想法的，而第二次聆听时学生内心存在着波澜，两次聆听的感受会存在较大的区别，通过这种感悟式教学能够让学生更加深入地了解音乐作品的独特魅力，从而提高学生的审美能力。

（2）比较式音乐体验教学

比较式音乐体验教学也是多元文化视域下高中音乐多元性教学的主要方法之一，教师在进行音乐课程教学的时候可以收集同一作曲手法的不同音乐作品给学生聆听，并让学生讲述每首音乐作品的聆听感受，以此引导学生在不同音乐作品中感受作者的情感。① 教师也可以将两种风格完全不同的音乐作品放置在一起让学生进行聆听，并让学生评鉴不同风格音乐作品的优劣，促使学生在教师的引导下培养出开元化的欣赏意识。例如在进行"调性和声"音乐课程教学的时候，教师便可以将书本内的古典音乐与爵士音乐的和声处理方法作比较，让学生分析不同音乐种类和声处理方法的不同之处，既能够激发学生的学习兴趣，又能够加强学生的感知能力，从根本上有利于推动音乐课程教学效果的提升。②

（3）传播式音乐体验教学

传播式音乐体验教学方法是让学生在音乐传播过程中感受音乐作品的魅力和内涵，教师通过传播式音乐体验教学方法进行高中音乐课程的教学不仅能够扩大学生的音乐视野，而且还能使学生在学习过程中更加快速地掌握音乐知识。③ 每个时代都有每个时代的经典音乐作品，传播式音乐体验教学更加贴合实际生活中的音乐作品，教师寻找现实中广为流传的音乐作品作为教学作品给学生聆听体验，又或者是安排某个音乐主题，让学生在课后对这个音乐主题类型的相关音乐作品进行鉴赏，从音乐作品的表面深挖到音乐作品的内在意义，充分激发学生的学习热情，让学生在学习音乐作品过程中不断提升自身的多元审美能力，从而达到强化高中音乐教育效果的目的。

① 李士锦，李佳馨.试析多元文化视角下的基础音乐教育［J］.艺术教育，2019（09）：63—64.

② 李鹏鹏.高校音乐教育中多元文化音乐教育的应用探究［J］.北方音乐，2020，40（06）：2.

③ 张蕾.多元文化教育在高校音乐教学中的融入探讨［J］.长江丛刊，2019（09）：2.

3. 完善多元化课程评价机制

以往大多数高中在音乐课程中都不够重视评价机制，偏重教学过程，往往没有最终的评价结果。这就使得学生在学习过程中敷衍了事，音乐课程的教学效果不尽如人意。因此高中教师在开展音乐课程多元化教学的时候需要建立健全的多元化课程评价机制，首先在每节课都设置音乐问题，并根据学生的回答情况给予相应的评分，这样能够使得学生在学习过程中更加认真思考；其次是要在课程结束的时候对所有学生进行评价考试，让学生感受音乐作品的内涵并写出自己的聆听感悟，教师根据结果给予学生科目成绩。① 同时在进行课程评价的时候，教师也需要及时调整评价方式，评价机制建立的主要目的是提高学生对音乐课程学习的兴趣，教师需要合理掌握评价力度，通过评价来使得学生在学习音乐过程中获得自我满足感，以此来促进学生心理和个性的健康发展。

四、结语

总而言之，基于多元文化视域能发现我国高中的音乐课程教学存在着缺乏多元化的问题，即教学内容比较单一，教学方法比较简便，音乐课程的教学意义无法有效地体现出来。高中开展音乐课程教学应当充分运用多元性教学方法，教师要根据学生的实际学习情况制定相应的音乐教学内容和教学方法，不但能使学生在学习音乐过程中感受到更多种风格音乐的魅力，而且还有利于拓展学生的音乐认知面，提高学生的鉴赏水平，促进学生的全面成长。②

---

① 孔明霞. 多元文化音乐教学在高职音乐教育中的作用探讨 [J]. 北方音乐，2020，40（02）：2.

② 刘晓强. 多元文化音乐教育在高校音乐教育教学中的应用 [J]. 艺术家，2019（06）：73.

面向幼小衔接的体育"跳跃"运动教学分析

李 澄

【摘 要】为增强我校体育与健康课程幼小衔接的作用，本文结合我校实际情况，针对跳跃运动进行分析，认为充分利用幼儿在园已有经验以设计衔接课程、共享运动器械，可让幼儿对课堂感到熟悉亲切，体现衔接的连续性。

【关键词】幼小衔接；体育与健康；跳跃

一、研究背景

"幼小衔接"目前是小学教学重点关注的话题，但我查阅资料后发现有关体育方面幼小衔接的研究很少。学生从幼儿园开始接触体育课直至基础教育结束，有长达十几年的时间，但是当前学生体质还是令人担忧。我认为幼儿园和小学是学生体育学习的起点也是一生体育锻炼的基础阶段，幼小体育课的衔接起到了承上启下重要作用。因此我以上海华旭双语学校体育为例进行幼小衔接的分析和建议，希望可以给体育教师们一点启发。

二、学习任务分析

幼儿体育与健康有关跳的学习内容在《3～6岁儿童学习与发展指南》(以下简称《指南》)[①]中属于健康领域，健康领域包含身体健康、心理健康以及良好的社会适应能力。《指南》分别对3—4岁、4—5岁、5—6岁三个年龄段末期幼儿水平提出合理期望。其中身体健康部分对有关跳的内容提出了明确目标：3—4岁幼儿要求能身体平稳双脚连续向前跳，能单脚连续向前跳2米左右；4—5岁幼儿要求能助跑跨跳过一定距离或高度的物体，能单脚连续向前跳4米左右；5—6岁幼儿要求能连续跳绳，能单脚连续向前跳8米左右；等等。

《义务教育体育与健康课程标准（2022年版）》[②]和《2022新版课程标准解析与教学指导体育与健康小学初中适用》[③]专门设置了基本运动技能的课程内容，为后续体能和专项运动技能奠基。跳的运动技能属于基本运动技能中的移动性技能，具体目标包括体验各种单脚跳、各种双脚跳、各种垫步跳和跳的游戏等技能，并要求学生知道运动技能内容，说出简单的运动术语等。

目前幼儿阶段跳的要求比较单一主要是原地和向前跳，对远度和高度没有明确要求，而小学在跳的方向、远度、高度等都有着明确目标，可见在小学阶段跳的运动比幼儿阶段更具多样性和专业性，这对学生的平衡能力、灵敏素质、协调能力和下肢力量等提出了更高的要求。为了学生跳的技能可以平稳过渡，我认为教学重点是丰富幼儿在园跳跃经验，规范幼儿各种跳的技术动作，知晓基础技术动作名称和学会自我保护的意识。而学生的平衡能力、灵敏素质和协调能力等不是一朝一夕就可以提升的，需要进行长期且有针对性的练习，这也是学习任务的难点之一。

为了解决学习任务中的重难点，保证学生发展的连续性。我们需要优化整体教学框架，将一年级和幼儿园课程衔接起来，注重幼小体育课的差异性、教学目标的

① 中华人民共和国教育部.3～6岁儿童学习与发展指南[M].北京：首都师范大学出版社，2012.

② 中华人民共和国教育部.义务教育体育与健康课程标准2022年版[M].北京：北京师范大学出版社，2022.

③ 毛振明.2022新版课程标准解析与教学指导体育与健康小学初中适用[M].北京：北京师范大学出版社，2023.

衔接性和连续性，运用多样化的教学方式和偏幼儿化的课堂语言，将部分基本运动技能游戏化。

三、关键经验链接

尊重不同年龄段学生的生长发育规律，根据学生实际水平创设合理的幼小衔接课程。学生在幼儿园阶段已经基本掌握了较为单一的跳跃，可以进行直线的单脚或双脚连续跳跃，拥有一定的跳跃经验，但是平衡能力、灵敏素质、协调能力等还有待提高。该阶段的学生热爱运动，好奇心强，喜爱模仿，喜欢比较新颖的活动和游戏，教师应该充分利用学生运动兴趣特点，开展丰富的、有趣的、新颖的体育活动激发和培养学生的运动兴趣。教师可以在现有基础上设计非直线的跳跃和各种方向连续性的单脚或者双脚跳的活动和游戏，比如在幼儿园连续向前跳跃变成连续变向跳，单双脚的跳跃变成单双脚结合跳。在跳跃高度上也有所要求，比如跳过一定高度障碍或者从一定高度跳下并保持身体平衡等运动，激发学生的运动兴趣。同时教师利用学生模仿能力强的特点给学生做标准的示范，同时讲解动作名称和作用，并讲解安全事项，培养学生的自我保护意识。开展体育技能和体育知识的教学，渗透专业术语如"立正、稍息、屈膝缓冲"等，为小学体育打基础。

学生在幼儿园阶段已经能做到和伙伴一起学习和交流，已具备一定的人际交往和社会适应能力。小学阶段一个班级同学更多，且体育课相较于其他课程学生活动的范围更大更开放，在练习活动过程中学生之间互动也更加频繁。因此，要培养学生的规则意识、团队协作能力、互相帮助品质和团队荣誉感，进一步提高学生的人际交往能力，帮助学生快速适应小学课堂。

四、教育教学建议

（一）幼儿园教育教学建议

一是尝试多种多样的器材，善于发现幼儿感兴趣的运动，培养幼儿对体育课的热爱。作为一贯制学校，园、校之间体育器材可以共享共用，这不仅可提高幼儿体育教学的专业性，也增进了小学体育课器材的丰富性。幼儿提前了解一些小学专业体育器材对幼儿进入小学体育课堂有积极作用，看到熟悉的器材有亲切感。

二是教师要多做示范，提高示范动作的专业性。示范动作不管是在幼儿园、小学、中学还是后续体育教学中都是最常用最直观的教学法。幼儿模仿能力较强，教师经常示范可以让幼儿清晰认识动作的形象，提高掌握动作要领的效率。让幼儿熟悉和习惯动作示范法对今后体育教学效率的提升有一定帮助。

（二）小学教育教学建议

一是结合本校幼儿园体育课的教材和案例，在其基础上向一年级教学内容引申。充分利用学生在幼儿园的经验，充分认识幼小衔接的需求，合理设计小单元计划，使幼小衔接更加有连续性。

二是利用或根据课程要求改编幼儿园一些童话故事情境，注意不同环节情境间过渡连贯。将学生熟悉的故事有机融入课堂，提高学生的课堂兴趣，比如"青蛙过河、小兔子回家、我是特种兵"等，情境间的过渡要像讲故事一般连贯，让学生深入其中，期待故事的发展和对应的练习。

五、实施案例举隅

1. 幼儿园案例

跳台阶

在我执教幼儿园期间，有一天我突然发现不少中大班的小朋友非常热衷于比赛能跳几级台阶，一开始想着提醒小朋友危险，以后不要这么做了，用这样直接的方式来教育小朋友要注意安全。而我出于好奇问小朋友："你为什么喜欢跳台阶啊？"他十分骄傲地回答："因为这样会显得自己特别厉害！"我继续问："你们班还有其他小朋友喜欢跳吗？"他又回答："我们班大部分男生都喜欢，谁谁谁最厉害，一次能跳上去四个台阶。"

通过这次不经意的交谈我决定设计一节有关双脚跳高的体育课。我利用从小学借来的跳高垫子设置不同高度的台阶，根据性别和月龄的差异进行分组。当我宣布本节课我们进行跳台阶时，班级大部分学生都"哇"声一片，特别激动。当教学结束之后，大部分同学在积极练习，我发现有些小朋友犹犹豫豫不敢跳，还有的小朋友跳完之后跪在垫子上，我走过去问其中一个小朋友："你是不是有点害怕？"我得到了肯定的答复。我继续说："老师再给你们演示一下，你看看老师的腿是怎么动的。"学生看完之后也掌握了腿要上提的动作要领。我又接着说："老师双手抱着你，我们试试好不好？"在帮助过程中提醒他腿上提动作。最后我给他降低难度完成了挑战，随着多次的尝试他也慢慢可以做到自己练习了。后来我发现还有几位同学有同样的问题，都在我的帮助之下逐步做到独自完成。当我看到他们脸上挑战成功的笑容，心里骄傲感油然而生。

在经过几节课次的练习之后，可以明显感觉到学生胆量变大了，学生跳跃落地时平衡能力增强了，也学会了提膝动作和自我保护动作。

2. 小学案例

森林运动会

本节课我基于幼儿园幼儿曾开展过双脚跳到一定高度台阶的课程，体验过提膝动作为基础，设计了一年级的体育课，以"森林运动会"为情境，让学生跟着小袋鼠一起练习，在课堂教学中通过语言、场景、任务单的方式创设多种有趣的学练情境，通过让学生亲身参与小袋鼠练习跳跃的历程，学会提膝收腹动作，体验获得成功的快乐。

"同学们你们可以跳讨前面的小草丛吗？"进入教学环节时我提问道。得到肯定的答复后我又说："让我们运用自己的本领尝试一下吧！"练习过程中有些同学已经运用幼儿园学习的提膝技能，而有些学生用其他动作来跳障碍。"咦？老师发现有两位同学动作不一样，我们请他们来展示一下吧！"我说道。这时我让两位同学分别展示不同的动作，其他学生仔细观察。随后提问："大家觉得哪位同学跳得更高呢？"大部分同学认可做到提膝收腹动作的同学跳得高，我顺势提问："为什么他跳得高？"一位学生回答道："因为他的腿往上提了。"我便顺势引出提膝收腹这个动作。然后用对比参照物对比的方法体现两种跳跃高度的不同，在海绵棒上标记出不同的高度，使学生真正理解双脚跳动作中"提膝收腹"才能跳得高的要领。

经过几节课的练习，大部分同学深化了对提膝收腹动作的理解，练习时更加得心应手，为接下来跳跃单元的学习奠定了基础。

总结：幼儿园这节课借用小学体育器材来增加幼儿对专业器材的认识，将幼儿日常的游戏活动融入课堂，激发幼儿的学习兴趣，肯定幼儿的创新探索。小学这节课衔接了幼儿在园的跳跃提膝经验，体现幼小衔接的连续性，利用幼儿熟知的故事情境，提高学生的积极性。

新课标背景下小学体育大单元
体能教学的创新与实践

王　勇

【摘　要】在新课程标准下，小学体育体能教学创新至关重要。我们精选教学内容，根据学生年龄和身体情况设计运动项目，强化基础技能和身体素质。教学方法上，采用游戏化、合作学习和个性化指导等创新方式，结合信息技术手段，提升学习兴趣和参与度。评价体系方面，倡导多元化评价，注重体能、团队合作、运动态度等多维度发展。这些措施显著提高了学生体能水平，培养了综合素质。

【关键词】新课标；小学体育；大单元体能教学；创新实践

随着教育改革的持续深化，小学体育课程正面临一场深刻的变革。在新课程标准的引领下，小学体育教学不仅肩负着提升学生运动技能的使命，更被寄予了促进身心全面健康和提高体能素质的期望。尤其是大单元体能教学，作为小学体育学科的核心内容，其重要性愈发凸显。

体能教学不仅是小学体育课程的基石，更是构筑学生健康体魄和培育运动技能的关键。在新课程标准推动下，对小学体育大单元体能教学进行创新，刻不容缓。通过这些创新措施，我们不仅能激发学生对体育活动的热情，培养其持续参与运动的习惯，还能显著提高他们的体能水平，为孩子们今后的成长打下坚实的基础。

一、新课标对小学体育大单元体能教学的影响

新课标对小学体育大单元体能教学带来的积极影响是全方位的。

第一，它推动学生全面成长。新课标框架下的体能教学更加注重学生各方面能力的均衡发展，从而有效地提升了学生的身体素质、运动技能以及社会交往和团队协作能力。

第二，它显著提高教学的有效性。新课标下的教学策略紧密贴合学生的兴趣和内在需求，增强了学生的学习动机，进而有效提升了教学成果和学生的整体满意度。

第三，它激励教师的教学创新并推动小学体育教学优化发展。新课标的推行为教师提供了更多的自主性和创新空间，鼓励他们探索更科学、先进的教育理念和实践方法，为小学体育教学注入了新的活力，促进了教学方式的持续革新和优化。

在教学目标方面，新课标提出了更高的要求，强调不仅要提升学生的体能素质和运动技能，还要培养其对体育的持续兴趣、坚韧不拔的体育精神以及优秀的团队合作能力。这要求教师在制订和实施大单元体能教学计划时，应更加关注学生个性化需求，兼顾学生的体能发展和心理健康，使整个教学过程更为贴近学生的成长需求。

在教学内容的构建上，新课标鼓励教师深度结合地方特色、民族文化以及学生个人喜好，创新性地丰富教学素材。这一理念的实施，为传统的体能练习注入了新鲜活力。通过引入多样化和富有趣味性的活动内容，更好地激发了学生的学习动力和参与度。

对于教学方法的改革，新课标推崇采用多元化、情境化和游戏化的教育模式，以增强教学的互动性和趣味性。这种教学模式要求教师在设计课程和活动时，创造性地融入各种教学场景和游戏元素，使学生在轻松愉悦的氛围中有效地进行体能锻炼，从而提高教学的吸引力和实际成效。

二、小学体育大单元体能教学的创新策略

在新课程标准指导下，我们提出了若干小学体育大单元体能教学创新策略（见图1）。

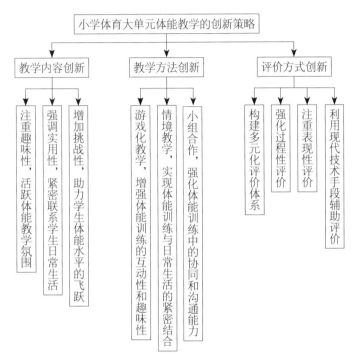

图1　小学体育大单元体能教学的创新策略

1. 教学内容创新

在新课标的引领下，小学体育大单元体能教学的内容创新显得尤为关键。体能教学内容的设计必须兼顾学生的个性化需求，同时整合趣味性、实用性和挑战性，以此唤起学生的学习热情，并促进他们体能的全面提升。

（1）注重趣味性，活跃体能教学氛围

为了让体能训练更加吸引学生，教师可以设计一系列的游戏化活动，让学生在玩乐中学习。例如，将传统的跳绳运动变为"跳绳接力赛"或"创意跳绳表演"，这样不仅锻炼了学生的协调性和耐力，还增加了团队合作和创造力的元素。通过这样的活动，学生在享受乐趣的同时，也达到了锻炼身体的目的，从而增强了对体育课的兴趣和参与度。

265

（2）强调实用性，紧密联系学生日常生活

体能教学不应脱离学生的日常生活。为此，教师可以设计与生活动作相结合的练习，如模拟家务活动中的擦桌子、扫地等动作来强化学生的腰腿力量和协调性。此外，通过模拟搭公交、上下楼梯等日常活动，不但能提高学生的体能，还能增强他们的安全意识和自我保护能力。这样的实践活动能够让学生意识到体育的实用价值，进而更加积极地参与到体育锻炼中。

（3）增加挑战性，助力学生体能水平的飞跃

适度的挑战能够激发学生的潜能并带来成就感。教师可以设置一系列适度的挑战项目，比如"定时跑""俯卧撑挑战"或"平衡赛"，这些活动能够在提升学生体能的同时，培养他们面对困难的勇气和坚持不懈的精神。挑战成功后，学生能够获得正向反馈和认可，这对他们的自信心是一次巨大的提升。通过挑战，学生不仅锻炼了身体，更学会了自我超越和自我管理。

2. 教学方法创新

在新课标的指导下，小学体育大单元体能教学须创新教学方法，以适应学生多样化的学习需求，激发他们的学习兴趣和积极性。通过游戏化教学、情境教学和小组合作等多元化的教学手段，教师可以创造一个轻松愉快的学习氛围，激励学生积极参与体能训练，并提高教学的有效性。

（1）游戏化教学，增强体能训练的互动性和趣味性

游戏化教学是一种将游戏动态融入教学过程的创新方法，通过设计富有趣味性和挑战性的游戏任务，如设置障碍赛跑、团队接力等竞技活动，能够激发学生的学习兴趣和积极性。这种方法不仅有效地锻炼了学生的体能，还增强了他们参与的热情和团队合作精神。为了强化这一体验，教师可以引入角色扮演元素，让学生在完成具体任务的同时，体验不同角色带来的挑战和乐趣。此外，采用积分系统和奖励机制也可以进一步提升学生的参与度和积极性。

（2）情境教学，实现体能训练与日常生活的紧密结合

情境教学是将学习内容放入学生熟悉或感兴趣的现实生活场景。教师可以设计与日常生活相关的活动情境，如模拟购物提袋、上下楼梯等日常动作，引导学生在具体的日常情境中进行体能锻炼。为了提供更丰富的情境体验，教师可以创设模拟环境，如设置"市场购物"场景，让学生在购买食材的过程中，通过提拿重物来强

化手臂和背部肌肉的锻炼。此外，通过模拟旅行中的背包整理、露营地搭建等情境，学生可以在玩乐中学习和提升体能。

（3）小组合作，强化体能训练中的协同和沟通能力

新课标强调团队协作能力的培养。在体能练习中，采用小组合作的教学模式，学生可以在分工合作中共同完成体能任务。这不仅提高了他们的体能水平，还锻炼了协作精神和社交技巧。为了增加小组合作的互动性和效率，教师可以设立明确的团队目标和规则，引导团队成员之间的角色分配和策略讨论。通过团体挑战，如集体穿越障碍或团队体育游戏，学生可以体验协作带来的成就感，同时学习如何在团队中有效沟通和解决冲突。

3. 评价方式创新

传统的评价方式过于侧重结果性评价，忽视了学生的个体差异和过程性发展。因此，建立科学的评价体系，强调过程性评价和表现性评价，对于全面评估学生的体能发展至关重要。

（1）构建多元化评价体系

为了更全面地评估学生的体能发展，我们应当建立一个综合考量学生体能水平、技能掌握、参与态度、合作精神等多个方面的多元化评价体系。这意味着除了考查学生的运动成绩，还要关注他们是否积极参与、是否能够与同伴良好配合，以及他们在团队中的表现等社交能力。同时，考虑到学生之间的个体差异，评价标准应具有灵活性，以适应不同学生的学习进度和能力水平，确保评价的公正性和合理性。①

（2）强化过程性评价

学习过程中的评价是对学生日常表现和发展轨迹的持续观察。在体能教学中，教师应重视并记录学生在课堂上的活动表现、努力程度和技能提升过程。这可以通过教师的观察笔记、学生的自我评价、同伴评价以及定期的技能测试来实现。过程性评价不仅包括对学生体能进步的监测，还应该包含对学生决策能力、问题解决能

---

① 欧阳妙平. 新课标背景下小学体育大单元教学微探［C］//广东省教师继续教育学会. 广东省教师继续教育学会第六届教学研讨会论文集（十三）. 广东省清远市佛冈县城南小学，2023：5.

力和自我调节学习能力的评估。

（3）注重表现性评价

表现性评价关注的是学生将学到的技能和知识应用到实际情境中的能力。这种评价方法通常涉及组织实践活动、模拟游戏或小型比赛，以便学生能够在类似的真实的比赛环境中展示自己的体能水平和技能。通过这种方式，教师可以观察学生如何在不同的物理条件和社会互动下运用技能，从而更准确地判断学生的综合能力。

（4）利用现代技术手段辅助评价

科技的进步为体能教学提供了新的评价工具和方法。智能穿戴设备、运动追踪软件和在线平台可以用来收集学生的体能数据，如心率、速度、加速度等，为教师提供实时反馈和长期跟踪的数据支持。这些数据可以帮助教师更精确地了解每位学生的训练效果，进而个性化地调整训练计划和教学方法。

三、小学体育大单元体能教学的实践探索

1. 实践背景

在新课标的引领下，小学体育课程正朝着更加注重学生全面体质发展的方向转变。为适应这一教育趋势，我们组织了一项为期四周的大单元体能教学实践探索活动，旨在通过创新教学内容和评价方式，全面提升学生的体能素质和团队合作精神。

2. 实施过程

（1）教学内容选择

以"趣味田径"为主轴，精心设计了一系列具有趣味性和挑战性的田径游戏和任务。这些活动旨在降低运动门槛，让学生在欢乐中自然习得田径基础技能，同时学习相关的体能训练知识，从而培养他们对体育运动的持久热爱。

（2）教学方法运用

本次实践采纳了"合作学习"与"情境教学"相结合的教学法。我们鼓励学生分小组合作解决问题，倡导互帮互助，共同完成设定目标。此外，通过模拟生动的运动场景并设置实际情境挑战，激发了学生的学习热情，提高了他们的参与度和体验感。

（3）评价方式改革

在评价机制上，我们摒弃了传统的单一评价方法，采用了多元化的评价策略。除了对学生的体能测试成绩进行评估外，我们还重视观察和评价学生的参与态度、团队精神、创造力及问题解决能力。引入了过程性评价和表现性评价的结合，使我们能够更全面地把握和促进每位学生的综合体能发展。

（4）教学环节细化

启动阶段：先进行体能水平基线测试，了解学生的初始状态，并根据结果调整教学计划，确保每个学生都能得到适合自己水平的指导。

技能传授：采用逐步进阶的方式，让学生从简单的技能开始，逐渐过渡到更复杂的动作，保证学习的连贯性和有效性。

分组互动：在小组合作中，不断轮换小组成员，以促进不同能力和性格的学生相互学习和帮助，增强团队内部的多样性和互补性。

实战演练：安排模拟比赛和小型运动会，让学生在真实竞技环境中应用所学技能，提升竞技能力和应对压力的能力。

反馈总结：每项活动结束后，及时进行反馈和总结，让学生自我反思存在的问题，教师也根据学生表现调整后续教学策略。

3. 取得的成效

经过四周的密集实践活动，学生们在体能上有显著提升，田径基本技能和知识得到加强。更重要的是，他们的团队合作能力和沟通技巧也有了大幅度提高。面对挑战时，学生们展现出的不屈不挠的精神和卓越的团队协作能力令人鼓舞。

实践过程中也暴露出一些问题。在教学内容的选择上，未来需进一步贴合学生的兴趣和个性化需求；在教学方法的应用上，应更加关注学生个体差异，采用更有针对性的教学策略；在评价体系的构建上，追求更全面、客观和精确的评估手段以全方位反映学生的发展状况。

四、结语

基于新课标背景下的小学体育大单元体能教学实践探索，通过一系列的创新与尝试，取得了显著的成效。实践案例的分享充分展示了教学内容选择、教学方法运用以及评价方式改革等方面的创新点，不仅激发了学生的运动兴趣，提升了他们的体能水平，还培养了团队协作能力和综合素质。这些创新实践不仅符合新课标的要求，也为小学体育教学提供了有益的参考和借鉴。

未来，小学体育大单元体能教学仍需不断探索和完善。首先，教学内容的选择应更加贴合学生的兴趣和需求，注重多样性和趣味性，以持续激发学生的运动热情。其次，教学方法的运用应更加灵活多样，关注学生的个体差异，促进每个学生在体能上的全面发展。最后，评价方式的改革应进一步深化，建立更加全面、客观、准确的评价体系，以更好地评估学生的体能发展和综合素质。

总之，新课标背景下的小学体育大单元体能教学实践探索是一项长期而富有挑战性的任务。我们相信，在广大体育教育工作者的共同努力下，小学体育大单元体能教学将不断创新发展，为学生的健康成长和全面发展贡献更大的力量。

新课标视域下的游泳大单元教学探析

黄守政　许　妍

【摘　要】随着新课标的颁布和实施，"深度学习""大单元教学"等教育理念已经进入一线教师的视野，在教学实践中得以运用。大单元教学能使学生连续、集中、系统地学练一个运动项目，有助于促进学生完整掌握和理解所学的运动项目。我校得益于良好的硬件设施（室内恒温游泳池），便于开展游泳项目的教学。因此，本文以游泳大单元教学为例，对游泳大单元教学作特征分析，探讨如何对主题内容、目标、任务和评价等要素进行设计，并制定切实可行的教学实践策略，为一线体育教师提供教学实践思路。

【关键词】游泳；大单元教学；新课标

体育运动不仅能够锻炼身体，还可以使人变得心情舒畅，能够缓解压力和焦虑，对青少年的身心健康具有积极的促进作用。游泳运动是公认的最佳的体育运动项目，能提高免疫力、提高身体综合素质、提高心肺功能、预防心脑血管疾病。但在传统的体育教学中，受各种因素的影响，对于游泳专项技能的学习往往是碎片化的，不成体系的，这种情况下很难让学生真正掌握游泳这项技能。采用游泳大单元教学，在 72 学时的教学中能够从碎片化的技能传习，转变到完整的项目学习中，更好地培养学生的游泳运动技能，养成良好的锻炼习惯，激发学生竞争意识和面对困难无所畏惧的精神。

一、游泳大单元教学的内容特征

游泳运动在《大辞海·体育卷》中的定义为：体育运动项目之一。人体在水中运用腿、臂、躯干、头部动作，按一定要求周而复始地重复或游进。包括竞技游泳、实用游泳等。①游泳运动是具有深厚群众基础的健身运动，掌握游泳技能对于预防青少年溺水事故发生、保障人身安全具有至关重要的作用。中小学阶段游泳教学内容需要根据实际需要，遵循学生身心发展规律，以生存技能为主，竞技技能为辅的模式展开教学。在过程中，要不断激发学生学习游泳的兴趣与积极性，优化游泳教学内容设计与整体规划，从而达到理想化的目标效果。新课标提出水上运动项目有蛙泳、自由泳、仰泳、蝶泳等。水上运动项目能够显著提高学生的心肺耐力、肌肉力量和肌肉耐力，培养学生自救和救人的能力，是可以受用一生的健身手段。在进行大单元设计时，首先要构建游泳教学内容，包括基础理论知识：游泳基础知识、安全卫生与健康知识、基本运动原理等；基本技能：适水性练习、防溺水安全急救与自救、竞技泳姿训练；体能：一般体能、专项体能；比赛：25 米蛙泳等。

二、游泳大单元教学的核心要素

1. 以培养学生体育学科核心素养为目标

课程目标是学生进行体育与健康课程学习之后应该达到的预期效果和程度，对整个课程内容、教学方法、课程实施与学习评价等都起着引领作用。新课标背景下的游泳大单元教学在设计时首先要明确以发展学生的体育学科核心素养为课程目标，在设计与备课过程中以"大情境""大项目""大任务"的理念进行指导，从宏观与全局的角度，将游泳大单元教学主题同核心素养有机整合。进行游泳大单元教学各项环节设计时同样要以核心素养为主导，根据学生学情、学段等要求，设立不同的水平目标和阶段性学习目标，提高学生多种能力协同发展，促进学生核心素养的培养。

在实施游泳大单元时，以发展"运动能力"为主线，将教学内容进行结构化处

① 夏征农，陈至立.大辞海 第 23 卷 体育卷［M］.上海：上海辞书出版社，2015.

理，制定学习的进阶关系，让学生参加各种比赛情境下的学练，激发学生的学习动机和兴趣。例如，在进行蛙泳教学时，不仅仅是教会学生竞技蛙泳的技术动作，而且还要让学生学会使用蛙泳的技术动作在水中进行救援和自救。在学完蛙泳技术动作后，让学生尝试以站立的姿势进入深水区，采用蛙泳蹬腿的动作体验踩水自救和拖带"溺水"同伴，让学生真正掌握这项生存技能。

. 设计具有挑战性的学习任务

大单元教学是多课时、长时间的整体性的教学工作。新课标视域下的大单元教学着重强调课与课之间的联系，强化知识点之间的衔接，突出教学内容的整体性、阶段性和连续性，符合运动技能形成规律。游泳课程里挑战性学习任务的设计旨在激发学生的自我探索精神和内在驱动力，帮助他们真正理解和体验游泳的乐趣和价值。我们倡导通过设定富有难度且寓教于乐的游泳任务，无论是提升个人的泳姿技术，还是挑战自我，打破个人最佳纪录，甚至配置团队接力等形式，使学生在不断的挑战和突破中增强体能，培养持久的毅力，同时也塑造团队精神和相互配合的能力。

3. 教学情境模拟

新课标视域下的游泳大单元教学注重真实教学情境的创设，不仅仅是要学生学会某个技术动作，而是要在实践中去运用这些技术，力求转变学生浅尝辄止的学习态度，在教学中融入多种比赛，促成学生对项目的完整体验，将真实情境融入"勤学、多练、常赛"。

4. 教学评价多元结合

体育教学评价是对教学过程及成果进行判断、验证教学目标与教学目的的活动，是体育教学的重要组成部分，新课标背景下的评价体系是以体育学科核心素养发展为目标导向，在游泳大单元教学评价中结合多元化的评价方式与多样化的评价方法，将过程性评价贯穿于大单元教学中，为教学提供有效反馈，并可以根据反馈内容按需、及时调整相应教学。

5. 进行反思性教学改进

以深度反思引导教学改进，我们倡导将每一次教学经历都视作成长和学习的契机。在完成教学任务后，我们需要回顾其实施过程，发现可能存在的问题或者不足，并探索可能的解决方案和改进策略。每次反思的结果将为下一次的教学改进提供宝贵参考，辅助我们构建更为优化的教学方案，努力帮助每一个学生找到适合自己的体育学习路径，以便他们更全面而有效地通过体育学习得到成长。

三、游泳大单元教学的实施策略

1. 关注生存技能习得

在游泳大单元的教学中不仅注重技术的教授，也注重培养学生在水中的安全意识和生存能力。这样能够提高学生在水域中的安全保护能力，确保他们在面对水上遇险时能够做出正确的反应。在教学内容上设计时，引入溺水自救技能，加入游泳卫生健康知识。（1）水性测试：在开始游泳教学之前，进行水性测试，评估学生的水性和安全意识。根据学生的水性水平，制订相应的教学计划，重点关注那些水性较差的学生，帮助他们提高生存技能。（2）教授基本生存技能：在教学中重点教授学生一些基本的生存技能，如漂浮、换气、紧急呼救等。确保学生在水中发生意外时能够保持冷静，采取正确的求生动作。（3）模拟紧急情况：安排模拟紧急情况的训练，让学生在安全的环境下体验如何应对溺水等紧急情况。通过这种方式，帮助学生培养正确的应急反应和生存技能。（4）强调水安全知识：在教学过程中，不仅要教授游泳技能，还要加强对水安全知识的教育。让学生了解水域安全规则、溺水预防方法等，提高他们的水上安全意识。（5）定期复习和演练：定期复习生存技能，并进行实际演练。通过反复练习，帮助学生巩固所学的生存技能，提高其在水中自救的能力。

2. 关注跨学科主题学习

关注跨学科学习，将游泳教学与其他学科知识相结合，可以丰富教学内容，激发学生学习兴趣，促进他们在多领域全面发展。同时，跨学科学习也有助于学生将所学知识进行整合和应用，提高他们的综合能力和学习效果。（1）科学原理与运动技能结合：可以引入科学原理，如水的浮力、身体在水中的运动原理等，让学生了解背后的物理和生物知识。（2）数学与计量学习：游泳涉及时间、距离等计量单位，可以通过计时、测量距离等活动，让学生在实践中学习数学知识。（3）健康与营养知识：游泳是一项有氧运动，对身体健康有益。教师可以介绍游泳对身体的益处，引导学生了解健康的重要性。同时，可以引入运动员的饮食和营养知识，培养学生健康的生活方式。（4）团队合作与沟通：可以设置团体游泳比赛或合作游戏，培养学生的团队合作意识和沟通能力。

3. 游泳专项体能发展

游泳是一项需要综合体能的运动，专项体能练习对于提高游泳技能和水性非常重要。（1）核心力量训练：核心力量对于游泳姿势的保持和身体稳定性至关重要。练习包括仰卧起坐、平板支撑、腹部滚轮等，可以帮助锻炼核心肌群。（2）蛙泳腿部练习：蛙泳是一种常见的泳姿，腿部力量对于推进和姿势控制至关重要。练习包括蛙泳腿部动作、蛙泳踢腿练习等。（3）蝶泳臂部练习：蝶泳是一项技术要求较高的泳姿，臂部力量和协调性很重要。练习包括蝶泳划臂练习、蝶泳蛙腿配合练习等。（4）自由泳呼吸练习：自由泳是常见的泳姿，呼吸技术对于保持节奏和耐力很关键。练习包括侧身呼吸练习、换气练习等。（5）耐力训练：游泳是一项需要较强耐力的运动，可以通过长距离游泳、间歇训练等方式进行耐力训练。（6）速度训练：提高游泳速度需要进行专门的速度训练，包括短距离爆发力训练、间歇性快速游泳等。（7）技术练习：除了体能训练，技术练习也非常重要。可以通过姿势训练、技术动作练习等方式提高游泳技术水平。

4. 与信息技术相融合

游泳教学与信息技术相融合，可以丰富教学内容，提高教学效果，激发学生的学习兴趣，促进他们在游泳学习过程中的全面发展。（1）使用视频教学资源：教师可以利用优质的游泳教学视频资源，展示游泳动作的正确姿势和技巧。学生可以通过观看视频来学习和模仿，提高学习效率。同时，教师也可以录制学生的游泳动作，通过视频回放来指导和纠正学生。（2）虚拟现实技术（VR）：利用虚拟现实技术，模拟真实的游泳场景，让学生在虚拟环境中进行游泳练习。（3）运用运动追踪设备：使用运动追踪设备如智能手环或智能手表，可以实时监测学生的游泳数据，如游泳速度、游泳姿势等。通过分析这些数据，学生和教师可以了解学生的游泳表现，并有针对性地进行指导和训练。（4）在线学习平台：建立在线学习平台或课程管理系统，供学生学习游泳知识、技巧和规则。（5）使用应用程序：利用专门的游泳教学应用程序，帮助学生学习游泳技巧和训练计划。这些应用程序通常包含游泳动作示范、训练计划制订、数据记录等功能，可以提高学生的学习效率和自主学习能力。

体育教学评价的现存问题与优化策略研究

黄守政　许　妍

【摘　要】体育教学评价是对教学过程及成果进行判断、验证教学目标与教学目的的活动，是体育教学的重要组成部分，发挥着上承国家教育政策，下启体育教学实践的重要作用。本研究通过文本分析法、逻辑演绎法对中学体育教学评价进行分析，认为当前体育教学存在与教育隔离的现象，且评价方式存在教条化的刻板现象。

【关键词】新课标；学校体育；体育教学；教学评价

2023 年 5 月 9 日，教育部办公厅印发《基础教育课程教学改革深化行动方案》（以下简称《行动方案》），提出课程方案转化落地规划行动、教学方式变革行动、科学素养提升行动、教学评价牵引行动、专业支撑与数字赋能行动等五个重点任务。其中，教学评价中提出"注重核心素养立意的教学评价，发挥评价的导向、诊断、反馈作用，丰富创新评价手段，注重过程性评价，以实现以评促教、以评促学，促进学生全面发展"。学校体育作为学校教育系统的重要环节，教学评价不仅直接影响着教师对课堂内容的设计与实践，更影响着学生体育学习内容的丰度，还容易将"立德树人"的根本任务偷换为"考试绩效"的最终目的。但众所周知，"从教学结果出发并不能科学评价教学本身的质量"[①]。当前，我国中小学体育教学

---

① 杨开城，卢韵. 一种教学评价新思路：用教学过程证明教学自身 [J]. 现代远程教育研究，2021，33（06）：49—54.

评价中，仍然存在着体育学习标准"健康"化、方式单一化、目的偏差化以及内容固定化等问题，如何科学、合理地对课堂教学进行评价，将体育课堂教学从现实中"以考试目的为本"转向"以学生学得为本"，落实"以人为本"的教育理念，回归学生真正习得体育技能、掌握体育原理、运用体育知识与技能，才是体育教学评价应当重点关注的问题。

一、体育教学评价：概念辨析

一个核心概念在各个向度的展开容易使我们了解理论的全貌，因此，首先了解"教学评价"与"体育教学评价"有助于深入分析学校体育教学中的现存问题。

1. 教学评价

评价，从本质上说是对评价对象做出的价值判断，是人们对价值关系的认识或反映，是以人为主体，以价值关系为客体的一种主、客体之间的新型关系。[①] 关于教学评价，其本身是一种对标国家教育政策的行为，其目的在于提高教学质量，而教学质量的高低又依赖于学生的学习成效。我国教学评价相关研究起源于 20 世纪60 年代，发展于 20 世纪末，2000 年至今进入了快速发展阶段。

近年来，随着我国"双减"政策的出台，围绕该政策相关教育改革如雨后春笋，如通过强调用教学过程证明教学自身[②]、"多元交互式"教学评价[③]、中小学教师的整体性教学评价[④] 等。此外关于教学评价相关研究较集中在高校领域——事实上这是由高校学科评估制度所决定的。中小学在教学评价中应当避免高校评估化倾向，将关注点聚焦于教学本身，以科学规范的教学内容、专业的教师以及学生习得成效来全面开展教学评价。当前，学界普遍认同的教学评价概念为：在系统地、科学地和全面地搜集、整理、处理和分析教育信息的基础上，对教育的价值判断做出判断的过程，目的在于促进教育改革，提高教育质量。

---

① 李秉德.教学论 [M].北京：人民教育出版社，2001：307.

② 杨开城，卢韵.一种教学评价新思路：用教学过程证明自身 [J].现代远程教育研究，2021，33（06）：49—54.

③ 朱雪梅."多元交互式"教学评价 [M].北京：北京师范大学出版社，2019.

④ 吴振利.论中小学教师之整体性教学评价 [J].教育科学，2019，35（02）：51—55.

2. 体育教学评价

鉴于体育教育学的属性，一般认为体育教学评价即教学评价理论在体育教学中的具体应用，是一般评价活动在体育领域的具体表现。故而在对其进行界定时也往往因循于此，如杨铁黎认为，体育教学评价是根据一定教学目标及其有关标准，对整个体育教学过程进行系统的调查，并评定其价值和优缺点以求改进的过程。[①] 毛振明认为，体育教学评价是依据体育教学目标和教学原则、对体育的教与学的过程及其结果进行价值判断和量评工作。[②]

不难发现，无论是哪一种较为常用的概念，基本都包括教学目标与原则、过程与结果、内容价值判断和量评、课程实施以及价值观等等，但在课堂体育教学中，应重点关注的则是学生的学习，即学生在知识与技能的掌握与运用、学习的过程中的态度与方法、价值观的获得等。通过体育教学评价，可以促进学生与老师的不断提高与协调，促进学校体育良性发展，学校体育课程规范化与模范化，实现体育课堂教学的效度与丰度，正如政策中所提出：要大力提升教育教学质量，确保学生在校内学足学好，提高学生在校学习效率。故而，科学、合理地运用体育教学评价能够有效提高学生学习效率，而实际教学中学习成效也倒逼着教学评价的改革。

二、"双减"政策背景下学校体育教学现状

1. "薛定谔的体育" —— "双减"政策中的体育

体育作为学校教育的重要组成部分和重要环节，而"双减"政策的出台，反而使体育陷入"薛定谔的猫"的定律，即体育是教育又不是教育。首先，体育是教育，源于体育与其他课程相同，是学校教学课程的内容之一，且出现在中考中；其次，在学科分类中，体育学属于教育学门类。体育是否是教育的疑惑源于"双减"政策，体育加入中考后大量校外体育培训班、中考体育提升班开始出现，学生大量涌入校外培训班中，这又似乎与规范校外培训的理念相悖。再者，学生虽然面临体

---

① 杨铁黎，姚蕾.中小学体育教学评价的基本理论与实践［M］.北京：北京体育大学出版社，2004.

② 毛振明.体育教学论［M］.北京：高等教育出版社，2005.

育中考压力，但通过追踪不难发现，学生在完成体育中考之后，鲜有坚持运动、经常运动者，甚至仅仅将当时的体育作为一种"考试任务"，并未真正转变其体育认知。因此，在大量校外培训机构被限制的情况下，体育培训却大量产生，是否符合教育理念，应给予关注。

2. 能量守恒的课后服务——学生"减负"，教师"增负"

不难发现，教学评价包含三个主体，教师、学生与教学内容，其他的手段应当作为辅助，而不应当"喧宾夺主"。此外，现有关于"减负"的教学研究，多针对学生，但实际落实情况并不理想，且忽视了另一亟待"减负"的目标群体——任课教师。当前，"双减"政策在实际操作中，体育课后服务尚未完全实现，大部分家长仍然是求助于校外体育培训，并未将学校体育资源利用最大化。在当前体育专业教练员进校园的背景下，如何充分利用好体育教师与教练员的资源，强化学生在学校中的学习效率和能力，以及教练员和教师在教学中的成就感和满足感，都需要全面探讨。此外，针对任课教师繁重的非教学任务，体育教学评价的目标应当回归到教师的专业业务能力——教学能力，而非其"保姆"能力、"打卡"能力、"文案宣传"能力，将教师从繁重的非教学工作的困境中解脱出来，还给学生、还给课堂，才能真正回到以教育为主体的评价体系。

3. 评价标准的缺失——"健康"与考试

体育教学评价一般包括学生评价、教师评价，以及教学内容、教学方法手段、环境、管理等方面的评价，在这些评价中，最主要的评价是学生学习效果的评价和教师教学工作过程的评价。[①] 在教学过程中为了迎合中考，出现了体育教学内容中考化的现象，即一切为了考试，为了考试的体育，这种变化仅仅是将应试教育覆盖在体育教学上，无法真正改善学生的体质。再者，针对具有先天性或者后天造成的身体有缺陷的学生，无论给还是不给其合格的中考体育分数都是不公平的，如果因其无法参与体育考试而认定为不及格，对学生本身而言就是一种"健康歧视"或"体育歧视"。如果对该部分学生给予合格或者降低合格的基本分数，那么对其他学生也不公平。以协调性较差生为例，其体育成绩或许并不好，但是该部分学生仍然正常参与体育课程，日常也认真锻炼，但是在考试中无法获得较高分数或者"及

---

① 熊文. 体育与健康学科核心素养基本理论问题审思——基于《课程标准》运动能力、健康行为的辨正 [J]. 体育科学，2021，41（11）：88—97.

格"分，中考体育成绩存在一定的不确定性与不公平性。实际上，除了为体育产业带来效益之外，并没有对学生体质、家长对体育态度的观念、学生对体育自发的兴趣产生任何作用，甚至可以说降低了学生的兴趣。针对常见的学生喜欢体育但不喜欢体育课，不如说学生喜欢体育课（一门课），但不喜欢体育考试（课程考试），而这种现象在任何学科中均为常见。为此，规范好体育评价标准是确保体育中考公平的关键要点。

三、体育教学评价现存困境

如上所言，体育教学评价必然涉及教学目标与原则，最具权威性的是《义务教育体育与健康课程标准（2022年版）》，其中指出注重学习评价的激励和反馈功能，注重构建评价内容多维、评价方式多样、评价主体多元的评价体系。同时要求围绕三个方面的体育学科核心素养进行"评价"，即运动能力、健康行为、体育品德。但该评价标准在实际教学操作中难以完全落实。

1. 运动能力评价

首先，体育的实践性要求学生培养某种运动能力需要多次重复练习，达到"无他，唯手熟耳"的卖油翁境界。这种运动能力的掌握可以根据运动项目来判断，是对一个单个动作的熟练掌握与运用（如篮球运球或上篮），还是对一套动作的行云流水（如武术套路、五禽戏等）。其次，运动能力的评价本身属于一种主观评价，如果完全按照标准划分，十分容易造成"分数满分化，运动能力及格化"的现象。而课程标准中，对运动能力的内涵界定存在前后冲突，如技战术能力和心理能力并非人类身体活动的基础，不应该作为运动能力构成的基本运动能力。再次，由于项目的多样性，尽管运动技能存在迁移性，但无论如何迁移，都无法脱离"跑、跳、投"等基本的动作技能，而任何运动能力都是在此基础上所展开的，这与"运动能力"存在差异。纵观现有学生运动能力，仍存在大量不会跑步、不会跳远、不会投掷的现象，且是一种被刻意忽视的常见现象。故而，与其将视野聚焦于运动能力的掌握，不如将评价点放在学生基础运动能力的评价上——直观、客观且具有说服力。

2. 健康行为评价

健康行为中"健康"本身就是一个复杂的概念，而哪些行为属于健康行为，并没有明确的界定，标准的不确定十分容易造成评价的主观任意性，进而失去评价的价值。如课程标准中"健康行为"涵盖诸多与体育无关的内容，但这些内容却要求由体育承担，于是出现了"健康"效应性素养较少且零散，且多为不一定与健康相关的心理、社会行为。[①] 其次，健康包括身体健康、心理健康以及良好的社会适应能力，体育教学或者体育学习与健康之间并无直接的因果关系，而是呈现相关关系，且这种相关关系需要科学、系统的实验验证，无法通过体育课堂教学直观呈现。再次，健康行为的形成需要长期健康行为习惯的养成，体育健康行为的养成需要从无到有的一种全方位、客观的实验验证，且需要体育精神等涵养，"淡化或舍弃体育的精神、价值把握及对人全面发展的意义，囿于健康一域，最终沦为仅局限于生物、科学维度的健康体育观，甚至矮化为康复或保健手段"[②]。故而在体育核心素养中，无法实现预期效果，健康行为也不能作为评价标准。

3. 体育品德评价

同理于健康行为，体育品德涉及竞技精神、行为规范、责任承担、自信心和自尊心等内容，在体育实践领域，面对"竞赛"往往需要面对的是失败，而明知失败却仍然参与的精神是一种抛却了普遍"自尊心"，敢于面对失败，敢于"丢面子"的行为，而这也是当前体育教学中缺失的内容。以往的教学中，过多地强调"成功""冠军"，包括文化课的教学中也始终灌输的是"人们只记得第一，没人记得第二"的思想理念，殊不知在体育领域，冠军固然值得尊敬，但失败同样值得鼓励。这也是体育品德应当包含却被淡化的价值观。再者，体育品德需要在日常中体现，无法在课堂体育教学中全部呈现（作为公开表演性质的体育课程除外）。

四、结语

体育教学评价基于核心素养的意义在于：提高综合素质，通过基于核心素养的

① 熊文.体育与健康学科核心素养基本理论问题审思——基于《课程标准》运动能力、健康行为的辨正［J］.体育科学，2021，41（11）：88—97.
② 熊文.体育与健康：学校体育"健康第一"下的悖论与困境［J］.中国体育科技，2020，56（10）：77—88.

评价，可以帮助学生在各方面得到全面发展，提高综合素质；促进个性化发展，基于核心素养的评价可以从不同角度对学生进行评价，更加全面准确地了解每个学生的特点和潜力，有利于针对不同学生的个性化培养和发展；增强自主学习能力，基于核心素养的评价注重培养学生的自主学习能力，在评价过程中，学生需要思考自己的学习过程和成果，找出自身的优缺点，进一步完善自己的学习计划和方法。

笔者认为，在未来的教学实践中，体育教学评价当从以下三个方面入手。

1. 基于事实的教学评价

基于事实的教学评价，即将教学主导权还给体育教师，在确保教学过程合理安全的基础上，给予教师充分的自主教学权，即以学生体育习得为目的，而非以落实某种课程模式为目的或使用某种整体性大思维教学为目的——与体育教学实践不相符。"具体问题具体分析"，体育教学成效也应当根据不同班级学生的特点进行具体分析、客观评价。评价的标准应当是多元的，应当以提升教师教学能力、学生习得能力为目的，而不是成为某种固定模式。基于事实、实践的体育教学评价才能真正造就具有中国特色的、百花齐放的体育教学范例。

2. 基于学生习得能力的教学评价

体育教学评价的标准应当是观察学生是否习得，是否在习得的基础上有所提高。而这种观察不能聚焦于运动能力，因为运动能力涉及遗传因素和是否参加校外培训班等内外部因素，将目标聚焦于学生基本运动能力的获得，即是否会跑步、是否能够以正确的姿势进行跳跃，是否能够以正确姿势进行投掷，这些都是体育教学评价中应当关注的问题。而这些在课程标准中应当属于小学阶段完成的体育教学，小学阶段未完成的教学任务中学阶段继续完成。为此，学生基础运动能力、行为的习得，应当是评价的根本——在学生运动根基尚未筑牢的基础上谈论课程模式，大厦必然面临着坍塌的风险。

3. 基于学生参与过程的评价

学生参与是体育教学评价的重要指标，现有课程标准默认了所有学生均为健康体质，由此提出了系列标准。但事实是受到学生自身和家长观念等的影响，部分学生会逃避体育学习，更无法获得体育体验、接收体育精神信息，也无法在实践中感受成功与失败。因此，学生们体育参与度和课后体育参与频度也是评价教学优劣、学生体育学习态度的可参考内容之一。

初中美术跨学科项目化主题单元教学实践探究
——以"昆虫的故事图画书设计"为例

王安娜

【摘　要】跨学科学习是培养学生运用知识技术实现创新的有效途径。美术课程如何突破单一知识技能的传授，引导学生运用学科知识与技能进行学习迁移与创意实践是本文主要探讨的问题。本文以图画书的设计为例对初中美术跨学科项目化主题单元课程教学设计进行了探索，主要包括：课程目标、课程框架、课程设计、教学设计、学生学习评价设计。经过实际的教学实践后发现，以真实情境启发学生思考，运用项目化任务设计能够引导学生更有效地进行探究式学习，并在跨学科的实践中培养学生运用美术学科知识创意解决问题的能力，从而有效提升其学科核心素养。

【关键词】初中美术；项目化学习；大单元教学；深度学习

一、项目概况

本项目化课程以校园年度科学活动周研究展示活动为依托，引导学生思考面对低年级学生观众如何才能将自己的研究成果作高效宣传与展示。本项目式主题课程引导学生通过调研找寻适合的艺术表达形式，以"昆虫的故事——

图画书设计与制作"为题开展艺术 + 科学 + 阅读的跨学科探究性学习。课程设计结合跨学科项目化教学法中常用的任务、调查、问题解决、协作、写作、展示和反思等方法设计驱动性问题，运用任务引导学生自主探究与知识迁移、运用。

本课程以"用艺术讲述科学研究故事"任务为导向，驱动学生结合图画书设计与制作课程开展主题探究。学生结合项目活动主题自主阅读、搜集、筛选、提炼创作素材，产生创作思路。在教师的指导下，学生学习书籍中的架构、艺术表现和创作方法。在学习探究过程中学生完成图画本内容的大纲撰写并找到适合自己的艺术表现手法，随后开展创意设计与制作。最终在学校或社区活动中学生将自己创作的艺术科学图画书融入实际生活，使用这些艺术书为低龄学生讲述科学研究故事。通过活动为学生打开书籍使用的途径，最后结合自己产品的社会反馈进行总结与反思，并提出产品设计的改进方案。

整个课程的设计以学生为中心，老师的角色主要作为辅导者。

1. 课程目标

本课程主要属于"设计·应用"和"综合·探索"领域，强调发展学生艺术表现和创意实践素养，加强课程内容、社会生活与学生经验之间的跨学科探索。本课程学习领域的目标是：

（1）通过"设计·应用"，学生结合生活和社会情境，运用设计与工艺的知识、技能和思维方式，开展基于问题的学习、基于项目的学习，进行传承与创造。

（2）通过"综合·探索"，学生将所掌握的美术知识、技能和思维方式，与自然、社会、科技、人文相结合，进行综合探索与学习迁移，提升核心素养。

通过该课程的学习，培养学生运用艺术与其他学科融合的综合探究能力，以及艺术设计与动手创作的应用能力。课程遵循教育教学规律和学生的认知发展规律，引导学生从现实生活出发、逐步将自己的创意想法用艺术的元素和形式原理表现出来。同时学生在项目探究学习的过程中会实时将自己的作品投入现实生活，在产品使用的过程中学生能不断感受艺术设计与创作带来的快乐与成就感。

2. 跨学科学习

本课程以美术学科为主，结合自然科学、语文多学科融合的探究型学习项目。

主要强调在发展学生艺术表现和创意实践的过程中推动学生发现艺术与其他学科之间的联系。以任务驱动学生用艺术创作由浅入深地探索跨学科实践。在任务设计中结合学生现实生活使他们加深对艺术学习的热爱与热情。

3. 核心技能

核心技能的具体内涵为：

（1）艺术表现：运用艺术造型元素和原理表现科学研究对象。

（2）创意实践：探索图画书的设计、图像立体形式设计。

（3）批判性思维：思考问题、研究、分析。

（4）表达能力：故事内容编排、讲解。

（5）知识迁移能力：书籍形式设计、跨学科运用、学科知识的艺术化表达。

二、单元课程框架

1. 课程计划（见图1）

探究
- 教师引导学生从科学活动周宣传册页出发，通过对图书馆实地考察发现和分析低龄儿童阅读物的特点。
- 学生学习运用描述、分析、归纳等方式对艺术图画书设计特征作赏析。了解艺术图画书的设计特点与制作方法。

表现
- 学生通过学习单的引导，结合科学学习与阅读资料的搜集确定自己的创作主题，即昆虫类别，编排故事大纲。
- 学生学习艺术自然科学的插图艺术表现方法，对昆虫形象作艺术表现。
- 结合自己的故事大纲绘制故事场景，制作图画书。最终完成作品。

交流
- 在科学活动周或艺术展上为同学们做图书分享活动，展示完成的作品，并进行介绍，最后完成本次活动的评价。
- 教师鼓励学生从多维度评价作品。同时引导学生深入思考自己的作品在实际生活中使用的效果，并做后续改进方案。

图1 单元课程计划

2. 教学实施框架（见图 2）

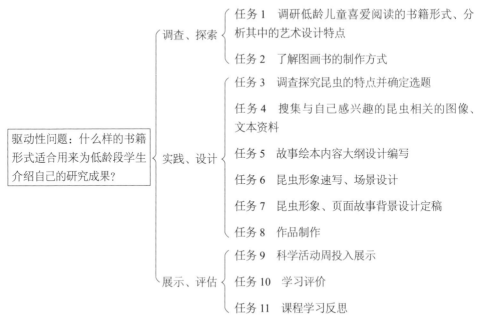

驱动性问题：什么样的书籍形式适合用来为低龄段学生介绍自己的研究成果？

调查、探索
- 任务 1　调研低龄儿童喜爱阅读的书籍形式、分析其中的艺术设计特点
- 任务 2　了解图画书的制作方式

实践、设计
- 任务 3　调查探究昆虫的特点并确定选题
- 任务 4　搜集与自己感兴趣的昆虫相关的图像、文本资料
- 任务 5　故事绘本内容大纲设计编写
- 任务 6　昆虫形象速写、场景设计
- 任务 7　昆虫形象、页面故事背景设计定稿
- 任务 8　作品制作

展示、评估
- 任务 9　科学活动周投入展示
- 任务 10　学习评价
- 任务 11　课程学习反思

图 2　昆虫的故事——图画书设计与制作艺术 + 跨学科探究课程实施框架

三、教材参考

　　本课程为重组单元探究课程，主要结合了少年儿童出版社七年级第二学期教材中的第二单元《用明暗塑造立体》和第七单元《充满形式美的立体构成》，以及立体书 *POP UP BOOK* 中的内容进行综合课程设计。并为学生在进入八年级学习绘本创作做准备。

四、教学设计

　　1. 单元教学目标

　　• 知识与技能：知道故事图画书的版式设计特点，了解故事图画书的装帧形式和文化内涵。学会基本的书本装帧方法。尝试用艺术绘本的形式设计制作一本有趣的昆虫故事书。

• 过程与方法：通过讨论、分析实践等活动，欣赏图画书中的艺术表现特点。通过个人或小组合作的形式结合自己的创意运用合适的立体造型进行图画本的创作。

• 情感态度与价值观：增进学生对科学知识的了解。在创作的过程中培养学生形成积极、主动探究学科知识的学习态度。提升学生的思维能力，建立美术与生活的联系，培养学生的社会意识。

2. 课程设计（见表 1）

表 1　单元课程教学内容

课　题	过　程	主要教学任务	主要教学活动
第一部分：调查·探索 "走进艺术图画书"，1—2 课时（引导学生思考什么样的书籍设计形式更适合低龄儿童阅读）	探究 思考	结合学生学习实例提出课程主要探究的问题，引导学生自主思考	以学生往年科学活动周中设计的宣传册页为例，引导学生讨论分析其中信息传递的优缺点。结合其中的图文识读的现状提出问题：如果要在新一届科学活动中清晰地将自己的研究成果通过书籍的形式介绍给低龄学生，可以如何设计？
	调查 研究	调查研究低龄段学生读物中的图文设计特点	学生以小组为单位，通过课上图书馆实地调查以及课后问卷的形式调查分析我校低龄段学生喜欢的科普性读物的艺术形式有哪些。分析这类书籍的设计特点
	展示 交流	加深自己对低龄段学生书籍设计特点的认识。分析艺术图画书的设计特点	学生展示小组的调查数据，以及调查结果。提出课程探究任务：用艺术绘本为低龄儿童讲述昆虫类科学故事。教师引导从书籍的装帧形式及页面内容入手。小组分析艺术绘本的设计特点主要为以视觉形象为主，展现故事内容、辅以少量文字说明。教师介绍学习的相关网站或书籍，引导学生课后展开进一步的学习，并构思设计自己的昆虫图画书
	构思 探索	根据课程主题结合课外阅读寻找创作灵感与素材	结合法布尔《昆虫记》课后阅读，思考自己感兴趣的昆虫类别，找到自己的创作题材，深入调查搜集相关昆虫资料，完成调查表

课　题	过　程	主要教学任务	主要教学活动
第二部分（一）：实践"生动的昆虫"（确定图画书中的昆虫主角艺术形象）	欣赏	收集中外古今艺术家对昆虫的艺术表现手法，了解表现昆虫的绘画方法	赏析齐白石艺术作品花草工虫册和 Cabinet of Natural Curiosities 1734—1765 书中表现昆虫主题的艺术作品。小组交流，对比古今中外的不同昆虫造型表现方式和风格特征。进一步了解描绘昆虫的艺术作品的多样性和文化内涵
	演示	了解昆虫造型表现方法	教师通过投影仪、教学示范向学生们演示如何运用几何形体塑造昆虫结构，结合线条明暗色调塑造立体形象
	体验练习	加强发展学生艺术表现能力	学生根据自己搜集的昆虫视觉资料运用线条、明暗造型等元素进行艺术表现
	展示交流	加深对昆虫艺术表现的认识	学生展示自己的昆虫绘画练习，并发现自己的优点与不足，加以改进
	构思探索	探究思考作品的内容大纲	结合自己对昆虫的研究和资料搜集，探究分析其主要科学特点。尝试构思编写故事绘本的内容大纲
第二部分（二）：设计"昆虫的故事图画书设计与制作"（强化学生跨学科探究能力和创意实践能力）	欣赏认知	图画书籍内容的编排与装帧设计	教师展示优秀经典的绘本和立体图画书，并讲解、演示其中立体图画书中不同的立体结构的制作方法
	交流	引导学生思考分析、启发灵感进而确定自己的设计方案	学生根据第一课课后思考提出自己的初步设计想法。结合教师的展示，学生讨论确定自己的书籍设计方案
	创意表达	设计并制作昆虫故事图画书	运用卡纸与双面胶板粘贴完成书籍基本页面的制作。根据自己的书籍大纲分别绘制每页故事场景，完成昆虫的故事图画书创意设计

课　题	过　程	主要教学任务	主要教学活动
第三部分：展示·评估"昆虫的故事"（注重学生的综合性学习与实践）	实践布展	了解布展方式与特点	教师引导学生根据作品特点进行展示布置
	展示评价	利用激励评价、自评、互评等多种方式，使学生充分地展示自我实践与探究	学生介绍作品，交流设计主题、创作思路、创作过程中应用到的图画书平面设计特点以及立体图画书籍装帧制作方式。教师对学生的评价进行引导，并注意对学生以艺术传递科学知识等社会责任作重点评价
	探究总结	进一步加深对艺术传递科学文化的认识和理解。引导学生通过项目反思与总结对自己的设计提出进一步探究	教师引导学生围绕以下几个问题进行探究：1. 艺术传递跨学科知识的方式是什么？我们学习艺术表现手法有什么用途和意义？2. 用艺术图画书在讲述跨学科知识时艺术与阅读书写是紧密结合的，图文之间有着怎样的联系？3. 本单元的学习体会

五、学生学习评价设计

学生学习评价包括艺术核心素养评价（见表2）和学生过程性学习能力评价（见表3）。

表2　艺术核心素养评价表

"昆虫的故事"——图画书设计与制作课程学生艺术核心素养评价

项　目	内　容	等　第		
艺术表现	运用艺术造型元素和表现原理塑造科学研究对象			
创意实践	探索图画书的设计、图像立体形式设计			
批判性思维	思考问题、研究、分析			
表达能力	故事内容编排、阅读讲解			
知识迁移能力	书籍形式设计、学科知识的艺术化表达			
作品受欢迎度	展览中书籍受欢迎程度（此项由书籍阅览者点赞形成评价等第）			

表3　学生过程性学习能力评价表

等级	评价 1：课程学习初期，根据课题搜集相关资料、记录自己的观察（绘画、拍摄、捏塑、图片查找等）和思考的能力	评价 2：探索和选择合适的创作资源、媒介、材料、技术和过程的能力	评价 3：通过调研学习发展个人想法，表现出批判性的理解能力	评价 4：针对课题展示出个人的、有逻辑性的思考和创作意图，以及对视觉语言的理解能力
A＋	能够出色地搜集各种与主题相关的创作素材，对它们进行观察且运用合适的艺术表现方式对其造型进行记录，有效地展现自己的意图	能够出色地探索不同媒介、创作材料、表现技法与实践过程，展现出对相关资源有效选择的能力	能够出色地通过调研学习并发展出个人的想法，表现自己的批判性理解力	能够表现出色的艺术创作思想和对视觉语言的高度理解能力
A	能够将对与主题相关的创作素材的观察自信地记录下来，始终如一地表现自己的想法与意图	能够自信地探索不同媒介、创作材料、表现技法与实践过程，持续选择合适的资源	能够通过调研学习产生自信的个人想法，持续展现出批判性的理解	能够表现出自信的创作意图，作品中展现自己对视觉语言较强的理解力
B＋	有能力记录对各种相关创作素材的观察，清晰地展现自己的意图	有探索不同媒介、创作材料、表现技法与实践过程的较好的能力，展现出对相关实践资源清晰的选择能力	能够通过调研学习形成个人观点，展现出清晰的批判性理解	作品中能表达出自己的创作意图，并表现出对艺术形式语言清晰的理解力
B	基本能够记录几个相关创作素材的观察，展示出自己的一些意图	拥有基本能够尝试探索不同媒介、创作材料、表现技法与实践过程的能力。展现出对相关资源一定的选择能力	基本能够通过调研形成一定的想法，展现出一定的理解	基本能够在作品中表现自己的创作意图，对视觉语言有一定的理解
C	只能记录单个创作素材的观察，展示出很少的思考	对媒介、材料、技法以及实践过程有限的实践探索，只能展现对相关资源最基本的选择能力	通过有限的调研，形成极少的个人想法	只能有限地表现自己的创作意图，表现出对视觉语言的基本理解
D	没有行动	没有行动	没有行动	没有行动

290

六、教学实施成效与反思

1. 教学成效

本项目化课程是立足美术学科以问题情境驱动学生自主探究运用艺术融合多学科学习的创作实践。在课程教学实践中经过课程设计引导学生层层递进地探究与实践，全员参与学习与创作。85% 的学生完成的艺术创意实践作品非常出色。在课后反思中，他们认为在此类跨学科融合式艺术创作活动中获得了较大的成就感，也加深了他们对艺术学习的兴趣。学生在学校安排的校内外活动中积极向大家展示自己的艺术作品。同时结合汽车城社区艺术活动同学们也尝试向生活中更多的人展示自己的艺术作品和创意。整个课程通过展览使学生切身感受并理解到：艺术不仅能展现自己的思想也能传播文化、影响他人。当活动中低龄段孩童主动并饶有兴致地去翻阅作品时，学生也切实感受到了书籍设计与制作的成就感与艺术创作的魅力。

2. 教学反思

此次跨学科课程中有一小部分同学虽然未能在单元课程中完成最终的作品制作。但他们在课程学习过程中积累了前期昆虫调研部分、书籍故事编排、手工书制作等环节的实践成果。由于每个学生的能力存在一定差异，没能完成最终的作品，但这些过程性的学习成果成为教师后期对他们的学习情况准确评价的参考依据，也便于教师在后期的教学实践中能有针对性地调整与完善。如以后此类课程可以尝试改为小组合作制，让能力较弱的学生能够以小组分工的方式找到自己最擅长的部分，通过与他人合作发挥自身优势以提高其学习艺术的积极性。其次，本课程有大量的准备工作和动手实践工作，学生需要在课后继续实施，教师需要在课后持续地给予针对性的指导。还可以在课程时间的设置上适当增加课时，给学生更充分的时间去完成自己的艺术创作。

初中美术跨学科项目式主题单元教学中学习者是整个课程的中心，他们通过实践和体验获得学习成果。通过项目化主题大单元课程的学习，学生可以有效地将美术学学习与实践中所获得的知识迁移到对现实问题的解决和作品的创作中。真正实现深度学习和主体性学习，培养学生的批判性思维、沟通、协同与创造力等素养。

后　记

　　《学习者的素养》从征集初稿到整理出版，历时将近一年，如果从各位作者的研究发端算起，可以说是与华旭双语学校同岁了。2023 年 9 月，华旭双语学校成立编委会，决定将教师历年来在学校十二年一贯制特色教育平台上取得的探索成果结集成书，出版一本论文集，对学校历史的回顾极具意义。

　　本书除绪论外，共分为五大部分，共 40 余位教师参与编写，从幼儿园直到高中学段，共 5 个部门共同参与，各校（园）部共同承担了保障工作。在上海教育出版社编辑老师的指导下，经多轮修改，最终收录论文 39 篇。本书集思广益，展现华旭双语在特色教育的探索之路上取得的阶段性成果，愿与广大一线教育工作者共同研究和提高教学理论和实践水平。

　　本书的付梓，要感谢各个板块的责任编委：华旭双语初中部郑育丽校长、高艳芳校长助理；华旭双语小学部张虹校长、沙灵敏副校长；华旭双语幼儿园杨凤园长；华旭双语张赫斓老师、王安娜老师。

　　同时，特别感谢一直以来关心和指导教师研究和撰写工作的华旭双语学校总校长、奠基人龚德辉。感谢徐彦昕书记、副校长从校史出发，为本书撰写绪论。感谢对本书作者进行指导的各位专家和教研员。感谢编委会的全体成员。

　　上海教育出版社刘美文主任对本书的立项和出版给予了鼎力支持，特此致谢！

许雨辰

2024 年 9 月